DIE KUNST DER FREUNDSCHAFT

Jenn Bane & Trin Garritano

DIE KUNST DER FREUNDSCHAFT

Freunde **finden**, Freunde **sein**, Freunde **bleiben**

Mit Illustrationen von Alissa Levy

KNESEBECK

Inhalt

»Ich glaube nicht, dass eine Familie durch Blutsbande entsteht. Verwandtschaft ist ein Kreis, den man dadurch erschafft, dass man sich fest an den Händen hält.«

– TAYARI JONES, *In guten wie in schlechten Tagen*

EINLEITUNG

IST DAS MIKRO AN?

HALLO? HALLO? NEHMEN WIR SCHON AUF?

SIEHT AUS, ALS WÜRDEN WIR AUFNEHMEN.

ICH KANN MICH MIT DIESEN KOPFHÖRERN GAR NICHT HÖREN.

HMM, DEIN MIKRO FUNKTIONIERT NICHT.

Dieses Buch begann vor Jahren als Podcast. Wann immer wir Zeit miteinander verbrachten, redeten wir über Freundschaft, psychische Gesundheit und unser gemeinsames Ziel, freundlichere Menschen zu werden. Vor einem Mikro über diese Sachen zu sprechen, hat irgendwie Spaß gemacht. Schon deswegen, weil es uns eine Ausrede gab, ein paar mehr Stunden in der Woche Zeit miteinander zu verbringen. Wir nannten unsere Show *Friendshipping* und machten haufenweise Produktionsfehler. Zu unserer Überraschung trudelten jede Menge E-Mails von Leuten ein, die uns zuhörten, und sie alle baten um unseren Rat. *Wie treffe ich neue Leute und wie plane ich dann erfolgreich Zeit mit ihnen ein? Ist es schlimm, dass ich meinem Freund auf Twitter nicht mehr folgen will? Kann ich mich von einer Freundin trennen, die ich seit meiner Kindheit kenne?*

Wir erhielten nachdenkliche Fragen, die ebensolche Antworten verdienten. Bevor wir einmal die Woche auf den Aufnahmeknopf drückten, haben wir uns zusammengesetzt, ein leeres Google-Dokument geöffnet und unsere Gedanken dort hineinfließen lassen. Mehr als zweihundert Episoden später haben wir Seiten um Seiten an Gedanken angesammelt, die es vielleicht wert sind, mitgeteilt zu werden. Schließlich funktionieren Podcasts nicht für alle Leute. Was, wenn unsere Skripte Menschen helfen könnten?

Und so finden sich unsere Aufzeichnungen jetzt in diesem Buch. Genau wie die Fragen, die ihr uns gestellt habt – natürlich redigiert und anonymisiert –, sodass sich leicht sehen lässt, wie allgemeingültig unsere Fragen bezüglich Freundschaft wirklich sind.

Wir hoffen, dass dich unser Rat in deiner jetzigen Situation unterstützt. Denn dieses Buch hat ein Ende, aber deine Interpretationen von Freundschaft enden nicht und sollten das auch nicht. Deine Beziehungen entwickeln sich weiter, deine Grenzen und Prioritäten verschieben sich und du wirst dein ganzes Leben lang Freundschaften knüpfen und wieder loswerden. Was für dich in der Vergangenheit richtig war, muss nicht heute für dich richtig sein. Dasselbe gilt auch für uns. Mit Sicherheit werden wir dies in fünf Jahren lesen und die Stirn in Falten ziehen, weil wir dieses gesagt oder jenes vergessen oder eine bestimmte Perspektive nicht berücksichtigt haben. Alles, was wir wollen, ist, Ideen anzubieten, und *du* kannst entscheiden, wo sie hingehören. Wir haben nicht alle Antworten – nur Möglichkeiten. Wir sind keine Freundschaftsexpertinnen. So etwas gibt es nicht. Falls wir hier überhaupt irgendeine Autorität besitzen, liegt es nur daran, dass wir a) viel zu viel drüber nachdenken und b) viele, viele Fehler in unseren Freundschaften gemacht haben.

Unsere Hoffnung ist, dass dieses Buch viele Wege anbietet und dass sich einer davon für dich richtig anfühlt. Oder vielleicht stellst du durch das Lesen dieses Buches fest, dass du die Antwort immer schon kanntest.

OKAY, JETZT FUNKTIONIERT MEIN MIKRO. UND DIE AUFNAHME LÄUFT.

TEIL 1

Freundschaften schließen

Die Basics

Freundschaft ist ein uralter Überlebensinstinkt. Altsteinzeitmenschen taten sich zusammen, um Ressourcen zu finden, einander zu schützen und Essen aufzutreiben. Wissenschaftler:innen gehen davon aus, dass sich Menschen zu Gruppen zusammenfanden, um die wollenen Mammuts zu jagen, weil die Tiere drei Meter groß waren und es mehrere Pfeile und Speere brauchte, um sie zu erlegen. Heute braucht man seine Freund:innen nicht mehr, um Bisons zu jagen (auch wenn manche sicherlich dazu bereit wären), aber sie machen das Überleben immer noch sehr viel leichter.

Die Biologie unterstützt das: Gesellschaft erhöht wichtige Gutfühl-Chemikalien in deinem Hirn. Man würde denken, dass so etwas Essenzielles in unserer modernen Zeit einfacher zu erreichen wäre, besonders weil es inzwischen mehr als acht Billionen Menschen auf der Erde gibt. Aber obwohl diese Zahlen auf jeden Fall günstig für uns sind, wenn es darum geht, Freundschaften zu schließen, fühlt es sich definitiv nicht so an. Als Erwachsene Freund:innen zu finden und zu behalten, ist richtig, richtig schwer.

WIESO ES SO SCHWIERIG IST, FREUND:INNEN ZU FINDEN

Erstens gibt es keine Handlungsanweisungen, denen wir folgen könnten. Film und Fernsehen bieten uns stereotypische Meilensteine für romantische Beziehungen (das Austauschen von Telefonnummern, die Bitte, mit einem auszugehen, das erste Date, der erste Kuss), aber es gibt nicht wirklich etwas Entsprechendes für Freundschaften. Wie oft muss man miteinander ausgehen, um Kumpelstatus zu erreichen? Wie hoch ist die genaue Anzahl an Textnachrichten, die man verschicken muss, um das echte Freund:innen-Level erreicht zu haben?

Logistik spielt hier ebenfalls eine Rolle. Vielleicht lebst du in einer einsamen Gegend und Fortbewegung ist ein Thema. Aber selbst wenn du in einem gut bevölkerten Gebiet mit funktionierendem öffentlichem Nahverkehr wohnst, gibt es vermutlich keinen gemeinschaftlichen Ort, an dem sich Freund:innen jeden Tag treffen können. Kein Zimmer im Studentenwohnheim, kein zentraler Park, keine *Cheers-Bar.* Es ist schwierig, deine Leute überhaupt *kennenzulernen* – die Leute mit den gleichen Werten, Plänen und einem ähnlichen Lebensstil wie du –, geschweige denn, sie irgendwie regelmäßig zu treffen. Es ist anders als früher als Kind. Wenn du eine irgendwie konventionelle Kindheit hattest, dann warst du praktisch die ganze Zeit von Peers umgeben. Die meisten deiner wachen Stunden hast du in der Schule verbracht, wo du Pausen hattest, in Paare eingeteilt und zu Gruppenprojekten gezwungen wurdest. Der Umgang mit anderen war Teil deiner Bildung, es war ein strukturierter Teil deiner Entwicklung. Als Erwachsene muss man sich sehr viel mehr anstrengen, um Umgebungen zu schaffen, die einem überhaupt Zugang zu neuen Leuten verschaffen.

Und mal ganz ehrlich: Es kostet, ein soziales Leben zu haben, und die meisten Leute haben für diese Extrakosten nicht genug übrig. Das Leben von Erwachsenen dreht sich meistens darum, genug Geld zum Überleben zu verdienen. Man kann nicht einfach so ein Hobby wählen, um neue Leute zu treffen, wie traditionelle Ratgeber es einem nahelegen, denn Hobbys kosten Geld. Es ist zwar nicht *notwendig,* zusätzliches Geld zu verdienen, um neue Freundschaften zu schließen, aber es würde die Sache auf jeden Fall sehr viel einfacher machen. Wenn wir mit einem Zauberstab wedeln und dir 200 Euro geben könnten, um sie in den Arkaden oder der Nachbarschaftsbar auf den Kopf zu hauen, würden wir das sofort tun.

Aber dafür bist du eh zu beschäftigt. Stell dir vor, dass jede einzelne Verantwortlichkeit, die du hast – dein Job, deine Gesundheit, die Gesundheit von jemand anderem, dein Posteingang, deine Haustiere, deine überfällige Hausarbeit, das pünktliche Zahlen der Miete –, eine Bowlingkugel ist. Manche von ihnen sind leicht. Manche sind schwer. Aber es sind Dutzende und Dutzende von Bowlingkugeln, nicht wahr? (Eine Schullehrerin erzählte uns, dass für sie jedes einzelne Schulkind je eine weitere Bowlingkugel bedeutet. Puh.) Wenn du dann noch plötzlich »neue Leute kennenlernen« auf die Liste deiner Verpflichtungen setzt, ist das, als ob du die Bowlingkugeln eine Treppe oder einen Hügel hochtragen müsstest. Wenn du zu einer marginalisierten Gruppe an Leuten gehörst, hast du noch eine größere Last zu tragen, mehr Stufen, einen steileren Hügel. Auch Eltern haben es besonders schwer, Zeit für sich selbst zu finden, und lernen, sich schuldig zu fühlen, wenn sie sich doch Zeit nehmen. Wenn du zu viel auf einmal trägst, brichst du zusammen, selbst wenn du starke Muskeln hast. Außerdem schmelzen die Polarkappen in wahnsinniger Geschwindigkeit und wieso werden in den USA keine schärferen Waffengesetze verabschiedet? (Wir hoffen, dass dieser Satz hinfällig ist, wenn dieses Buch veröffentlicht wird, aber vermutlich ist er immer noch aktuell.)

Wenn man sich all das anschaut, lässt sich leicht feststellen, dass es nicht fair ist, sich selbst die Schuld dafür zu geben, dass man keine neuen Freund:innen findet. (Außer du bist ein Idiot ohne positive Qualitäten. Wir alle benehmen uns manchmal wie Idioten, weshalb wir aber noch lange keine Idioten sind.) Dir stehen echte Hindernisse im Weg und du arbeitest mit begrenzter Zeit und überschaubaren Ressourcen. Die Umstände machen es uns selten leicht, neue Freundschaften zu schließen. Aber hier kommt die gute Nachricht: Es ist nicht nötig, dein Leben komplett umzukrempeln, um neue Leute kennenzulernen. Klar, es bedeutet Anstrengung, aber du musst dich jetzt nicht in eine erbauliche Filmmontage schmeißen, indem du lang verlorene Freund:innen aus Kindheitstagen auftreibst, ins Auto springst, um auf Reisen zu gehen, deinen Kalender mit Freizeitaktivitäten füllst, deine Wohnung von oben bis unten putzt, Berge von alten Sachen rausträgst und dir die perfekte neue Frisur zulegst. Tatsächlich würden wir dir überhaupt nicht raten, alle möglichen dramatischen Veränderungen gleichzeitig vorzunehmen, weil sich dieser Level an Verpflichtungen überhaupt nicht durchhalten lässt. Es ist eher an der Zeit, deine Gewohnheiten und Verhaltensweisen ein kleines bisschen zu verändern, um es dir einfacher zu machen, Freundschaften zu schließen.

BEVOR DU BEGINNST

Das Wichtigste zuerst: Wie wäre es, wenn du dich erst mal selbst kennenlernst, bevor du dich auf die Suche nach neuen Leuten machst? Sich selbst zu verstehen ist ein starkes Werkzeug. Wir wollen dich ermutigen, deine Ziele, Absichten und Gewohnheiten unter die Lupe zu nehmen, dir anzuschauen, womit du dich gut fühlst und was bei dir für schlechte Laune sorgt, um erfolgreich Freundschaften zu schließen. Wie wäre es mit diesem Anfang? Hast du je eines dieser nervigen Eisbrecherspiele gespielt, wie »2 Wahrheiten, 1 Lüge« oder »Ich hab noch nie ...«? Wenn du in der Oberstufe eine Orientierungswoche durchstehen musstest, dann bringt das vermutlich einige merkwürdige Erinnerungen hoch. Aber glücklicherweise musst du diese Übung mit niemandem anders als dir selbst machen. Beginne damit, darüber nachzudenken, was du an deinem Sozialleben und deinen Freundschaften ändern würdest. Du kannst es auch aufschreiben (und dann irgendwo verstecken oder den Beweis vernichten). Sei sehr genau. Es ist wichtig, dass du dir Veränderungen überlegst, die machbar sind.

Folgende sind nicht machbar:

- Ich möchte, dass mich die Leute mehr mögen, ohne dass ich mehr Zeit in den Prozess stecken muss oder mein Verhalten oder meine Erwartungen ändere.
- Ich möchte, dass alle wissen, wie lustig ich bin.
- Ich möchte, dass mir Prominente auf Social Media folgen und dass jeder meiner tollen Posts viral geht.
- Ich möchte mit reichen und talentierten Menschen befreundet sein, die mich in ihrem Privatjet mitnehmen.
- Ich würde gerne nie mehr Fehler machen.
- Ich würde gerne wie in einem Videospiel zu der Stelle zurückspringen, an der die Charaktere kreiert wurden, und hätte gerne einen »Reroll«, also ein neues Gesicht und einen neuen Körper.
- Ich möchte zwölf enge Freund:innen haben, die mich von tiefstem Herzen bewundern. Ich möchte wie Jesus sein.

Aber hier kommen ein paar machbare Veränderungen. Vielleicht ...

- ... würdest du dich gerne wohler fühlen, wenn du Small Talk machst.
- ... möchtest du weniger peinlich berührt sein, wenn du einen Fehler machst.
- ... willst du dich in soziale Situationen bringen, in denen du neue Leute kennenlernen kannst.
- ... willst du dich behaupten.
- ... möchtest du gerne lernen, wie du deine Gedanken und Gefühle klarer ausdrücken kannst.
- ... würdest du gerne selbstbewusster sein.
- ... möchtest du deine Kolleg:innen kennenlernen.
- ... willst du Partys planen und mehr ausgehen.
- ... möchtest du besser abschätzen können, wie interessiert jemand daran ist, von dir zu erfahren, was du zu sagen hast.
- ... würdest du gerne deinen Sinn für Humor schärfen, um Leute zum Lachen zu bringen.

Konzentriere dich auf die Veränderungen, die du tatsächlich kontrollieren kannst, eine nach der anderen. Wenn du ein altes Haus restaurierst – nicht dass wir das je gemacht hätten, aber bleib dran –, dann reißt du auch nicht alle Wände gleichzeitig raus. Du streichst ein Fensterbrett neu. Dann ersetzt du das kaputte Geländer oder ersetzt die Glühbirnen. Später triffst du eine Entscheidung zum Fußboden und vielleicht entdeckst du etwas Überraschendes, wie einen alten Holzboden unter dem Linoleum, und du beschließt, ihn zu behalten. Nach und nach verbesserst du alles, Schritt für Schritt.

Um dir bei dem Prozess zu helfen, möchten wir dir eine Strategie nahelegen, die sich »Metadenken« nennt (beziehungsweise »Metakognition«, falls du Psycholog:in bist. Wir sind's nicht.) Metadenken bedeutet, *über die Art, wie du denkst, nachzudenken.* Es ist ein mentales Werkzeug, das oft verwendet wird, damit Student:innen ihre Stärken und Schwächen bemerken und die für sie bestmögliche Art zu lernen bestimmen können. Hier heißt Metadenken, zu bemerken, welche Gedanken in dein Bewusstsein treten, und zu überprüfen, wieso sie da sind, woher sie kommen und ob sie wirklich wahr sind. Deine Gedanken diktieren deine Stimmung und deinen Selbstwert, daher ist es wichtig, sich der Stimme in deinem Kopf bewusst zu sein, besonders wenn sie gemein zu dir ist. Dies ist besonders wichtig für ängstliche Leute, die eine Menge negativer Selbstgespräche führen. Es ist wirklich, wirklich schwer, neue Leute zu treffen und neue Sachen auszuprobieren, wenn du dich innen drin wie Müll fühlst. Du bist kein Müll, also mach die Arbeit, die du machen musst, um dich weniger so zu fühlen.

Hier ist ein Beispiel für Metadenken in Aktion: Du bist in einem hippen Coffeeshop voller cooler Leute mit abgefahrenen Brillen und du kippst aus Versehen deinen Eiskaffee über jemand Fremdes. Du entschuldigst dich, aber du verbringst den ganzen Tag damit, diesen Moment innerlich immer wieder zu erleben, es ist dir superpeinlich und du gehst mental hart mit dir ins Gericht. Du denkst vielleicht: *Ich bin immer so komisch, tollpatschig und eklig. Arrgg!* Aber die Stimme in deinem Kopf ist oftmals ein unzuverlässiger Erzähler. Drücke auf deinen internen Pausenknopf. Frage dich: *Moment. Ist das wirklich wahr? Verdiene ich es, dass ich mich selbst wegen eines Fehlers so behandle?* Steige wieder aus und schaue dir den Gedanken von außen an.

Und dann stellst du vielleicht Folgendes fest:

- *Niemand ist die ganze Zeit komisch.*
- *Das ist eine Übertreibung.*
- *Und war ich wirklich so komisch?*
- *Wieso beschuldige ich mich so oft, komisch zu sein?*
- *Überhaupt ist komisch sein nicht so schlimm. Es ist kein schlimmer Charakterzug.*
- *Darf man keine Fehler machen? Es ist nur etwas übergeschwappt.*
- *Wenn ich sehen würde, wie einer anderen Person der Kaffee überschwappt, hätte ich nicht Verständnis für diese Person? Wieso kann ich nicht für mich selbst Verständnis haben?*
- *Oh, ich reite auf dieser winzigen Situation herum, weil mein Gehirn sie als Beweis sieht, dass ich alles vermassele. Aber an sich ist das Überschwappen des Kaffees keine große Sache.*

Das Ziel von Metadenken ist es, Mitgefühl für andere Leute und sich selbst zu praktizieren. Du musst nicht alle deine negativen Gedanken glauben. Und wir wissen, dass es sich seltsam anfühlen kann, aber diese mentalen Übungen sind die Anstrengung wert. Wir wünschten, wir könnten alle in der Zeit zurückgehen und das emotionale Training bekommen, das wir als Kinder verdient hätten. Also reden wir mit dir, aber auch mit dem siebenjährigen Kind, das du mal warst und das es besser verdient hat. Mach diese Übungen für dein jüngeres Ich. Denn wenn du daran glaubst, dass du gut genug bist für menschliche Gesellschaft, dann wird es dir leichter fallen, Freundschaften zu schließen. Und du verdienst Freund:innen! Du verdienst es, dass sich Leute für dich interessieren und dich verstehen. Das heißt nicht, dass du zu einer bestimmten Person gehen und sagen darfst: »Ich verdiene deine Zeit und Aufmerksamkeit. Sei jetzt mein:e Freund:in.« Aber du kannst definitiv Gemeinschaft *entwickeln,* die auf Gegenseitigkeit beruht und erfüllend ist und sich ausdehnt. Menschen brauchen andere Menschen.

WO ANFANGEN: FREUNDSCHAFT DEFINIEREN

Es gibt keine universell akzeptierte Definition davon, was Freund:innen ausmacht. Selbst wenn du das Gefühl hast, es gäbe sie, würden wir nicht wollen, dass du dich einer engen Version von Freundschaft verschreibst. Sonst wirst du nur diese Art von Freundschaft verfolgen oder du vergleichst deine Freundschaften mit Beziehungen, die nicht machbar sind oder für dich keinen Sinn ergeben.

Ganz einfach gesagt, sind Freund:innen Menschen, die wir aktiv und voller Freude in unserem Leben willkommen heißen. Du hast ihnen eine Art von Zugang zu dir gegeben und sie haben das erwidert. Vielleicht habt ihr Social-Media-Kontaktdaten, E-Mail-Adressen oder Telefonnummern ausgetauscht. Freund:innen fragen einen, wie es einem geht, weil sie ehrlich an der Antwort interessiert sind. In Unterhaltungen stellt man sich gegenseitig Fragen und zeigt Interesse an den Hobbys der jeweils anderen (oder interessiert sich für die Tatsache, dass es dich interessiert). Freund:innen müssen nicht alles zusammen machen, aber sie nehmen an *manchen* Sachen teil. Sie wissen und erinnern sich an Sachen voneinander, wie zum Beispiel dein Lieblingssportteam oder dass du Horrorfilme nicht ausstehen kannst oder zumindest, dass du hochallergisch auf Pinienkerne reagierst.

Freund:innen respektieren dich – deine Identität, deine Entscheidungen, deine Sexualität, wie du die Welt siehst und wie du dich entscheidest, deine Zeit zu verbringen. Sie akzeptieren deine persönlichen Grenzen und wollen, dass du dich wohl- und wertgeschätzt fühlst. Freund:innen helfen einem dabei, sein Päckchen zu tragen, statt es schwerer zu machen.

Freund:innen wollen, dass du bei einem Ereignis Spaß hast, selbst wenn sie nicht dabei sind. Sie wollen, dass du auch andere Freund:innen hast, die dich lieben. Sie erheben keine Ansprüche auf deine Zeit oder

Aufmerksamkeit. Nein ist unter echten Freund:innen eine akzeptable Antwort. Sie sind nicht manipulativ, kontrollierend oder beleidigend und es gibt selten großen Streit.

Freund:innen mögen einander zumeist ungefähr gleich viel, auch wenn es natürlich unmöglich ist, komplett ausgeglichene Beziehungen zu haben. Manchmal fühlst du dich jemandem sehr nah, aber diese liebe Person hat schon jemanden, der ein paar Jahrzehnte vor dir da war. Es ist kein Affront, dass dein:e Freund:in andere Leute kennt, die ihr nahe- (oder näher-) stehen oder die er oder sie einfach schon länger kennt.

LIEBE JENN UND TRIN,

wie entscheide ich, mit wem ich befreundet sein möchte? Ich habe nur begrenzte Zeit und Energie. Wenn ich also die Anstrengung unternehme – statt einfach zu jedem, der mir über den Weg läuft, freundlich zu sein –, wie soll ich dann entscheiden, in wen ich investiere?

Ehrlich gesagt ist »freundlich zu jedem zu sein, der einem über den Weg läuft« eine gute Ausgangsbasis, um neue Freundschaften zu schließen. (Es ist kein Zufall, dass Freund:in und freundlich größtenteils dieselben Buchstaben haben.) Du musst dich allerdings nicht besonders gesprächig oder kumpelhaft geben, um freundlich zu sein. Vielleicht hast du einen trockenen Humor oder du bist sehr schüchtern oder du fühlst dich nicht selbstbewusst genug für Small Talk. Alles gut. »Freundlich sein« heißt einfach, »offen, entgegenkommend und neugierig zu sein«, und das ist ein produktiver Schritt zu neuen Freundschaften. Und du hast recht, du hast nur begrenzte Zeit und Energie. Energie hat ihren Preis und Zeit ist keine erneuerbare Ressource. Du musst nicht fortwährend Pläne mit Leuten machen, mit denen es einfach nicht klickt. Investiere in die Menschen, die freundlich zu dir und anderen sind, Leute, mit denen du ein Hobby oder den gleichen Humor teilst, Leute, deren Gesellschaft du genießt.

WITZE MACHEN:
NUANCENREICHE SPRACHE DER LIEBE

Freund:innen können übereinander Witze machen, ohne gemein zu sein. Aber denk dran:

- Vermeide potenziell verletzende oder sensible Themen, die die Persönlichkeit der befreundeten Person berühren. Wenn du noch kein Verständnis davon hast, was sie lustig findet und was sie verletzt, bist du noch nicht so weit, Witze über sie zu machen.

- Kenne den Unterschied zwischen Witze machen und verletzend sein. Sei dir sicher, dass dein Gegenüber ehrlich lacht und auch zurückschießt.

- Sei liebevoll. Witze sind oft als Comedy getarnte Komplimente.

- Du kannst deine Freund:innen wegen bedeutungsloser, harmloser Macken ärgern, wie zum Beispiel dieser hier: Jenn kann sich die Namen und Gesichter extrem berühmter Schauspieler nicht merken. Sie weiß nie, in welchem Film Clint Eastwood mitgespielt hat. Willem Dafoe? Nie gehört. Freund:innen fragen sie dazu aus, um zu sehen, welch abgefahrene Antworten sie anbringen wird, weil sie wissen, dass ihr diese Schwäche nichts ausmacht.

- Wer Leute durch den Kakao zieht, muss wissen, dass das Konsequenzen haben kann. Einmal machte sich Trins Bruder über ihre großen Zähne lustig. Im Gegenzug mampfte sie eine Packung Oreos und spuckte sie über sein Bett. Man erntet, was man sät.

Genauso wie es nicht nur eine singuläre Definition von Freund:in gibt, so gibt es auch viele verschiedene Beispiele davon, was *beste* Freund:innen ausmacht. Wenn du eine grausige Tat begehen wollen würdest (und bitte tu das nicht – unsere Anwälte bitten uns zu betonen, dass wir dazu nicht ermutigen), dann ständen deine besten Freund:innen vermutlich ganz oben auf der Liste möglicher Mitwissender und Kompliz:innen. Deine Besties können Partner:innen, Geschwister oder eine Gruppe von Kolleg:innen sein, die du alle gleich gern magst. Oder vielleicht hast du gar keinen »Best Friend«. Film und Fernsehen haben uns beigebracht, dass wir alle genau eine BESTE Freundin haben müssten, eine bessere Hälfte, einen herausragenden Cheerleader, und wenn du das nicht hast, dann ist vermutlich irgendwas nicht ganz richtig mit dir. Aber du musst deine Freund:innen nicht in Gold, Silber und Bronze kategorisieren wie bei einer Freund:innen-Olympiade. Du brauchst nicht die eine beste Freundin oder den einen besten Freund. Du brauchst nicht die Monica zu deiner Rachel, den J. D. zu deinem Turk, die Blair zu deiner Serena. Es ist unfair, dich mit fiktionalen Charakteren zu vergleichen.

Eine Freundschaft kann pflegeleicht sein, man kann weit voneinander entfernt wohnen, die Freundschaft kann zeitlich begrenzt sein oder sich komplett online abspielen. Egal, ob du jemandem einmal im Monat in einer Bar Alltägliches von dir erzählst oder jeden Morgen im Pausenraum, beides ist Freundschaft. Freundschaften brauchen keine tägliche Aktivierung. Freund:innen müssen einander nicht auf Social Media folgen. Man kann sogar Freund:innen haben, mit denen man sich nie offiziell verabredet, aber die du zum Beispiel dauernd zufällig im benachbarten Park triffst. Oder vielleicht gibt es Leute, die du nur einmal im Jahr beim Strickmarathon triffst. Werden sie sich an die Namen deiner Eltern erinnern oder an

deinem nächsten Geburtstag eine herzzerreißende Rede halten? Vermutlich nicht. Werden sie es auf die Liste deiner Notfallkontakte schaffen? Nein. Aber das macht nichts. Eine Freundschaft kann an ein bestimmtes Setting oder einen Kontext geknüpft sein und trotzdem eine Verbindung sein, die dir etwas bedeutet.

SCHAU DIR DEINE JETZIGEN FREUND:INNEN AN

Schau dich zu Beginn deiner Suche nach neuen Freund:innen in deiner bestehenden Schar um. Wer gehört zu deiner großartigen Freundschaftsformation? Gibt es irgendjemanden in deinem Leben, den du als Fast-Freund:in bezeichnen würdest? Wen möchtest du besser kennenlernen? (Die Antwort auf deine Frage kann lauten »Niemanden wirklich« und das ist auch in Ordnung. Du kannst von überall aus anfangen.) Wir haben im Folgenden einige typische und wiederkehrende Dynamiken aufgelistet, die dir eventuell helfen, dich und deine Beziehungen, egal, ob alt oder neu, zu verstehen. Kommt dir irgendwas davon bekannt vor?

DIE GUTE FEE

Diese Person ist die Planende in der Gruppe – super, wenn es um das Organisieren von Aktivitäten, Einladungen und Sich-Kümmern geht. Sie kommt wie ein Elternteil oder Schutzengel daher und nimmt stets die Last anderer auf ihre Schultern. Das ist superfreundlich. Leider versuchen diese Leute oft, *alle* Last zu tragen. Diese Art von Freund:innen neigen dazu, sich übermäßig zu verausgaben, Grenzen zu übertreten und sich keine Zeit für sich selbst zu nehmen.

PARTYKUMPEL

Dies ist die Art von Freund:in, die du triffst, um was zu trinken oder in Clubs oder auf Konzerte zu gehen. Absolut nette Gesellschaft, aber wahrscheinlich nicht die Person, die du anrufst, wenn du ernsthaften Rat brauchst oder einen wichtigen Gefallen. Dagegen ist überhaupt nichts einzuwenden. Es ist wunderbar, eine von beiden Seiten aus oberflächliche Beziehung zu jemandem zu haben, der weiß, wie man Spaß hat.

FANFREUND:IN

Diese Person liebt dieselbe TV Show, Buch- oder Filmreihe oder dieselben Comics und Podcasts wie du. Euer Fan-Sein, egal, wovon, ist wie Freundschafts-Uhu und die Quelle gegenseitiger Freude. Vielleicht interagiert ihr nur über einen Kommunikationskanal wie Twitter, Conventions oder einen Buchclub. Vielleicht habt ihr außerhalb dieses Nischeninteresses nicht viel miteinander gemeinsam, aber das ist okay so! Es fühlt sich großartig an, Leute zu kennen, die dasselbe wie man selbst lieben und auch noch mit dergleichen Intensität.

ENSEMBLE-MITGLIEDER

Mit diesen Freund:innen in der Gruppe bist du nicht besonders eng, aber du bist so froh, dass sie da sind. Ihre Anwesenheit macht Spaß. Ihr teilt Mahlzeiten, Hobbys, Interessen, Insiderwitze, aber ihr hängt trotzdem nicht zu zweit miteinander ab und teilt auch keine wichtigen Geheimnisse. Und das ist keine Abfuhr. Freundschaften müssen nicht alles enthüllen oder intim sein, um wichtig zu sein.

UNBEZAHLTE PRAKTIKANT:INNEN

Freund:innen helfen einander. Freund:innen haben Zeit füreinander. Aber wenn einer von beiden immer hilft/seine Zeit gibt/Gefallen tut/

Besorgungen für den anderen macht, dann ist das ein Machtgefälle. Wallace aus *Veronica Mars* kommt uns in den Sinn. Er hat zu Beginn der Serie so viel Arbeit für Veronica geleistet, dass er auf der Gehaltsliste der Marsmission hätte stehen sollen. Dies ist ein übliches Muster, in das man hineinfallen kann, und es ist wichtig, sich zu fragen, ob man jemanden aus seinem Freundeskreis zu seiner persönlichen Assistenz macht. Hilfst du gern und aus freien Stücken? Falls nicht, solltest du überlegen, etwas von deiner Zeit und Energie wiederzuerlangen.

JÜNGERE UND ÄLTERE GESCHWISTER

Manche Leute wollen Geschwister (oder zusätzliche Geschwister oder bessere Geschwister als diejenigen, die sie haben). Oder sie wollen sich um jemanden kümmern, jemandes Mentor:in sein oder selbst bekümmert werden und der oder die Mentee sein. Was auch immer der Grund sein mag: Viele Leute haben Freundschaften mit einer geschwisterähnlichen Dynamik, besonders solche mit einem Altersunterschied. Freundschaften zwischen Generationen können fantastisch sein. Aber der ältere der beiden »Geschwister« muss sich des Ungleichgewichts der Macht bewusst sein und vorsichtig sein, den oder die Freund:in nicht kleinzuhalten. Erwachsene sollte man wie Erwachsene behandeln.

Dies ist keine allumfassende Liste, aber über die Dynamiken deiner bestehenden Freundschaften nachzudenken, kann eine bedeutsame Übung sein. Vielleicht verspürst du echtes Potenzial und beginnst, eine Brücke zu jemandem zu bauen – eine stärkere Verbindung. Oder du könntest beschließen, eine neue Richtung einzuschlagen und ganz neue Leute kennenzulernen. Was auch immer deine Umstände gerade sind, wir möchten, dass du realistische, aber hohe Standards für Freund:innen hast. Wir bestehen darauf. Du hast genau ein Leben vor dir – jedenfalls soweit wir das wissen – und du verdienst Leute, die die meiste Zeit freundlich und an dir interessiert sind. (Niemand ist die ganze Zeit freundlich.) Während du dich auf diese Freundschaftsreise begibst, geben wir dir die absolute Erlaubnis, Leute hinter dir zu lassen, die dir nicht das Gefühl vermitteln, wertvoll zu sein.

WAS TUN GUTE FREUND:INNEN FÜREINANDER?

- Ab und an einen nervigen Gefallen, wie eine Bewerbung auf Rechtschreibfehler durchschauen oder dabei helfen, den unhandlichen Schrank bei 35 Grad Celsius auf die Straße zu schleppen.
- Sie erkundigen sich proaktiv nach dir, besonders in schwierigen Zeiten.
- Sie stellen dich gerne anderen Leuten vor.
- Sie behandeln deine Lieben, Haustiere, Kinder und Familie mit Wohlwollen, auch ohne ihnen nahezustehen.
- Sie feiern oder ignorieren deinen Geburtstag, je nachdem, was du bevorzugst.
- Sie lachen mit dir und über dich.
- Sie sagen dir, wenn deine Witze zu gemein sind.
- Sie sprechen gut über dich, auch wenn du nicht da bist.
- Sie beginnen Geschichten mit: »Erinnerst du dich noch, als ...«.
- Sie fühlen mit dir, wenn du dich über deine Arbeit oder dein Date beklagst oder darüber, was für einen Kater du hast.
- Sie können dieselben Personen wie du nicht ausstehen, selbst wenn sie nur hypothetisch sind.
- Sie helfen dir, ein Online-Dating-Profil zu erstellen.
- Sie helfen dir, ein Online-Dating-Profil zu löschen.
- Sie teilen Rezepte, Bücher, Spiele, Insiderwitze und ihr Netflix-Passwort mit dir.
- Sie ermutigen dich, die Dinge zu tun, die du tun willst, wie an einem Marathon teilnehmen oder einen Martial-Arts-Kurs belegen.
- Sie verurteilen dich nicht, wenn du dich entscheidest, doch keinen Marathon zu laufen oder keinen Martial-Arts-Kurs zu machen.

WO DU NEUE FREUND:INNEN TRIFFST

Vielleicht fühlst du dich nie ganz vorbereitet, um neue Leute zu treffen. Du springst wahrscheinlich nicht eines Morgens aus dem Bett und rufst: »Hallo, Welt! Ich bin bereit für dich!« Leider musst du dich vielleicht zwingen, anzufangen, bevor du dich bereit fühlst. Denn außer du lernst Freund:innen im Internet kennen (was absolut in Ordnung ist – mehr dazu später), musst du dein Haus verlassen, um neue Freundschaften zu knüpfen. Du musst dich an neue Orte begeben, oftmals alleine, und mit Leuten reden. Das tut uns sehr leid. Aber wir sind hier, um zu helfen! Und bevor du loslegst: Es gibt nicht den einen richtigen Ansatz, der für alle passt. Als erwachsener Mensch Freundschaften zu schließen, ist eine echte Herausforderung und die lässt sich vielfältig angehen.

FANG IN DEINER NÄHE AN

Vielleicht hast du schon Möglichkeiten, auf die du zurückgreifen kannst, aber bist dir dessen gar nicht bewusst. Wir sprechen von den Freund:innen und Bekannten, die du bereits in deinem Leben hast. Sie werden auch zu Veranstaltungen eingeladen sein, auf denen du nicht bist, und manchmal kannst du mitkommen. Erzähl deinen Freund:innen, dass du bereit bist, neue Leute kennenzulernen, und frage, ob bei ihnen irgendwelche Treffen anstehen, zu denen du vielleicht mitkommen kannst. Sei dir klar, was du willst. **Hier sind ein paar Formulierungsvorschläge, aber du kannst natürlich auch deine eigenen Worte benutzen:**

- *Machst du in den nächsten Wochen irgendwas Cooles? Falls ja, hättest du Lust, mich mitzunehmen? Ich muss mal ein paar neue Leute kennenlernen.*
- *Zum nächsten [Bar-Spieleabend/Lagerfeuer/Kiezfest/Filmabend] würde ich gerne mitkommen, wenn das okay für dich ist. Ich hatte das letzte Mal so viel Spaß und würde deine netten Freund:innen gerne wiedersehen.*

IN DEINEN EIGENEN WORTEN

Es kann ziemlich schwierig sein, die richtigen Worte zu finden, die ausdrücken, was du sagen willst, besonders wenn du nervös oder gestresst bist. Durch das ganze Buch ziehen sich daher »Skripte«, die du adaptieren kannst, wie die Formulierungsvorschläge oben und auf der folgenden Seite. Im Gegensatz zu Drehbüchern im Film oder Theatermanuskripten sollst du diese Sätze nicht auswendig lernen und Wort für Wort wiedergeben können. Es gibt keine Regisseur:innen oder Linienrichter:innen. Diese Skripte sind einfach nur Orientierungshilfen, wenn du dich in schwierige Gewässer begibst. Spiel mit ihnen. Schmeiß ein paar Adjektive raus. Pack welche dazu. Füge ein paar Schimpfwörter hinzu. Wirf ein paar raus. Wenn du unsere Worte für deine spezifische Situation anpasst, achte darauf, dass du das, was du sagen willst, nicht zu sehr verwässerst. Natürlich muss man manchmal flexibel sein. Wir möchten, dass du das, was du brauchst, selbstsicher, produktiv und freundlich verkündest, nicht verhuscht ins Nichts flüsterst.

- *Ich denke darüber nach, Leute zu finden, um [bowlen zu gehen/Strategiespiele zu spielen/einen Buchclub zu gründen]. Hättest du Interesse? Und kennst du vielleicht Leute, die auch Lust hätten, mitzumachen?*
- *Ich bin irgendwie in der Stimmung, neue Leute kennenzulernen. Falls du irgendwelche coolen Freund:innen hast, denen du mich vorstellen kannst: Ich hätte Lust!*
- *Irgendwie hab ich in letzter Zeit gedacht, ich müsste mal wieder neue Leute kennenlernen und meinen Horizont erweitern. Falls bei dir demnächst irgendwelche Gruppentreffen anstehen, denkst du an mich?*

Falls es sich um enge Freund:innen handelt, kannst du deine genauen Absichten und Gefühle teilen, um sichtbar zu werden:

- *Ich muss [mehr aus dem Haus kommen/mehr Spaß haben/neue Leute kennenlernen/mein soziales Leben erweitern/etwas Neues ausprobieren]. Ich würde gern irgendwas Cooles machen, aber ich weiß nicht, wen ich einladen soll. Könntest du vielleicht dazu einladen?*
- *Mir ging's irgendwie in letzter Zeit gar nicht gut und ich könnte ein bisschen Gesellschaft brauchen. Könntest du mir dabei helfen, neue Leute kennenzulernen?*

Wisse, dass du dich nicht aufdrängst oder dich zu einem bestimmten Ereignis einlädst, wie zu einem privaten Abendessen. Du machst nur deutlich, dass du etwas in deinem sozialen Leben verändern willst und dass du dich über Einladungen freuen würdest. Du sagst der Welt, dass du bereit bist, dich zu befreunden.

LIEBE JENN UND TRIN,

ich bin wegen des Berufs meines Mannes in eine neue Stadt gezogen. Er hat sehr viel auf seiner Arbeit zu tun und ich stelle fest, dass ich zu viel Zeit übrighabe, während ich gleichzeitig auf der Suche nach eigener Arbeit bin. Während ich suche, hätte ich gerne auch etwas Spaß! Wo soll ich anfangen?

Du sagst, dass du »Spaß haben« willst, also lass uns entdecken, was das für dich heißt. Vielleicht bist auf der Suche nach Freund:innen, vielleicht musst du aber einfach nur ins Kino gehen, dir ein Videospiel runterladen, dich in eine Buchreihe vertiefen oder lernen, wie man mit Obst jongliert. Du kannst diese Dinge alleine tun. Investiere in dich und deine Interessen. Du bist schon Gesellschaft, mit der man Spaß haben kann! Neue Freund:innen werden nicht sofort für Spaß sorgen. Wenn du nach jemandem suchst, der in dein Leben tritt und dich mit allen möglichen Aktivitäten blendet, dann bist du auf der Suche nach einer Campbetreuung, nicht notwendigerweise nach einer Freundschaft. Wie auch immer, hier ist ein Ort, um anzufangen: Nutze das Internet mit seiner Vielzahl an Möglichkeiten, um in deiner Nähe Veranstaltungen und ehrenamtliche Gruppen zu finden, die dich interessieren. Suche dir den richtigen Raum.

GEHE ALLEINE WOHIN (IRGENDWOHIN!)

Manche Leute finden das beglückend und befreiend, alleine irgendwohin zu gehen, aber das trifft nicht auf alle zu. Marginalisierte Personen müssen in ihrer Recherche und ihren Bemühungen oftmals noch weitere Schritte gehen, bevor sie irgendwo ohne Begleitung auftauchen. *Entspricht dieser Ort meinen Bedürfnissen in puncto Barrierearmut? Wie wahrscheinlich ist es, dass ich aufgrund meines Geschlechtsausdrucks diskriminiert werde? Werde ich dort die einzige BIPOC-Person sein?*

Wenn du einschätzen kannst, dass ein Ort sicher und angenehm ist, ist es ein guter Schritt auf dem Weg zu neuen Freund:innen, dort alleine hinzugehen. Falls du neben einem Bier-Experten sitzt und ein großartiges Gespräch hast, ist das ein Spaß-Bonus. Oder vielleicht gehst du alleine in die Bibliothek. Gehe mit der Absicht, drei neue Kochbücher zu finden, und wenn du dabei mit jemandem über deren Familien-Paella-Rezept ins Gespräch kommst: wunderbar. Falls du am Aushang einen Zettel mit einem kostenlosen Kochkurs entdeckst: noch besser. Schließlich wollen wir dich in soziale Situationen bringen, die vordergründig keine sozialen Absichten haben (die dir etwas Interessantes beibringen, an denen du neue Umgebungen entdeckst, in denen du deinen Hobbys nachgehst), damit der Druck, sofort neue Freund:innen zu finden, nicht so groß ist. Hier sind ein paar Orte, an denen du das ausprobieren kannst:

DIE BIBLIOTHEK. Workshops, Clubs, Lesungen, Vorträge, Spieleabende – die Bibliothek ist der Ort für zahlreiche kostenlose Aktivitäten, die den Eindruck erwecken, zu gut zu sein, um wahr zu sein, aber tatsächlich wahr sind.

CAFÉS, COFFEE SHOPS, RESTAURANTS ODER BARS. Du kannst der neueste Stammgast werden (der die Bedienung freundlich behandelt und Trinkgeld gibt).

PARKANLAGEN ODER STÄDTISCHE/KOMMUNALE ANGEBOTE. Manche Parkanlagen bieten öffentliche Konzerte oder Filmabende an oder gemeinsame Sportübungen im Freien. Städte und Gemeinden organisieren oft Bauernmärkte, Festivals und Kunstwochen oder Ähnliches. Diese Organisationen sind ganz unterschiedlich aufgestellt, was die Finanzen betrifft, die ihnen zur Verfügung stehen, und die Aktivitäten, die sie organisieren, aber es lohnt sich, zu recherchieren! Der beste Anfang ist, nachzuschauen, welche Parkanlagen sich in deiner Nähe befinden und welche Angebote dein Wohnort parat hält.

WEBSITES, DIE TREFFEN KOORDINIEREN, WIE MEETUP.COM. Kopf hoch! Wir kennen von Websites wie diesen sowohl Erfolgs- als auch Horrorgeschichten. Sie funktionieren, weil alle das gemeinsame Interesse haben, Leute kennenzulernen, aber es ist natürlich auch der wilde Westen des Internets. Stell dich von deinen Erwartungen her darauf ein.

SPIELEABENDE. Schau mal beim Spiele- oder Comicladen vorbei. Oftmals organisieren die Mitarbeiter:innen einmal pro Woche oder pro Monat Spieleabende, um die neuesten Produkte auszuprobieren.

HOBBY-CONVENTIONS. Es gibt Conventions zu fast allen Sachen, die man sich nur vorstellen kann, zum Beispiel, aber nicht nur zu Videospielen, zum Nähen von Bettdecken, BDSM, Gärtnern, zu Turnschuhen, Magie, Promi-Imitator:innen, Vintage-Autos, Retro-Spielzeugen, Tattoos und Snacks. Wenn man hier ein Gespräch beginnt, hat man auf jeden Fall eine Sache, über die man sich unterhalten kann.

AMATEURSPORT. Fußball, Volleyball, Basketball, Badminton – wenn du in der Schule viel Sport gemacht hast, ist dies deine Chance, die glorreichen Tage wieder aufleben zu lassen. (Es gibt oft auch weniger wettbewerbsorientierte Vereine, bei denen die Lust am Spiel im Vordergrund steht, falls Sport jetzt nicht dein Ein und Alles ist.) Denk nur dran, freundlich und gut gelaunt zu sein. Leider führt der Wettbewerbscharakter bei manchen Leuten zu Aggression.

KURSE. Wenn du es dir leisten kannst, trage dich für einen Kurs ein und lerne etwas von Expert:innen. Besonders Leute, die in großen Städten leben, können alle möglichen Workshops oder Kurse in französischer Küche, Kalligrafie, Metallverarbeitung, Coding oder was auch immer machen. Es ist für alle genau so neu wie für dich, was das Ganze leichter macht. Und du hast mit der Person neben dir schon etwas gemeinsam. Sag Hallo und stelle dich kurz vor.

Suche dir möglichst Orte beziehungsweise Aktivitäten, wo das Sozialsein quasi mit eingebaut ist. Wir empfehlen dir zum Beispiel nicht, im Fitnessstudio auf Freundschaftssuche zu gehen. Dort sind die Leute, um zu trainieren. (Üblicherweise.) Aber wenn dein Fitnessstudio ein Charity-Event oder eine Ferienparty veranstaltet, dann wäre das der richtige Moment, um mit neuen Leuten ins Gespräch zu kommen.

FINDE EINE SACHE, BEI DER DU DICH ENGAGIEREN WILLST

Auch wenn es als Erwachsene keinen eindeutigen Weg gibt, neue Leute kennenzulernen, ist ehrenamtliches Engagement auf jeden Fall eine großartige Chance. Falls das in deinen Ohren wie eine Klischeevorstellung klingt: Es ist nicht ohne Grund ein Klischee. Trage dich für regelmäßige Arbeit bei einer Organisation ein, egal, ob klein oder groß. **Wir können dir fast garantieren, dass du die folgenden Dinge erleben wirst:**

- Du weißt, dass du etwas geleistet hast, und fühlst dich produktiv.
- Du knüpfst Kontakte zu interessanten Menschen, die ähnlich gestrickt sind wie du.
- Du übst dich in Empathie und Geduld.
- Du hast etwas Besonderes und Beeindruckendes, das du auf deinen Lebenslauf setzen kannst.
- Du lernst etwas über soziale Fragen (wie du es nur lernen kannst, wenn du direkt damit konfrontiert wirst).
- Du erfährst faszinierende Geschichten.
- Du findest weitere Wege, Leute kennenzulernen – Organisationen veranstalten oft soziale Events, an denen du teilnehmen kannst.

Wie findest du die richtige Stelle, um dich ehrenamtlich zu engagieren? Entscheide als Erstes, was für Aufgaben du übernehmen kannst. Was interessiert dich genug, dass du bereit bist, dich dafür ein paar Stunden in der Woche oder im Monat unbezahlt zu engagieren? Vielleicht machst du gerne Tabellen, designst Flyer oder sammelst in der Natur Müll ein. Suche dir eine Organisation, die gut zu deinen Interessen passt und mit deinem Tagesrhythmus harmoniert. Überleg dir, welche Aufgaben du gar nicht gern übernimmst, sodass du diese möglichst vermeiden kannst. Non Profit-Organisationen haben etwas davon, wenn du engagiert und enthusiastisch bist, nicht wenn du von jeder Minute genervt bist, die du dort verbringst.

Wenn Jenn nach einer Möglichkeit sucht, sich ehrenamtlich zu engagieren, dann sucht sie nach Orten, wo sie keine E-Mails schreiben und auch nicht vor vielen Leuten reden muss. Beide Sachen will sie nicht machen. Das klingt vielleicht erst mal krass. Das ist ihr bewusst. Aber sie schreibt in ihrem Alltag genug E-Mails und redet mit Leuten. Sie möchte einfach mal vom Bildschirm weg sein und sich auch nicht dozieren hören. Deswegen engagiert sie sich ehrenamtlich im Tierheim, wann immer es ihr möglich ist. Hunde haben keine Ahnung, was eine E-Mail ist. (Das muss schön sein.) Tiere wollen Zuwendung, Nahrung und Beschäftigung und all das gibt sie gerne. Außerdem arbeitet sie bei einer Organisation mit, die Bücher an Frauen im Gefängnis verschickt. Sie wählt Bücher aus und verpackt sie zu Päckchen, die sie verschickt – das ist leise und beruhigend und kostet sie nicht zu viel ihrer begrenzten Energie. Trin dahingegen arbeitet Vollzeit von zu Hause. Deswegen sieht ihr Energiebrunnen anders aus. Sie mag es, von Tür zu Tür zu ziehen, mit Leuten zu reden und Teil einer aktiven Bewegung zu sein.

Sobald du eine Vorstellung davon hast, was du gerne machst, schaue nach einer Organisation, die dich begeistert, und lass dich von dieser Energie über die Türschwelle tragen. Queere Orte, Tierheime, Essenstafeln, Blutspende-Organisationen, Theater, Büchereien, Notunterkünfte, Krankenhäuser – es gibt so viele Orte, die dein Engagement und deine Leidenschaft brauchen können. Du kannst Hunde ausführen, die an die frische Luft müssen, in der Essensausgabe Regale auffüllen, in einem Gemeinschaftsgarten Unkraut zupfen und Kindern bei den Hausaufgaben helfen. Du kannst Geflüchteten, die Deutsch lernen wollen, die Sprache beibringen. Du kannst dich auf lokaler Ebene für eine politische Kampagne engagieren. (Politische Mitarbeiter:innen sagen uns, dass unsere

Zeit am besten genutzt ist, wenn wir uns für Kommunalwahlen engagieren, um Idioten aus dem Amt zu jagen.) Vielleicht sammelst du Unterschriften, klopfst an Türen, rufst Banken an und fragst nach Spenden. Unsere kaputte Welt zu reparieren, ist natürlich nicht nur deine Aufgabe, und wenn du dich lieber weniger exponiert engagieren möchtest, ist das natürlich auch völlig in Ordnung. Aber manchmal lohnt es sich, seine Komfortzone zu verlassen.

Wenn du eine Organisation, die dich anspricht, gefunden hast, melde dich bei ihr an. Oft wirst du erst mal ein oder zwei Orientierungsworkshops haben, wo du lernst, dich einzuarbeiten. Danach kriegst du deine ersten Aufgaben. Neue Leute kennenzulernen, steht dabei nicht im Vordergrund. Das Erste, was du lernst, ist, deine Freiwilligenarbeit sicher und effektiv zu erledigen. Du bist da, um zu helfen, indem du deine Zeit und Aufmerksamkeit schenkst, was einfach mal ziemlich nett von dir ist und ernst genommen werden sollte. Aber du kannst Freund:innen *während* der Arbeit gewinnen, nicht trotz der Arbeit. Oftmals ist es sogar einfacher, ein Gespräch zu führen, während du mit etwas beschäftigt bist – das nimmt den Druck weg, unterhaltsam zu sein oder eine perfekt getimte Geschichte zu erzählen. Beobachte die Leute, die schon länger dabei sind, und schau dir von ihnen ab, wann es in Ordnung ist, zu reden und sich etwas zu entspannen. Und bevor du ganz gesprächig wirst, frage erst mal nach, ob es noch eine weitere Aufgabe gibt, die erledigt werden muss. Was meistens der Fall ist. Hilfsorganisationen sind notorisch unterbesetzt.

Nur um es gesagt zu haben, es gibt auch ein paar Nachteile dabei, wenn man versucht, auf diesem Weg neue Leute kennenzulernen: Du wirst nicht unbedingt jedes Mal, wenn du deine Freiwilligenschicht hast, dieselben Gesichter sehen, was es erschwert, Beziehungen aufzubauen. (Ohne Zweifel wirst du dich bei manchen Leuten mehrfach vorstellen müssen.) Selbst wenn du dich oft engagierst, gibt es andere, die nur einmal im Monat kommen. Wieder andere haben drei Stunden im Jahr. Manche treten an und kommen nie wieder. Und die Arbeit ist nicht glamourös. Die Leute, die die Verantwortung tragen, sind überarbeitet und gestresst. Es ist nicht so aufregend wie im Film dargestellt, mit einem ermutigenden fröhlichen Soundtrack drunter und Kindern, die einen ehrfurchtsvoll anblicken, wenn man etwas Unglaubliches und eigentlich Unmögliches geleistet hat, wie den letzten Holzrahmen anzuheben, um das Haus fertigzustellen. Doch selbst wenn du dabei keine Freundschaften knüpfen solltest, hast du soziale Fertigkeiten praktiziert, Lebenserfahrung gewonnen, neue Geschichten zu erzählen und dafür gesorgt, dass die Welt weniger mies ist.

NUTZE DIE WELT DES INTERNETS

Im Jahr 2020 hat eine Pandemie die Welt erfasst, die uns gezwungen hat, mindestens anderthalb Meter Abstand zu halten. Wir mussten alle lernen, soziale Kontakte zu halten, ohne uns in echt zu treffen, indem wir Möglichkeiten wie Videocalls und Onlinespiele genutzt haben. Aber du musst das Internet nicht nur nutzen, um deine Freundschaften aufrechtzuerhalten. Du kannst es auch nutzen, um *neue* Freundschaften zu schließen. Falls sich das für dich total komisch anfühlt, dann okay. Es ist vielleicht nicht die Art, wie du persönlich das Internet nutzt. Aber es ist wirklich völlig in Ordnung, Online-Freundschaften zu schließen, denn wir leben in einem technologischen Zeitalter. In viktorianischer Zeit wurden private Nachrichten über das Arrangement von Blumen und Pflanzen ausgetauscht. (Ernsthaft. Wenn du mal Zeit hast, google »Blumensprache«.) Elizabeth Barrett und Robert Browning tauschten Briefe miteinander aus, bevor sie sich je getroffen haben. Wir alle nutzen die Werkzeuge, die wir haben, und jetzt sind diese Werkzeuge online.

Was interessiert dich am meisten? Vogelhäuser zu bauen? Eine Hautpflege-Routine zu etablieren? Eine Fantasygeschichte zu entwickeln? Das Internet beherbergt jede Menge Leute, die bereit sind, all das zu analysieren und zu diskutieren, was auch immer dich interessiert, und das ist besonders hilfreich für Leute, die physisch oder sozial isolierter sind. Jenn hat als Teenager online Freund:innen über LiveJournal und Neopeta gefunden. Ernsthaft. Sie hat danach gesucht, was sie zu der

Zeit wahnsinnig interessiert hat – Kingdom Hearts, Death Cab for Cutie und Orlando Bloom –, und sie fand Posts, in denen sie sich wiedererkannt hat und die sie dazu veranlasst haben, Kommentare wie diese oder ähnliche zu hinterlassen: »OMG. Echt? Ich liebe Legolas auch! Willst du mich auf LiveJournal adden?!« LiveJournal war ein riesiger Teil von Jenns Leben – sie postete lange, ausufernde Schreiben und gewährte dann Leuten, die sie kennenlernte, Zugang zu ihrem Journal. Das Internet brachte ähnlich tickende Nerds direkt in ihr Wohnzimmer, und sie ist bis heute mit etlichen der Leute befreundet. (Zugegebenermaßen haben sich ihre Interessen nicht wirklich so groß verändert.)

Natürlich ist das Internet genau wie das Leben außerhalb des Netzes voller Arschlöcher. Arschlöcher blühen im Internet so richtig auf, weil sie nicht ihre echten Identitäten preisgeben müssen und weil sie sich fürchterlich danebenbenehmen können, ohne groß Konsequenzen zu erleben. Lass uns kurz über Etiquette reden, damit du die netten, nicht gruseligen Leute in einer Community kennenlernen kannst. Stell dir vor, dass all die Leute, die online sind, sich in einem metaphorischen riesigen öffentlichen Park aufhalten. **In einem öffentlichen Park würdest du Folgendes nicht tun:**

- Leute in deiner Nähe beleidigen (jedenfalls hoffen wir, dass du das nicht tust).
- Dich im Busch verstecken und lüstern auf Leute schielen.
- Fremden persönliche Fragen stellen, wie zum Beispiel, ob sie einen Freund haben oder wo sie wohnen.
- Dich mit Gewalt in ein Gespräch zwischen zwei Personen drängen.
- Einer Person hinterherlaufen und alles, was sie trägt, sagt oder macht, kritisch kommentieren.

Aber vielleicht *würdest* du jemandem, der ganz klar vieles mit dir gemeinsam hat, Hallo sagen. Wenn jemand in dem Park ein T-Shirt mit der folgenden Aufschrift trägt: ICH LIEBE RATGEBERBÜCHER ZUM THEMA FREUNDSCHAFT. SPRICH MICH JEDERZEIT DAZU AN!, dann würdest du vielleicht freundlich grüßen und eine passende Geschichte erzählen und dann würdest du weitergehen oder vielleicht die Handynummer der Person aufschreiben, um dich später weiter auszutauschen. Wenn jemand ein Schild hochhalten würde, auf dem ROCKMUSIK DER SPÄTEN NEUNZIGER IST MEIN LEBEN steht, würdest du heraneilen und dich mit deinem Twitter-Nutzernamen vorstellen, der @90smusiclover420 lautet. Aber wenn es dein allererster Tag im Park wäre und du niemanden finden würdest, mit dem du etwas gemeinsam hast, dann würdest du wahrscheinlich niemanden grüßen! Du würdest einfach aufpassen, dass du im großen Park nicht verloren gehst. Geht dir diese Metapher zu weit? Wir wollen dich nur ermutigen, ruhig eine Sekunde zu warten, bevor du dich in die Tasten stürzt. Nimm dir die Zeit, zu beobachten, bevor du mit Leuten redest und all deine genialen Meinungen von dir gibst. Viele Social-Media-Plattformen lassen dich ganze 24 Stunden, nachdem du dich angemeldet hast, nicht posten. Sieh das als deine Chance, dich umzuschauen und einzulesen. Warte, bis du dir sicher bist, dass du einen direkten Bezug zu der Person hast – sie arbeitet in deiner Branche, ihr braut beide Kombucha zu Hause –, und nutze diesen Bezug zum gegenseitigen Kennenlernen.

LIEBE JENN UND TRIN,

Ich plane, mich mit jemandem zu treffen, den ich über Twitter kenne. Wir haben eine Menge gemeinsam, teilen die gleiche Art von Humor und schreiben einander ständig. Deswegen denke ich, dass es großartig wird. Was muss ich wissen, bevor wir uns persönlich treffen?

Stell dir verschiedene Möglichkeiten vor, wie so ein Treffen aussehen kann. Wir hoffen, dass es großartig wird, und das kann es auch auf jeden Fall. Trotzdem ist es so, dass du dich mit dieser Person in eine neue Phase eurer Freundschaft begibst. Pass auf deine Erwartungen auf. Es ist nicht so, dass du diese Person jetzt »endlich« kennenlernst. Du kennst sie - eine Version von ihr. Jetzt triffst du eine andere Version und das kann sich sehr komisch anfühlen. Vielleicht riecht sie komisch. Oder sie ist nicht so witzig, wie wenn ihr euch schreibt. Oder sie ist so cool und charmant im echten Leben, dass du zu eingeschüchtert bist, um dich natürlich zu verhalten. Mach dich auf ein paar Überraschungen gefasst.

Und erinnere dich: eine Freundschaft muss nicht bestimmte Kategorien erfüllen, um bedeutsam zu sein. Internetfreund:innen könne echte Freund:innen sein. Es kann ein echter Segen sein, wenn man sich keine Gedanken über Haltung, Make-up oder Mundgeruch machen muss und sich einfach mit einer Person austauschen kann ohne die Angst, die ein Face-to-Face-Treffen auslösen kann. Trins Freundschaften in ihrer alten *World of Warcraft*-Gruppe haben sie in ihren Uni-Jahren geprägt, eine Zeit, die ansonsten ziemlich trübselig für sie war. Die Arbeit daran, ein besserer Paladin zu werden, hat ihr Selbstvertrauen gegeben und es hat ihr Spaß gemacht, mit gleichberechtigten Kumpels (beziehungsweise den digitalen Fantasie-Avataren dieser Kumpel) zu spielen. Das ist jetzt zehn Jahre her und Trin ist immer noch in Kontakt mit einem alten »Kerker-Freund« (der den Namen »McSprinkles« trägt).

Manchmal, wenn man besonderes Glück hat, überquert ein Internetfreund oder eine Freundin die Brücke ins »echte« Leben. Aber das ist nichts, was man forcieren muss, wenn es so, wie es ist, für euch funktioniert und ihr beide glücklich damit seid.

WIE MACHT MAN DEN ERSTEN SCHRITT IN RICHTUNG FREUNDSCHAFT?

Small Talk hat einen schlechten Ruf, gilt als langweilig und oberflächlich, aber spielt eine wichtige Rolle dabei, wenn man jemanden neu trifft und kennenlernen will. Es ist eine wichtige Gelegenheit, die Hinweise zu lesen, die eine andere Person setzt. Ob sie zu abgelenkt ist, um zu reden, wie vertraut sie mit dem Thema ist, über das du redest, oder ob sie gerade lieber allein wäre. Small Talk mit jemand Unbekanntem bedeutet nicht, dass du jetzt unbedingt eine neue Freundschaft schließt – du erhöhst einfach nur deine Chancen, coole Leute zu treffen, wenn du an einfachen Gesprächen teilnimmst. Um gut Small Talk machen zu können, musst du nicht von Natur aus supercharmant sein oder das öffentliche Reden tipptopp beherrschen. Small Talk ist eine Fertigkeit. Und dazu eine, die du üben kannst.

TREFFEN IN ECHT

Den Sprung von einer Online-Freundschaft zu einer im echten Leben zu wagen, ist etwas, dem alle Seiten begeistert zustimmen müssen. Menschen, die statistisch gesehen öfter Opfer von Gewalt werden – zum Beispiel aufgrund ihres Geschlechts oder ihrer Herkunft –, sind besonders vorsichtig, wenn es darum geht, Leute aus dem Internet in echt zu treffen. Wenn ihr euch dafür entscheidet, solltet ihr Folgendes im Kopf behalten:

ACHTET AUF EURE SICHERHEIT. Selbst wenn ihr diese Person online richtig gut kennt, auch mit ihrem vollständigen Namen und ihrem Gesicht, haltet euch trotzdem an diese Grundregeln: Gebt eure genaue Adresse nicht heraus, trefft euch an einem neutralen Ort und gebt auf jeden Fall einer anderen Person Bescheid, wo ihr seid und wie lange ihr dort sein werdet.

SORGT IM VORHINEIN FÜR EINE ZEITLICHE BEGRENZUNG. »Lass uns für eine Stunde auf einen Kaffee treffen« oder »Ich muss gegen 20 Uhr los, aber lass uns supergerne um halb sieben am Buchladen verabreden!« Diese Treffen können wahnsinnig gut laufen, aber falls nicht, willst du nicht ewig in einer unerträglichen Situation bleiben müssen.

UMARME JEMANDEN NICHT EINFACH. Nicht alle Leute mögen Umarmungen! Gehe nicht davon aus, dass es für deine Internetfreundin (oder irgendjemand anderen) okay ist, umarmt zu werden. Wenn du eine Person zum ersten Mal triffst, schüttele die Hand. Oder sage einfach: »So cool, dass wir uns in echt sehen! Was ist dir lieber, Umarmung oder High-Five?« Oder: »Ist eine Umarmung für dich okay oder lieber nicht?«

SEI NACHSICHTIG. Vielleicht stellst du fest, dass es mit deinem Internetkumpel in echt nicht so ganz rundläuft. Vielleicht kommuniziert ihr beide besser, wenn ihr das, was ihr sagt, wie bei einer E-Mail überarbeiten könnt. Dies ist eine gute Gelegenheit, nachsichtig zu sein, was kleine soziale Fehler betrifft. Erlaube deinem Gegenüber – und dir auch –, ein paar von diesen komischen, aber grundsätzlich harmlosen Fehlern zu machen.

SCHRITT 1: ENTDECKE DEINE GESCHICHTEN

Dr. John Antonakis, ein Professor für Organisationsverhalten an der Universität von Lausanne in der Schweiz, sagt, dass Charisma im Wesentlichen in der Fähigkeit besteht, eine Geschichte zu erzählen. Laut ihm sind die charismatischsten Personen in einem Raum diejenigen, die jederzeit Anekdoten haben, die sie mit anderen teilen können, und über eine energetische Körpersprache verfügen, die dazu passt. Während du das liest, denkst du vielleicht, dass du keine einzige interessante Geschichte zu erzählen hast, aber das ist nicht wahr. Du hast auf jeden Fall Geschichten zu erzählen. Du hast Regeln gebrochen oder bist Risiken eingegangen. Du hast Erfahrungen gemacht, die zum Lachen waren oder romantisch oder gruselig oder gefährlich oder peinlich oder zufällig. Du brauchst kein Repertoire an unheimlich lustigen Witzen, sexy Geschichten über Bankräuber oder einen lukrativen Filmdeal, um es wert zu sein, dass man mit dir kommuniziert. Du musst nicht unterhaltend oder »beeindruckend« sein (was auch immer das überhaupt sein soll), um etwas von dir mit anderen zu teilen. Deine Geschichten sind in dir und warten darauf, dass du sie auspackst und teilst. Wenn du Probleme damit hast, auf persönliche Anekdoten zu kommen, sind hier ein paar Vorschläge, die deine Kreativität anregen können:

ÜBERPRÜFE DEINE ROUTINE. Grabe ein bisschen tiefer und schaue, was sich für dich gewöhnlich anfühlt, aber jemand anderen vielleicht überraschen mag. Woran denkst du auf dem Weg zur Arbeit? Was liest oder hörst du? Was hast du vor Kurzem gekocht? Was schaust du gerade an? Und wieso?

BEGINNE MIT EINEM STARKEN GEFÜHL. Wann war das letzte Mal, dass du dich schockiert gefühlt hast? Oder tapfer? Triumphierend? Erfreut? Vielleicht hast du die ältere Nachbarin vor einem Internetbetrug bewahrt, letzte Woche einen Promi am Flughafen erspäht oder einen Hund gesehen, der etwas total Lustiges gemacht hat.

SCHAU ZURÜCK AUF EIN EREIGNIS. Visuelle Unterstützung hilft dir, dich an Geschichten zu erinnern, die du erlebt hast. Hast du E-Mails oder Textnachrichten, die du dir anschauen kannst? Was ist mit Fotos? Tagebüchern? Notiz- oder Jahrbüchern? Andenken? Selbst Social Media kann dir hier eine Hilfe sein.

HÖR ANDEREN AUFMERKSAM ZU. Sammle und teile Geschichten, die du hörst. Mache dir nichts zu eigen und veröffentliche natürlich auch keine persönlichen Details, aber eine Geschichte wie »Meine Kollegin hat mir erzählt, dass ihr Onkel seiner Freundin mitten während einer Standesamtzeremonie einen Heiratsantrag gemacht hat. Das muss ja so dermaßen seltsam gewesen sein« eignet sich durchaus zum Nacherzählen.

GESPRÄCHSANFÄNGE

- Wir sind uns noch nicht begegnet, oder? Ich bin übrigens Subi. Meine Pronomen sind sie/ihr.
- Erzähl mir von dir!
- Was sind deine Lieblings-[Restaurants/Plattenläden/Coffee Shops/Buchläden/Parks/Wanderwege/Joggingrouten] hier in der Nähe?
- Woher kennst du die Gastgeberin?
- Ich bin gerade auf der Suche nach einem guten neuen Buch. Hast du gerade etwas Spannendes gelesen?
- Hast du schon mal jemand Berühmtes getroffen?
- Was machst du gerne in deiner Freizeit?
- Was war die letzte Fernsehshow, die dir gefallen hat?

SCHRITT 2: HALTE DICH AN DIE RICHTLINIEN.

Vielleicht hast du dich noch nie wohl dabei gefühlt, Small Talk zu machen. Oder vielleicht bist du einfach außer Übung und könntest einen Auffrischungskurs gebrauchen. Erinnere dich als Erstes daran, dass einen nicht jedes Gespräch faszinieren und umhauen muss. Das ist ein riesen Druck, den man sich oft macht. Die meisten Gespräche laufen wenig ereignisreich ab und das ist auch in Ordnung so! Wenn du nervös bist, nimm dir einen Moment, atme laaangsam ein und aus, bevor du auf jemanden zugehst. Du sagst eher etwas Bescheuertes oder etwas, das du später bedauerst, wenn du dich gestresst fühlst. Schraube deine Erwartungen herunter und folge diesen Hinweisen für Small Talk, der höflich, angenehm und ansprechend ist:

STELLE DICH AUF DEN ORT, DIE STIMMUNG UND DIE LEUTE EIN. Ist es zu voll und laut, um sehr viel mehr als Hallo zu sagen? Ist die allgemeine Stimmung eher betrübt oder von wenig Energie geprägt, so als ob jemand schlechte Nachrichten erhalten hätte? Reden auch andere Leute oder ist der Raum komplett still und voller Personen, die leise etwas lesen?

MACH EIN BISSCHEN BRAINSTORMING. Nimm dir Zeit, vor einem sozialen Event ein paar sichere und leichte Themen zu brainstormen (siehe Schritt 1). Diese mentale Übung wird dir a) zeigen, wie interessant du wirklich bist, und b) dich darauf vorbereiten, über dich selbst zu sprechen.

STELLE HÖFLICHE FRAGEN UND ERZÄHLE IM GEGENZUG AUCH VON DIR. Diese Fragen hängen von der jeweiligen Situation ab: Wenn du mit einem Arbeitskollegen sprichst, beginnst du vielleicht mit einem Satz, wie: »Ich arbeite schon seit Jahren hier in dem Gebäude. Und du?« Wenn es sich um die Freundin einer Freundin handelt, sagst du vielleicht so etwas wie: »Ich liebe deine Schuhe! Magst du sagen, wo du die her hast? Ich brauche ein neues Paar, um dieses Wochenende wandern zu gehen.«

VERTRAUE DEINEM INTERNEN PERSÖNLICHEN FILTER. Du musst nicht jeden Gedanken, der dir durchs Hirn schießt, mit der versammelten Mannschaft teilen. Du hast das Gefühl, dass du etwas vielleicht nicht laut sagen solltest? Hör darauf. Du kannst etwas immer noch zu einem anderen Zeitpunkt sagen, aber du kannst etwas nie *ungesagt* machen. Hier ist ein Beispiel von schiefgegangenem Small Talk: Eine Bekannte sprach Jenn mal an und fragte sie, seit wann sie schon ihre Achselhaare rasiert.

ACHTE AUF SUBTILE HINWEISE. Ungewollter Small Talk ist im besten Fall eine Unterbrechung. Im schlimmsten Fall Belästigung. Aber die meisten Leute fühlen sich nicht selbstsicher genug, um zu sagen: »Weißt du, ich könnte jetzt gerade etwas Zeit alleine in meinem eigenen Kopf gebrauchen. Es tut mir leid, aber ich würde es vorziehen, jetzt gerade nicht zu reden.« Stattdessen neigen wir dazu, uns mit einem »sanften Nein« aus der Affäre zu ziehen, wenn wir keinen Small Talk machen wollen. Das kann sich in einem Blick zur Tür zeigen, einem sich Abwenden oder in dem Satz »Es war schön, mit dir zu reden«. Das kann einem in dem Moment unaufrichtig vorkommen, wenn man derjenige ist, der zuhört, aber wir alle machen das von Zeit zu Zeit. Es ist ein instinktiver Versuch, höflich und zuvorkommend zu sein und eine unangenehme Situation nicht durch eine Konfrontation noch unangenehmer zu machen.

Spielt die Person dir gegenüber mit ihrem Handy herum, trägt sie Kopfhörer oder blickt sie sich im Raum um, statt dir zuzuhören? Richtet sie sich auf ein längeres Gespräch ein oder gräbt sie in ihrem Rucksack nach einem Buch? Gehst du auf den anderen ein oder feuerst du eine Frage nach der nächsten ab? Oder befindet sie sich schlichtweg auf dem Weg zum Ausgang? Wenn du nur einsilbige Antworten erhältst und eine Person langsam von dir abrückt, dann ist das ein »sanftes Nein«. Dann mach dich auch auf den Weg.

Angeblich soll Ringo Starr, wenn er große Mengen an Fans begrüßt, freundlich sein, aber nie stehen bleiben. Sehr schlau! Er ist das leibhaftige Beispiel des »Sanften Neins«. So ist das Leben für einen Beatle. Anbei Beispiele für ein »sanftes Nein« in alltäglicheren Situationen:

MILA: Wir scheinen immer dieselbe Kaffeepause zu haben! Hi, ich bin Mila. Ich benutze keine geschlechtsbezogenen Pronomen.
STEVEN: Nett, dich kennenzulernen. Ich bin Steven. Ich nutze er/ihm. Dann noch eine gute Pause.

MILA: Und wieder treffen wir uns um zwei. Ich bin Mila. Keine Pronomen.
STEVEN: Schön, dich wiederzutreffen. Na dann bis morgen.

In diesen Beispielen erwidert Steven Milas Gruß, aber er signalisiert das Ende des Gesprächs. Er ist dabei übrigens in keinster Weise unfreundlich oder unhöflich. Im Gegensatz dazu findest du im Folgenden Antworten, die signalisieren, dass jemand im Gespräch bleiben will.

MILA: Ich sehe dich immer hier, da dachte ich, ich sage mal Hallo. Ich bin Mila, keine Pronomen.

STEVEN: Nett, dich kennenzulernen. Ich bin Steven. Er/ihm. Und, hast du einen guten Tag?

MILA: Ich bin Mila. Ich benutze keine geschlechtsbezogenen Pronomen. Dienstags ist ein anstrengender Tag, oder?
STEVEN: Definitiv. Ich musste mal aus meiner Bürozelle raus, bevor ich meine Hand am Tisch festtackere. Ich bin übrigens Steven. Er/ihm.

SCHRITT 3: BLEIB AUF LEICHTEM TERRAIN

Es hat einen Grund, dass das Ding Small Talk heißt – du solltest noch nicht nach den schweren Themen graben. Wenn du jemanden kennenlernst, halt dich an die Fragen und Themen, die sich an der Oberfläche bewegen, wie zum Beispiel: »Lebst du schon lange in Köln?«, oder »Woher hast du diese unglaublich schönen Espadrilles?« Vermeide es, Gespräche folgendermaßen anzufangen: »Glaubst du an ein Leben nach dem Tod?«, oder »Woher hast du denn die Narbe?«, oder »Wann hast du das letzte Mal geweint?« Bleibe bei leichten Themen und vermeide es, Geschichten über zum Beispiel die Traumata deiner Kindheit zu erzählen. Selbst wenn es dir nichts ausmacht, auch düstere Geschichten zu erzählen, denke an die Wirkung, und wie sich andere vielleicht fühlen. Vielleicht löst du bei jemandem eine aufwühlende Erinnerung aus.

Natürlich gibt es auch hier Ausnahmen. Vielleicht sitzt ihr gemütlich um ein Lagerfeuer herum und alle erzählen ihre heftigen Geschichten. Das passiert und es kann auch eine kathartische Wirkung haben, mit einer Flasche Wein mit Leuten über die harten Sachen zu reden. Halte diese raren Momente in Ehren, aber erwarte nicht, dass sie auf Kommando passieren.

Wir würden dich auch davon abhalten wollen, Small Talk mit Leuten machen zu wollen, die gerade mitten im Stress sind, wie zum Beispiel dein Barista, Flugbegleiter:innen oder Leute im Kundendienst. »Hallo, wie geht es Ihnen?« und »Hatten Sie ein schönes Wochenende?« sind Höflichkeiten. Sie sind keine Aufforderung, aus dem Nähkästchen deines Lebens zu erzählen und Leuten, deren Job es ist, höflich zu sein, ihre Zeit zu stehlen.

Sei bitte nicht jemand, der sich auf dem Tresen breitmacht und dort häuslich einrichtet. Verweile nicht zu lange. (Natürlich kannst du zum Beispiel mit Taxifahrer:innen ein Gespräch beginnen, aber achte darauf, dass die sozialen Signale, die gesendet werden, wirklich vermitteln, dass sie Lust auf ein Gespräch haben. Mach dir klar, dass sie keine Möglichkeit haben, zu entkommen, außer sie springen aus dem fahrenden Auto.)

PRONOMEN-KNIGGE

Hier kommt eine kleine Grammatikstunde. Pronomen ersetzen Nomen und sind manchmal an ein Geschlecht angepasst (sie, er, ihr, sein, sie, ihre und viele weitere, darunter auch z. B. dey für nicht binäre Personen). Hier kommt eine kleine Unterrichtsstunde in menschlichem Anstand: Wenn du die Pronomen von jemandem richtig benutzt, bezeugst du Respekt, indem du diese Person wie eine Person behandelst. Wenn jemand dir seine Pronomen mitteilt (»Hallo, schön, dich kennenzulernen, mein Name ist Lin und meine Pronomen sind dey/deren«), solltest du:

VON DEM ZEITPUNKT AN DIESE PRONOMEN VERWENDEN. Wenn das ein bisschen schwer für dich ist, übe es! Spreche es dir selbst vor: *Das ist Lin. Dey ist Rechtsanwält:in, dey lebt nebenan, dey hat gerade einen Hund adoptiert ...* Pronomen sind auf derselben Ebene wie Namen. Es ist höflich und gleichzeitig essenziell, den Namen von jemandem zu kennen und richtig auszusprechen, nicht wahr? Dasselbe gilt für Pronomen.

TEILE DEINE PRONOMEN MIT, WENN ES SICH FÜR DICH SICHER UND RICHTIG ANFÜHLT. »Ich bin Daniel. Meine Pronomen sind er/ihn.« »Alles klar, danke. Meine sind sie/ihr.« Und wenn du kannst, nenne deine Pronomen zuerst. Besonders wenn du cis bist! (Cis-Personen sagen oft »Er, sie, es – ist mir egal, mach, wie du willst«, um sich offen zu zeigen, aber so ein Satz spielt die Bedeutung von Pronomen herunter und macht Nicht-Cis-Personen klein.) In Gruppensituationen ist das besonders gut. Wenn es Namensschilder gibt, füge deine Pronomen hinzu, selbst wenn du denkst, dass es »offensichtlich« ist. Dies ist besonders wichtig, wenn du eine Autorität hast, zum Beispiel Gastgeber:in der Party bist oder Dungeon Master bei einem DND-Spiel. Du setzt damit einen Ton, der willkommen heißt und akzeptierend ist.

ENTSCHULDIGE DICH SCHNELL, WENN DU EINEN FEHLER MACHST. Wenn du dich versprichst und die falschen Pronomen nutzt (das passiert und du bist deswegen kein Ungeheuer), entschuldige dich kurz und mach weiter. Du musst nicht lange emotional in die Tiefe gehen. Mach's einfach in Zukunft besser. (Und wenn du andere Leute beobachtest, die die falschen Pronomen für deine Freund:innen nutzen, ist es völlig in Ordnung, sie zu verbessern. Auch da musst du keine Szene machen, aber ein klares und bestimmtes »Du meinst ‚sie'« kann sehr bedeutend und hilfreich sein.)

Du solltest nicht:
DAGEGENHALTEN, ARGUMENTIEREN ODER JEDE MENGE WEITERE FRAGEN DAZU STELLEN. Akzeptiere einfach freundlich die Information, die du erhalten hast. Wenn du etwas verwirrt bist, gehe online und mach dich schlau.

ÜBER GRAMMATIK DISKUTIEREN. Vielleicht fällt es dir schwer, zum ersten Mal in deinem Leben geschlechtsneutrale Pronomen zu verwenden, aber dein grammatikalisches Unbehagen ist viel weniger wichtig als das Beachten der Identität deines Gegenübers.

SCHRITT 4: ACHTE AUF DAS DISTANZBEDÜRFNIS VON ANDEREN

Wir wollen nicht, dass du über jede einzelne Interaktion grübelst, aber wir müssen die Sache mit dem körperlichen Kontakt erwähnen. Achte auf den Raum, den du Leuten gibst, und wie unterbewusste Vorurteile deine Körpersprache beeinträchtigen können. (Zum Beispiel haben weiße Menschen die schreckliche Angewohnheit, das Haar Schwarzer Frauen anzufassen.) Vielleicht bist du jemand, der andere viel berührt und der es liebt, andere platonisch in den Arm zu nehmen, ihnen auf die Schulter zu klopfen oder mit dem Ellbogen anzustupsen. Das ist total in Ordnung und macht dich nicht zu einem Widerling. Das sind freundliche

Gesten, die nicht notwendigerweise sexuelles oder romantisches Interesse vermitteln. Aber wenn du physischen Kontakt magst, hast du ein paar besondere Verantwortlichkeiten: Du solltest darauf achten, wie oft du touchy bist und ob diese Gesten vielleicht nicht gewünscht sind und ob du jemandem vielleicht *zu viel* physische Aufmerksamkeit gibst. Wenn du jemanden zum ersten Mal triffst, weißt du nicht, wie angenehm demjenigen dieses Verhalten ist, außer du fragst. Selbst wenn du eine Person schon lange kennst, weißt du nicht, womit sich diejenige jetzt im Moment wohlfühlt. Also, wenn du Zweifel hast: keine Berührungen. Mach dir auch bewusst, dass sich Grenzen jederzeit verschieben können. Vielleicht mochten es Freund:innen früher, wenn ihr euch zur Begrüßung umarmt habt, aber jetzt bevorzugen sie es, die Hand zu schütteln, statt zu umarmen. Respektiere, dass sich da was verändert hat.

SCHRITT 5: KOMPLIMENTE > BESCHWERDEN

Es *gibt* eine Art von Small Talk, von der wir gerne hätten, dass du sie generell vermeidest: Gruppenbeschwerden. Vielleicht kommt dir dieses Szenario bekannt vor: Du bist mit Leuten zusammen, die du nicht gut kennst, und weißt nicht so richtig, was du sagen sollst, also fällt dir nur ein, dich über irgendwas um dich herum lustig zu machen. Und ehrlich gesagt ist es manchmal okay, wenn alle über das blöde Wetter draußen oder das gegnerische Fußballteam schimpfen. Aber der Unterschied zwischen dem Schimpfen übers Wetter und dem Lästern, wie schlecht die Musik klingt oder eklig die Guacamole schmeckt, ist, dass jemand Zeit und Mühe in Letzteres gesteckt hat. Was, wenn du die Gefühle von jemand anderem verletzt? Was, wenn sich jemand sehr angestrengt hat, diese eklige Guacamole zu machen?! Und außerdem wird dieses Gespräch sowieso sehr schnell verpuffen. In beiden Fällen lernst du nichts über jemand anderen und du teilst auch nichts von dir mit, was die beiden einfachsten Möglichkeiten sind, eine Verbindung herzustellen.

GESPRÄCHSKILLER

- *Was bedeuten deine Tattoos?* (Auch wenn es dir vielleicht schwerfällt, dir das vorzustellen: Dies ist eine sehr persönliche Frage. Und frag ja nicht, ob du jemandes Tattoos berühren oder weitere verborgene Tattoos sehen darfst.)
- *Woher kommst du?*
  Nein, ich meine, wo kommst du ursprünglich her?
  Woher stammen deine Eltern?
  Diese Art von Fragen sind rassistisch, bedrängend und verärgern.
- *Kann ich dir einen Drink kaufen? Oh, du trinkst nicht? Wieso nicht? Was ist passiert?* Es ist völlig egal, wieso jemand keinen Alkohol trinkt. Es geht dich nichts an.

Gewöhne dir stattdessen an, Komplimente zu machen. Das heißt nicht, Komplimente zum Zwecke der Konversation zu erfinden – es fällt auf, wenn du unaufrichtig bist –, aber wenn du ernsthaft etwas Nettes über jemanden denkst, dann sag es ruhig laut! Besonders wenn du es in ein oder zwei Sätzen sagen kannst. (Dein Kompliment dient dazu, dass sich jemand auf eine positive Art und Weise bemerkt fühlt. Es hat nicht die Funktion, dass du diese Person in ein helles Scheinwerferlicht stellst und eine Oscar-verdächtige Rede hältst.) **Hier ein paar Beispiele annehmbarer und freundlicher Komplimente:**

- *Es war total schön, dich heute Abend kennenzulernen. Ich bin froh, dass wir die Chance hatten, ins Gespräch zu kommen.*
- *Sie sind so eine tolle Gastgeberin. Dank Ihnen habe ich mich hier so richtig willkommen gefühlt.*
- *Diese Playlist ist unglaublich. Du hast einen guten Musikgeschmack.*

- *Dank dir herrscht hier wirklich eine tolle Stimmung!*
- *Hast du dieses Müsli gemacht? Es schmeckt fantastisch!*

Sei vorsichtig, bevor du Leuten aufgrund ihres Aussehens Komplimente machst. Du kannst Komplimente zum Erscheinungsbild von jemandem machen, aber nur, wenn du zunächst diese Regel wirklich internalisierst: *Du sollst keine ungebetenen Kommentare zu egal wessen Körper machen.* **Das heißt, auch keine Kommentare von dieser Sorte:**

- *Du hast aber ganz schön abgenommen, oder? Du siehst jetzt echt sexy aus!*
- *Wow, machst du Fitness? Man sieht es dir an.*
- *Die meisten Frauen tragen viel zu viel Make-up, aber du bist echt eine Naturschönheit.*

Auch wenn es gut gemeint sein mag, es ist nicht nett, so etwas zu sagen. Deine Absichten spielen dabei keine Rolle. Relevant ist der Schmerz oder Schaden, den du der adressierten Person oder jemandem, der zufällig mithört, zufügen kannst. Wenn dein:e Freund:in plötzlich »sexy« ist, nachdem sie abgenommen hat (was einen nicht immer froh stimmen oder gesund sein muss), was sagst du dann damit über ihren Körper, wie er davor ausgesehen hat? Und was sagst du damit über all die anderen Leute? Die muss man ja nicht allesamt schlechtreden, nur um einer Person ein Kompliment zu machen.

Diese Art von Kommentaren suggeriert außerdem, dass es ein »Aussehen« gibt, das alle Leute anstreben sollten, was nicht der Fall ist. Und Wörter wie »sexy« können natürlich ein sexuelles Interesse andeuten und Freund:innen verwirren beziehungsweise dazu führen, dass sie sich unwohl fühlen. Nä! Will man nicht.

Klüger und netter ist es, ein Kompliment in puncto Aussehen zu machen und dabei etwas anzumerken, für das sich die Person bewusst entschieden hat. Mache ein Kompliment zu der *Entscheidung,* diese hochhackigen Stiefel oder diese gemusterte Krawatte zu tragen, ohne dabei den Körper zu kommentieren. Betone den großartigen Geschmack, den jemand hat, oder den stilsicheren Blick. *Deine Schuhe sind dermaßen umwerfend* ist tausendmal besser als *Du hast so schöne Füße!* Du hast ihren Sachverstand in puncto Schuhe gelobt und – Bonus – das Gespräch geöffnet, sodass ihr im Weiteren über Schuhmode sprechen könnt.

SCHRITT 6: VERGIB DEINEM ZUKÜNFTIGEN ICH

Und zum Schluss: Wisse, dass du an irgendeinem Punkt etwas Falsches oder Peinliches oder Komisches sagen *wirst*, selbst wenn du dich anstrengst, freundlich und lustig zu sein. Du bist ein Mensch und Fehler sind unvermeidlich. Und hey, manchmal sorgen solche Fehler später für köstliche Anekdoten. Einmal sagte ein gut aussehender Mann bei Starbucks zu Trins Freundin, sie sei wunderschön. Trin antwortete: »Vielen Dank.« Die Sache ist, jeder erlebt solche Momente. Sei gnädig mit dir.

LIEBE JENN UND TRIN,

ich würde gerne wissen, was ich machen kann, damit Leute, die ich treffe, zu Freund:innen werden. Habt ihr irgendwelche Ideen?

Nicht jede Person, mit der du redest, wird dein:e Freund:in werden. Viele Leute, die man im Leben trifft, sieht man nie wieder. Das ist o. k.! Du trainierst damit deine gesellschaftlichen Muskeln. Aber wenn du jemanden triffst, den du gerne wiedersehen möchtest, dann mache so deutlich wie möglich, dass du an einer echten Freundschaft interessiert bist. Es ist ein delikater (aber machbarer) Tanz, die andere Person nicht zu überwältigen und gleichzeitig freundlich und einladend zu sein. Es ist ein bisschen, als ob man eine Straßenkatze ins Haus locken würde. Du musst das Futter der Freundschaft auf der geöffneten Handfläche anbieten. »Diese Delikatesse ist hier für dich. Du kannst sie nehmen, wenn du magst. Ich stelle keine Gefahr dar und ich werde dich nicht bedrängen.« Oder in anderen Worten: »Das hat richtig Spaß gemacht! Hast du Lust, nächstes Mal nach dem Unterricht ’ne Kleinigkeit essen zu gehen?«

Aber was, wenn alles schiefgeht? Wir haben dir gerade gesagt, du sollst aus dem Haus gehen, neue Sachen ausprobieren und mit Leuten reden und das ist alles total zum Fürchten. Dann geben wir dir jetzt die Erlaubnis, das absolut Undenkbare zu tun: Du kannst gehen! Du hast die offizielle Erlaubnis, jedes Gespräch, jeden Ort, jedes Event zu jeder Zeit zu verlassen. Einer der wenigen Vorteile davon, im Erwachsenenalter auf Freundschaftssuche zu gehen, besteht darin, dass du über dich selbst bestimmst. Ist das nicht großartig? Du kannst aus freien Stücken zu der Entscheidung kommen, dass es großartig ist, ehrenamtliche Arbeit für den kommunalen Blutspendedienst zu leisten, aber dass es trotzdem nicht zu deinen Fähigkeiten oder in deinen Plan passt, und du kannst deinen Namen von der Freiwilligenliste streichen. Nichts passiert. Wenn du auf einer Party bist und dich lustlos, gelangweilt oder schlecht fühlst, kannst du gehen, sobald du dich dazu bereit fühlst. Wenn du in einer sozialen Situation bist und dich unwohl fühlst – erschöpft, angespannt, hungrig –, ist das sowieso keine gute Voraussetzung, um erfolgreich neue Freund:innen kennenzulernen.

Grundsätzlich solltest du natürlich freundlich und höflich den Abgang machen, außer die Beteiligten verdienen es nicht. **Für diese besonderen Momente darfst du dir gerne etwas rund um die folgenden Ideen einfallen lassen:**

- *Ich würde mir eher die Zungenspitze an heißer Suppe verbrennen, als auch nur eine weitere Minute auf dieser Party zu verbringen.*
- *Es gibt so viele liebenswürdige und besonnene Menschen auf dieser Welt und du gehörst nicht dazu.*
- *Großartig, entspannend, lustig, berauschend – das sind alles keine Worte, die ich nutzen würde, um meine Zeit hier zu beschreiben.*
- *Was für ein leibhaftiger Alptraum! Ich hoffe, unsere Wege kreuzen sich nie wieder.*
- *Mit einem Puma zu kämpfen, würde mehr Spaß machen, als dir beim Reden zuzuhören. Ich mache mich auf die Suche nach einem.*
- *Wir beide dachten, es wäre eine gute Idee, dass ich hierherkomme. Wir beide hatten unrecht.*

- *Um ehrlich zu sein, werde ich wahrscheinlich nie mehr mit dir reden. Hab ein schönes Leben!*

Aber natürlich willst du aus den meisten Situationen höflich herauskommen. **Hier sind ein paar Ideen, was du sagen kannst, wenn du deinen Abschied höflich verkünden möchtest:**

- *Ich muss mich noch um ein paar Sachen kümmern und daher leider los. Vielen Dank für die Einladung.*
- *Die Gerüchte stimmen. Ich mache mich jetzt wirklich vom Acker.*
- *Es hat total Spaß gemacht, mit dir zu sprechen. Ich will noch ein paar anderen Leuten Hallo sagen. Bis später, ja?*
- *Ich muss jetzt los, aber cool, dass wir gequatscht haben! Ich bin ganz beeindruckt von deiner tiefgründigen Analyse sämtlicher Michael Bay-Filme.*
- *Ich muss in fünf Minuten los. Also fange ich jetzt mal mit meiner Verabschiedungsrunde an.*

Wenn du eine Person wiedersehen willst, sag das unbedingt!
Du kannst sogar weitere Pläne ansprechen:

- *Danke für die Einladung. Ich hatte viel Spaß und ich habe mich gefreut, all die Leute hier kennenzulernen. Ich freu mich, wenn du mich nächstes Mal wieder einlädst.*
- *Ich muss jetzt nach Hause, um meinen sozialen Akku wieder aufzuladen. Danke für die Einladung. Lass uns das bald wieder machen, ja?*
- *Ich muss jetzt los, aber halte mich bei allen zukünftigen Gruppenaktivitäten unbedingt auf dem Laufenden.*
- *Kann ich dir nächste Woche eine Nachricht schicken wegen unserer Idee, mit den Kindern in den Zoo zu gehen? Denn ich finde das eine absolut super Idee!*

Eine kleine weiße Lüge ist auf jeden Fall völlig in Ordnung, wenn du aus einer Situation schnell raus musst. (»Ich geh mal kurz rein. Ich brauch noch einen Drink« oder »Ich muss leider los. Ich bin jetzt dran, auf die Kinder aufzupassen« oder »Ach Mist, ich muss jetzt noch zu einem Dinner mit Kunden.«) Und nur weil die Sachen nicht so gut geklappt haben, wie du sie dir vorgestellt hast, oder du gerade an die Grenze deiner sozialen Interaktion gekommen bist, heißt das nicht, dass du nie wieder an einer Party teilnehmen oder dich ehrenamtlich engagieren solltest. Wir sagen dir an dieser Stelle nicht, dass du einfach aufgeben solltest. Im Gegenteil. Du solltest es auf jeden Fall wieder probieren, aber unter anderen Umständen. Betrachte dein neues Sozialleben wie ein fortlaufendes wissenschaftliches Experiment, in dessen Rahmen du dich kennenlernst. Wenn du neue Sachen ausprobierst, sammelst du Daten. Hättest du auf der Party mehr Spaß gehabt, wenn du noch jemanden mitgebracht hättest? Wenn der oder die Gastgeber:in dich mehr Leuten vorgestellt hätte? Vielleicht warst du müde, weil du direkt nach der Arbeit gekommen bist, oder du willst das nächste Mal damit experimentieren, weniger (oder mehr) Bier zu trinken. Selbst wenn du extrem nervös warst, als du beim Buchclub-Treffen etwas laut gesagt hast, hast du dich rausgewagt und gelernt, dass du nie wieder zu Linda gehen wirst, um Science-Fiction zu diskutieren, weil es einfach nicht dein Ding ist. Das ist wertvolle Information. Also sei nett zu dir. Du kümmerst dich ja und strengst dich an. Du begibst dich unter Menschen. An neue Orte zu gehen, mit Leuten zu reden, mit denen du nie vorher gesprochen hast – all das sind Siege, die es wert sind, gefeiert zu werden. Freundschaft passiert nicht über Nacht oder mit einem Fingerschnipsen. Bleib optimistisch, bleib achtsam. Du hast das Mutige bereits getan und den ersten Schritt gewagt.

PROFESSIONELLER SMALL TALK AKA NETWORKING

Networking kann sich ein bisschen befremdlich anfühlen. Man ist freundlich zu Leuten, weil man etwas von ihnen will. Die Frage »Was kann diese Person beruflich für mich tun« bestimmt deine Interaktionen. Aber es ist nützlich. Menschen aus marginalisierten Gruppen sind oft auf Networking und Mentorenschaft angewiesen, da sie mit geringerer Wahrscheinlichkeit angestellt und befördert werden. Hier sind ein paar Stichworte, mit denen du loslegen kannst (aber denk dran, auch was über dich zu erzählen):

- *An was für Projekten arbeiten Sie im Moment?*
- *Wie sind Sie in diese Branche eingestiegen?*
- *Worum kümmern Sie sich im Unternehmen?*
- *Wie sieht Ihr Alltag aus?*
- *Was war das Beste, woran Sie dieses Jahr gearbeitet haben?*
- *Ist es das erste Mal, dass Sie auf dieser Konferenz sind, oder sind Sie schon ein:e erfahrene:r Veteran:in?*
- *Was lässt Sie jedes Jahr wiederkommen?*
- *Was ist der beste [Stand/Talk/Verkäufer/Vortrag], den Sie bislang gesehen haben?*
- *Ich habe jetzt drei Tage lang die ganze Zeit über Arbeit geredet! Können wir ein anderes Thema anschlagen? Was war der letzte Film, den Sie im Kino gesehen haben?*
- *Was lesen Sie gerade?*
- *Ich habe eine lange Rückreise vor mir. Was für [Podcasts/Talks/Musik] würden Sie mir empfehlen?*
- *Welche Serie haben Sie zuletzt geschaut?*

EINE ALTE FREUNDSCHAFT WIEDERBELEBEN

Vielleicht bist du über Social Media gerade auf jemanden aus deiner Grundschule gestoßen, von dem du ewig nichts gehört hast. Auch auf den ersten Blick macht diese Person keinen so schlechten Eindruck. Vielleicht teilt ihr ja immer noch ein paar Ansichten oder Interessen. Heißt das, dass du Kontakt aufnehmen solltest? Na ja, diese Person ist jetzt eine Unbekannte. Eine Unbekannte, mit der du wahrscheinlich immer noch ein paar Sachen gemeinsam hast. Es sind schon Freundschaften mit weniger geschlossen worden! Also melde dich ruhig und es *kann* auch gut gehen, aber habe bitte keine zu großen Erwartungen. Möglicherweise läuft es schlecht und du fühlst dich von deinem besten Grundschulfreund abgelehnt. Kannst du damit leben? Oder würdest du diese Freundschaft lieber nostalgisch in guter Erinnerung behalten und nicht mit dem Versuch einer Fortsetzung beschmuddeln?

Du wirst im Laufe deines Lebens viele Freundschaften beginnen und beenden, normalerweise ohne viel Tamtam. Leute entfernen sich voneinander und oft ist niemand wirklich daran schuld. Manchmal ist es sogar zum Besten! Vielleicht vermisst du alte Freund:innen, vielleicht auch nicht – vielleicht schaust du einfach wohlwollend zurück und hast kein Verlangen danach, den Kontakt wieder aufzunehmen. Und du *musst* alte Freund:innen nicht zurückhaben wollen und in der Kirche für sie eine Kerze anzünden und zum Apostel Johannes, dem Schutzheiligen der Freundschaft, beten. Du kannst einfach akzeptieren, dass du gut ohne sie auskommst und sie umgekehrt auch ohne dich. Beziehungen müssen nicht andauern, um wichtig und relevant zu sein. Manche Menschen treten in unser Leben als Schulfreund:innen oder Leute, die wir im Sommercamp kennengelernt haben. Es ist ein bisschen wie beim Reisen – ein Wochenende in einer neuen Stadt ist auf jeden Fall die Reise wert, selbst wenn du nicht dein ganzes Zeug mitbringst und sofort ein Haus anmietest. Trotzdem, vielleicht kommt eine Zeit, in der du den Kontakt zu jemandem aus deiner Vergangenheit wieder aufnehmen magst. Der Prozess ist vielleicht nicht ganz einfach, aber möglich. Hier ein paar Tipps:

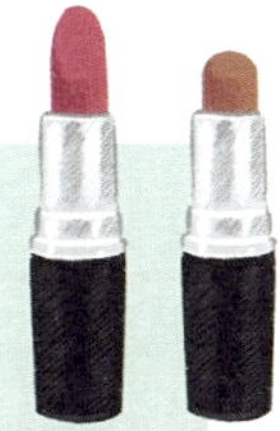

VOM FÄLLEN SCHWIERIGER ENTSCHEIDUNGEN

Soll ich mich bei jemandem entschuldigen, zu dem ich vor ein paar Jahren sang- und klanglos den Kontakt abgebrochen habe? Kann ich eine:n Freund:in bitten, mir Geld zu leihen? Ist es sehr merkwürdig, meinen Studienberater zu fragen, ob wir mal ausgehen? Wenn du das Gefühl hast, keine Entscheidung treffen zu können, hilft es, dir verschiedene Ausgangsmöglichkeiten vorzustellen. Kenne die möglichen Risiken und Belohnungen. Natürlich ist das schwierig, denn wir arbeiten hier ja nicht mit Zahlen. Du weißt nie, ob es nicht eine 73-prozentige Chance eines unangenehmen Augenblicks gibt. Es ist eher so, dass du das emotionale Gewicht der verschiedenen Optionen in deinem Herzen spürst und dich entscheiden musst, welches Gewicht für dich am leichtesten zu tragen ist. Frage dich:

- Was ist das Schlimmste, das passieren könnte? Kann ich damit leben?
- Welche Möglichkeit bringt mir den meisten Seelenfrieden?
- Was sollte idealerweise dabei herauskommen?

Hier ein Beispiel, das die Risiken abwägt, mögliche Szenarien vorhersagt und dann abwägt, wie man sich mit diesen fühlt:

Chanelle möchte den Kontakt zu Olly, ihrem Freund aus Kindertagen, wieder aufnehmen, aber sie ist zögerlich. Von seinen Social-Media-Profilen her hat sie den Eindruck, dass er ein bisschen komisch drauf ist. Sie entscheidet sich, lieber die glücklichen Momente zu bewahren, statt sich zu treffen und enttäuscht zu sein, wie sehr er sich verändert hat.

Oder: *Chanelle möchte den Kontakt zu Olly, ihrem Freund aus Kindertagen, wieder aufnehmen, auch wenn es wirklich lang her ist und er jetzt auf jeden Fall anders sein wird. Sie entscheidet sich, dass sie ihn auf einen Kaffee einlädt, um zu hören, wie es ihm geht. Falls sie sich nicht verstehen, ist es schade, aber nicht das Ende der Welt. Sie werden trotzdem immer ihre glücklichen Erinnerungen haben.*

Genau wie Chanelle kannst du dich darauf konzentrieren, was für dich in der jeweiligen Situation das Beste ist. Und denk daran: Du kannst schwierige Dinge erledigen. Du kannst unangenehme Augenblicke überleben. Hast du bereits.

LEHN DICH NICHT ZU WEIT AUS DEM FENSTER. Nutze die Mittel, die dir unmittelbar zur Verfügung stehen, ohne Druck zu erzeugen. Wenn du die E-Mail-Adresse der Person hast, dann okay, schicke ihr eine Nachricht. Wenn die E-Mail nicht mehr aktuell ist, durchstöbere nicht das ganze Internet, bis du auf ihren veralteten Blog stößt und ihr dann eine anonyme Mitteilung schickst, dass du Kontakt zu ihr aufnehmen willst. Wenn du erst eine ganze Reihe an Schritten durchlaufen musst, um jemanden zu kontaktieren, dann solltest du es lassen. Sei in diesem Fall lieber vorsichtig. Erinnere dich daran, wenn du Kontakt aufnimmst, wirst du die Person überraschen.

LIEBE JENN UND TRIN,

ich habe auf Social Media gesehen, dass ein Kollege von mir, mit dem ich vor Jahren recht eng befreundet war, vor Kurzem in meine Stadt gezogen ist. Wie bringe ich eine Freundschaft aus der Vergangenheit wieder in die Gänge?

Melde dich! Wenn er gerade erst umgezogen ist, braucht er vielleicht ein bisschen Zeit zum Auspacken und Ankommen, bevor er offen für Besucher:innen ist. Also schlage so etwas vor, wie euch zum Mittagessen zu treffen oder ihm deine Lieblingsorte in der

Stadt zu zeigen. Aber Folgendes: Es kann sein, dass eure neue Freundschaft nahtlos da ansetzt, wo sie damals aufgehört hat, und ihr das Gefühl habt, es wäre überhaupt keine Zeit vergangen. Kann sein, muss aber nicht! Es kann auch der Beginn einer ganz neuen Episode sein, die nur lose durch die Arbeit im Unternehmen inspiriert wird. Diese Person hat viele Jahre ihres Lebens ohne dich verbracht. Also sei bereit, Fragen zu stellen und herauszufinden, wer sie jetzt ist.

KONTAKTIERE SIE EINMAL. UND WARTE. Schicke eine freundliche Nachricht per E-Mail oder Social Media. Wenn die Person deine Nachricht nicht erwidert, konzentriere deine Energie auf andere Freund:innen.

ERWARTE KEINE SOFORTIGE WIEDERVEREINIGUNG. Vielleicht braucht es ein paar Wochen oder einen längeren Nachrichtenaustausch, bis ihr euch wohl damit fühlt, wieder Freund:innen zu werden (falls das passiert!).

ERINNERE DICH DARAN, DASS INTERNETFREUNDSCHAFTEN EBENFALLS ZÄHLEN. Es gibt keinen Grund, wieso die »Freundin aus der Mittelstufe« nicht zur »Freundin, mit der du per E-Mail chattest« werden sollte. Internetfreundschaften sind eine Möglichkeit, mit wenig Energieaufwand in Kontakt zu bleiben. Und es ist trotzdem eine Freundschaft.

Auch wenn ihr mal richtig enge Freund:innen wart, kann es viele harmlose Gründe dafür geben, dass du keine Rückmeldung von der Person erhältst. Zum Beispiel:

SIE HAT KEINE ZEIT. Das ist total naheliegend. Dein ehemaliger Freund oder deine ehemalige Freundin ist vielleicht aufgrund anderer Verpflichtungen nicht in der Lage, die Freundschaft mit dir wieder aufzunehmen. Vielleicht

liegt es an einer Ausbildung, an Kindern, Heiratsplänen, Scheidungsplänen, Rechnungen, Reisen oder Jobwechseln. Vielleicht wollte die Person antworten, hat es aber einfach vergessen. Vielleicht gibt es gerade einen Internetausfall da, wo sie wohnt. Selbst wenn ehemalige Freund:innen nur Bilder von sich selbst posten, auf denen sie mit gut aussehenden Partner:innen lachen und Wein trinken, ist das nur ein ganz kurzer, mikroskopischer Blick in ihr Leben. Sie leben nicht immer so und es heißt nicht, dass sie Zeit und Energie für dich haben. Wenn du keine Antwort erhältst, heißt das nicht, dass eure alte Freundschaft nicht wichtig oder bedeutungsvoll für sie gewesen ist.

DIE VERGANGENHEIT SCHMERZT. Es liegt nicht daran, dass sie die guten Zeiten mit dir nicht schätzt, aber vielleicht schaut die Person nicht gerne auf die Jahre in der Oberschule zurück. Es kann sein, dass du sie an einen Teil ihres Lebens erinnerst, den sie gerne in der Vergangenheit belassen möchte. Eine alte Freundin von Jenn hat ihr mal eine Nachricht auf Facebook geschickt und das hat eine ganze Kette an merkwürdigen Erinnerungen hochgebracht, dass Jenn nicht nur sofort Facebook geschlossen, sondern den Laptop gleich ganz zugeklappt und den Raum verlassen hat. Ruhig und gefasst wie immer!

DERJENIGE HAT DEINE NACHRICHT NICHT GESEHEN. Das kann passieren. Ist bei dir bestimmt auch schon mal vorgekommen. Es könnte sein, dass er seine E-Mails nie checkt (kannst du dir das vorstellen?) oder kein Social Media mehr benutzt.

Wenn es klappt, dass ihr einen leichten und fröhlichen Austausch miteinander habt und du gerne in Persona Zeit mit dem- oder derjenigen verbringen möchtet, kannst du sie einladen. **Mach dies nur einmal und mit einem konkreten Vorhaben (und blättere zu S. 64 für weitere Tipps, wie man gemeinsame Unternehmungen initiiert):**

- *Hi nochmals! Hast du Lust, am Wochenende 'nen Kaffee zu trinken und 'ne Runde zu schnacken? Samstagnachmittag und Sonntagvor-*

mittag würde beides bei mir klappen. Sag mir Bescheid, was dir passen würde. Und ich bin ja so neugierig auf Fotos vom neuen Baby!

- *Ein paar von uns aus dem Büro gehen am Freitag zu einer Metallica Tribute Band. Ich dachte, das interessiert dich vielleicht auch. Lass mich wissen, wenn du Lust hast, mitzukommen. Ich würde mich freuen, mit dir was zu trinken oder zusammen ein bisschen rumzugrölen.*

Wenn du dann schließlich mit dem alten Kumpel von damals abhängst, musst du dich wieder neu anfreunden. Ihr seid nicht mehr dieselben Leute wie in der Schule (glücklicherweise) oder wann immer es war, dass ihr euch nahestandet. Daher denk dran:

BEHANDELE DIESE PERSON WIE JEMAND NEUES, MIT DEM DU DICH ANGEFREUNDET HAST. Ihr habt einen gemeinsamen Ausgangspunkt – eure gemeinsame Geschichte –, aber es ist trotzdem eine neue Freundschaft. Und neue Freundschaften sind merkwürdig. Schwelgt ruhig ein bisschen in alten Erinnerungen, aber denk dran, die Person nach ihrem Hier und Jetzt zu fragen. Wenn du nicht wirklich an ihrem neuen Leben interessiert und nur wegen der Nostalgie da bist, ist es die Beziehung vermutlich nicht wert, sie weiterzuverfolgen.

VERMEIDE VORWÜRFE. Treib die andere Person nicht in die schuldige Ecke, weil sie eine Weile weg war. Fang mit einem weißen Blatt an. Vermeide es zu fragen: »Wo warst du denn?«, oder »Wie kommt es, dass ich nie von dir gehört habe?« Versuche es mit: »Ich würde wahnsinnig gern hören, wie es dir ergangen ist«, oder »Ich bin so gespannt zu hören, was du so alles gemacht hast.«

ERZÄHLE AUCH AUS DEINEM LEBEN. Du findest nur heraus, ob ihr immer noch zusammenpasst, wenn du etwas von deinem wahren Selbst preisgibst. Du bist mehr als nur dein Beruf oder deine Hausarbeit oder dein Kind oder deine täglichen Pflichten. Erzähle dem Freund oder der Freundin, wer du heute bist.

Das kann alles ganz wunderbar funktionieren oder es läuft sich sofort tot. Es kann schmerzhaft sein, wenn Leute dein Angebot ablehnen, sich wieder anzufreunden, aber du hast deswegen nichts verloren.

Auf der anderen Seite bist du nicht unfreundlich, wenn dich jemand kontaktiert und du dich nicht wieder anfreunden möchtest. Du verhältst dich nicht unkorrekt, wenn du Vorlieben hast und selbst entscheidest, wem du deine Zeit schenken möchtest. Leute kommen und gehen. Das ist einfach der Refrain des Erwachsenseins. Deine Lebenserfahrung und dein Verständnis der Welt wachsen und verändern sich mit allen Verletzungen und aller Freude, durch die du gehst. Schätze die Zeit, die du in deinen alten Freundschaften verbracht hast, indem du aus ihnen lernst und diese Kenntnisse in deinen neuen Freundschaften aktiv nutzt.

WIE MAN JEMANDEN EINLÄDT, ETWAS GEMEINSAM ZU MACHEN

Sagen wir, du hast zum Beispiel bei einem PTA-Meeting jemanden kennengelernt. Ihr hattet jede Menge freundliche Unterhaltungen, die Person scheint dich auch zu mögen und ihr wollt unabhängig vom Meeting was miteinander machen. Dann ist dies jetzt eine gute Gelegenheit, eine Einladung auszusprechen. Gehe es an wie ein lockeres Ereignis ohne Druck und Hintergedanken, denn genau das ist es ja – du schlägst keine Freundschaft für die Ewigkeit vor. Du probierst etwas Neues und anderes für dich aus und das ist wertvoll, egal, was dabei herauskommt. So sprichst du eine Einladung aus:

HAB ETWAS GANZ BESTIMMTES IM KOPF. »Lass uns mal 'nen Kaffee trinken gehen« ist zu vage, um zu funktionieren. »Wollen wir uns nächste Woche Mittwoch nach unserem Meeting Tacos von dem Imbiss an der Ecke holen?« ist ein durchdachter Plan. Wenn du es ganz deutlich machen möchtest, dass du mit dieser Person auf freundschaftlicher Ebene etwas unternehmen willst und sie *nicht* auf ein Date einlädst, bringe mehrere Leute mit ins Rennen: »Ich versuche, ein paar Leute zusammenzubekommen, um zur neuen Töpfereiausstellung im Museum zu gehen«, oder »Meine Frau und ich wollen am Samstag ins Kino. Wir haben Platz im Auto, falls du uns begleiten möchtest«, oder »Meine Mitbewohnerin und ich planen, zum Apfelgarten zu fahren. Willst du mitkommen? Du kannst auch gerne die Kinder mitbringen.«

KONZENTRIERE DICH AUF DAS EVENT ODER DAS HOBBY. Finde etwas, das du gerne machen würdest, selbst wenn die andere Person nicht teilnehmen kann. »Ich habe gehört, dass diese Ausstellung zur Geschichte des Radiergummis der absolute Nervenkitzel sein soll. Ich werde am Samstag hingehen. Hast du Lust, mitzukommen?« Oder: »Der Nudelimbiss auf der anderen Seite der Straße hat einen super Mittagsdeal. Den wollte ich immer schon mal ausprobieren. Kannst du dir vorstellen, dass wir unser Meeting dorthin verlegen?«

ES IST OKAY, ANZUERKENNEN, DASS MANCHE SACHEN VIELLEICHT KOMISCH KLINGEN. Als Erwachsene Freundschaften zu schließen, ist nicht einfach. Du kannst das auch ansprechen: »Ich will nicht komisch rüberkommen, aber hier ist meine Handynummer, damit wir uns über Insekten unterhalten und Artikel zum Kompostieren austauschen können.« Oder: »Freundschaften zu schließen, ist hart, aber ich würde dir gerne meine Nummer geben, damit du mir Memes schicken kannst. Aber kein Druck! Bis nächste Woche!«

ALKOHOL UND SOCIALIZING

Alkohol gehört in vielen Kulturen zum Socializing dazu. Aber wenn du dich mit neuen Leuten verabredest, geh nicht einfach davon aus, dass sie Alkohol trinken. Viele trinken überhaupt nicht oder wollen aus den verschiedensten Gründen gerade nicht trinken. Stelle Alkohol also nicht ins Zentrum des ersten Treffens, außer du bist dir ganz sicher, dass die Person von der Idee begeistert ist.

Wenn du neuen Leuten gegenüber Einladungen aussprichst, die Trinken beinhalten, vergewissere dich, dass du auch alkoholfreie Optionen anbietest. »Wir könnten uns Kaffee und Nachtisch holen oder wir könnten zum Weinevent des Museums gehen. Was findest du besser?« Oder: »Kaffee, Tee, Cocktails oder keins davon?«

Wenn du nicht trinkst, hast du jedes Recht, zu sagen: »Oh, ich trinke nicht. Lass uns lieber das Tiramisu wählen«, oder »Wein ist nicht so meins, aber Museum klingt gut. Das können wir gerne machen.« Und wenn du Alkohol angeboten bekommst, weißt du ja vermutlich schon, dass du so was sagen kannst wie »nein, danke, heute nicht« oder »Wasser ist super«, ohne, dass du irgendeine weitere Erklärung abliefern musst. Es ist deine Entscheidung, die die Leute ganz ohne Druck auf dich auszuüben akzeptieren sollten.

LASS DEN BALL AUF IHRER SEITE. Gib *deine* Kontaktinformationen zuerst heraus. So kann die andere Person darauf eingehen. Wenn Lauren aus dem Anime-Club sich am Dienstag nicht treffen kann, dann ist das völlig okay. Lass sie wissen, dass das Angebot auch für die Zukunft steht. Falls sie sich wann anders treffen will, kann sie dir jederzeit eine

Nachricht schreiben. Bis hierher hast du alles richtig gemacht. Wenn diese Freundschaft sein soll, dann wird sie sich über die Kanäle melden, die du ihr zur Verfügung gestellt hast. Wenn sie es nicht tut, dann lass sie ziehen.

LIEBE JENN UND TRIN,

wenn ich neue Leute treffe, haben wir immer gute Gespräche. Aber wie weiß ich, wann es sich lohnt, jemanden erneut zu kontaktieren?

Vielleicht ist es beruhigend zu wissen, dass es keine exakte Antwort auf diese Frage gibt. Jede Situation ist anders. Individuen haben verschiedene Vorlieben. Alles, was wir tun können, ist, zu versuchen, freundlich und offen zu sein, ohne jemanden zu bedrängen. Die folgenden Situationen signalisieren, dass es sich vermutlich um eine gute Gelegenheit handelt, Kontakt aufzunehmen:

1. Jemand hat dir seine Kontaktdaten gegeben und du hast ein bisschen gewartet. Vielleicht habt ihr euch am Morgen im Strickclub der Bücherei kennengelernt und eure Social-Media-Namen ausgetauscht. Los geht's. Folge der Person. Dann warte vielleicht ungefähr einen Tag, bevor du einen Chat initiierst.

2. Du fühlst dich persönlich ziemlich gut damit. Wenn du immer noch ein komisches Gefühl hast, der Person zu texten, warte einen weiteren Tag. Wenn du dann *weiterhin* zögerlich bist, musst du dich vielleicht aus deiner Komfortzone pushen. Gibt es Gründe, die dir nahelegen, dich nicht zu melden? Oder ist es deine innere Angst, die dich im Griff hat? Egal, wie, du musst dich mindestens ziemlich gut dabei fühlen, um dich einen Schritt nach vorne zu bewegen.

3. Du hast was zu sagen. Wenn dir gar nichts einfällt, was du schreiben könntest, warte vielleicht noch ein kleines bisschen länger. Dein erster Text oder deine E-Mail muss keine offizielle Freundschaftseinladung sein. Du musst damit nicht den Pulitzer-Preis gewinnen. Dein Text könnte ganz einfach lauten: »Dieser abgefahrene Post im Internet hat mich an unser Gespräch erinnert«, oder: »Hier ist die Großaufnahme meines Rhododendrons, die ich dir versprochen hatte«, oder: »War cool, dass wir uns im Hundepark getroffen haben. Danke für die extra Tüten. Dieses Mal stecke ich welche ein, für den Fall, dass wir uns wieder über den Weg laufen.«

GEH WEITER, ABER GIB NICHT AUF. Nicht alle wollen genau zu dem Zeitpunkt, zu dem du bereit bist, neue Leute zu treffen und Freundschaften zu initiieren, dasselbe wie du. Manche Leute wollen, dass es bei einer Schulfreundschaft bleibt (oder wo auch immer ihr euch kennengelernt habt). Das ist absolut in Ordnung und hat nichts mit deiner Persönlichkeit zu tun. Erinnere dich: acht Milliarden Menschen.

DENK DRAN, DICH ZURÜCKZUMELDEN. Wenn ihr euch getroffen habt, es Spaß gemacht hat und du enthusiastisch signalisiert bekommst, dass die Person sich gerne nochmals treffen würde, denk dran, dich auch zurückzumelden. Du kannst eine weitere Einladung aussprechen, aber lass die Person mitbestimmen, wie das nächste Treffen aussehen sollte. Es ist völlig okay, wenn du dich euphorisch fühlst, versuche nur, einen entspannten, informellen Ton an den Tag zu legen und der anderen Person keinen Druck zu machen. (Und vielleicht machst du all das und ihr schafft es trotzdem wochenlang nicht, euch zu treffen. Leute haben viel zu tun und vielleicht dauert es ein paar Wochen, bevor ihr euch wiederseht.)

Und vergiss dein neues Werkzeug nicht: das Metadenken. Wenn du dich in negativen Selbstgesprächen verlierst – *Ich nerve alle, wenn ich in diesen Meetings was sage; niemand will was mit mir machen* – dann drück den Pausenknopf und frage dich: *Moment mal. Stimmt das überhaupt? Oder bin ich nur gerade unheimlich hart mit mir?* Neue Freund:innen zu finden – und zu halten –, ist ein lebenslanges Unternehmen. Lade weiter

Leute ein, was mit dir zu machen, sag Hallo zu neuen Bekanntschaften, bleib dabei, selbst, wenn du dich entmutigt fühlst. Maya Angelou hat es am besten formuliert, wie so oft: »Mein Wunsch für dich ist, dass du weitermachst. Sei weiterhin, wer und wie du bist, um eine gemeine Welt mit deiner Freundlichkeit zu überraschen.«

TEIL 2

Freundschaft leben

Die gängigen Themen

EIN GRUPPENTREFFEN ORGANISIEREN

Wenn du Freund:innen einlädst, von denen du möchtest, dass sie einander besser kennenlernen, ist deine erste Aufgabe, dir zu überlegen, was diese Leute wohl gerne zusammen machen würden. Haben sie Lust, miteinander zu trinken und dann Mario Kart zu spielen? Oder wollen sie eher ein paar Episoden *Mad Men* bingen? Überlege dir auch, mit wem deine Gäste gerne Zeit verbringen würden. Lade nicht dein ganzes Volleyballteam und deine Kollegin Molly ein, die niemanden aus dem Team kennt. (Außer Molly steht total auf Volleyball und kann mit dem Team fachsimpeln.) Was wir sagen wollen: Mach dir einen Plan.

Wenn du eine Gruppe zu einer geplanten Aktivität einlädst, verlässt du dich darauf, dass deine Gäste dich und einander unterhalten. Das hat vielleicht in der Schule funktioniert, als alle hormonell gesteuert waren und allein der Akt, außerhalb der Schule irgendwo zusammen zu sein, aufregend war. Nüchterne Erwachsene brauchen etwas mehr Anregung und Lenkung. Dabei können manche Strategien aus Teenagerjahren übrigens durchaus hilfreich sein: Wenn dir nichts einfällt und du auch nicht viel Geld hast, suche einen Film aus der Mediathek aus. Wusstest du, dass viele Gesellschaftsspiele im Internet kostenlos zugänglich sind? Für einige benötigst du zusätzlich nur Papier und Stift. (Zu unseren Lieblingsspielen gehören Stadt, Land, Fluss, Wer bin ich? und Tabu.)

LIEBE JENN UND TRIN,

meine Mitbewohner und ich sind irgendwie sozial aktiver geworden und organisieren immer wieder Filmabende und Partys bei uns zu Hause. In letzter Zeit haben wir uns besonders darum bemüht, eine meiner ältesten Freundinnen einzuladen, aber seitdem führt jeder Filmabend zu einer Diskussion. Ich will nicht damit aufhören, sie einzuladen, aber sie scheint irgendwie nicht einen Film lang durchhalten zu können, ohne über irgendwelche Dinge zu reden, die gar nichts damit zu tun haben. Habt ihr irgendwelche Ideen, wie wir sie davon abhalten können, zu plaudern, sodass wir in Ruhe unseren Film genießen können, ohne sie auszuschließen?

Nicht alle Leute genießen Filme und Fernsehshows auf die gleiche Art und Weise. Während du vielleicht am liebsten keine Stecknadel fallen hören möchtest, wenn du zum neunzigsten Mal *Hunger Games* schaust, wollen Freund:innen von dir vielleicht die besten Stellen mitsprechen oder kommentieren. Geht es also um ein Ereignis vor dem Bildschirm, solltest du genau sagen, was du dir vorstellst. Du kannst diese Info gleich mit der Einladung mitliefern. Überlege dir eine der folgenden Optionen, sortiert nach der größten bis zur geringsten Konzentration, die während des Schauens benötigt wird:

- *Lasst uns mal wieder einen Filmabend machen. Am Donnerstag werde ich* Harry Potter *anschmeißen. Eine heiße Diskussion findet im Anschluss bei Dessert statt.*
- *Lasst uns* Hunger Games *schauen und alle Sprüche rezitieren, an die wir uns erinnern können.*
- *Kommt vorbei, um zu viel Wein zu trinken, während* Hunger Games *im Hintergrund läuft.*

Sobald deine Freundin in den Film reinquatscht, ist es okay, zu sagen: »Ich halte kurz an, falls du was sagen willst.« Oder: »Gleich. Lass uns in ein paar Minuten eine Pause einlegen.« Oder je nachdem, was für einen Humor ihr miteinander teilt: »Dies ist meine Lieblingsstelle. Pass auf, sonst schmeiß ich ein Kissen nach dir.«

Wenn du weißt, was du gerne tun willst und wann, verschicke eine Einladung mit allen Details. Klarheit darüber, was du vorhast, ist eine Frage der Höflichkeit. Und Leute einladen ist eine Menge Arbeit, aber es ist so viel angenehmer, deine Freund:innen bei dir zu Hause zu haben, dass man es ihnen so leicht wie möglich machen sollte. In deiner Einladung solltest du die folgenden Punkte berücksichtigen:

NACHOS

DAS WANN: Leute, die du schon lange kennst, haben vielleicht miteinander eine Gewohnheit entwickelt, wann sie sich treffen. Neue Freund:innen nicht. Nenne eine Ankunftszeit und vergiss nicht, zu erwähnen, wann du die Party beenden möchtest. Lass alle wissen, ob es okay ist, einzutrudeln, wann es ihnen passt, oder ob du um Punkt acht Uhr die Tür schließt und mit dem Film loslegst. Nach dem Motto: Wer da ist, ist da, wer nicht, halt nicht.

DAS WO: Wenn du Leute zum ersten Mal zu dir einlädst, gib ihnen ein paar mehr Infos als nur deine Straße und Hausnummer. Beschreibe, wie das Haus aussieht, in dem du wohnst, wie Leute hereinkommen, wo sie leicht parken können – sämtliche Details. Achte auf Hindernisse, die dir vielleicht selbst nicht mehr auffallen. (Funktioniert die Klingel? Ist deine Haustür so schwer, dass die Leute sie vielleicht fälschlicherweise für abgeschlossen halten?) Und denke an das Thema Zugänglichkeit. Sag deinen Freund:innen, ob es viele Treppenstufen oder einen Aufzug gibt oder ob du einen Hund hast, der neue Leute erst mal anspringt (so wie Jenns Hund). Wenn es total schwierig oder kompliziert ist, sich bei dir zu treffen, dann wähle einen anderen Ort.

DAS WAS: Sollen die Leute etwas gegessen haben, bevor sie bei dir auftauchen? Sollen sie ihre Lieblingsplatten mitbringen? Erkläre, was du vorhast. Sage nicht nur: »Kommt zur Dinnerparty«, und lass deine Freund:innen selbst raten, was das beinhalten soll. Versuch es stattdessen mal hiermit: »Ich möchte eine Lasagne machen, ein neues Shirt anziehen und meine Freund:innen zum Essen einladen, genau wie im Fernsehen. Bringt doch bitte was zu trinken mit. Wein habe ich bereits hier.«

DIE BEDEUTUNG: Wenn du zu einem Event einlädst, das dir besonders wichtig ist – eine Housewarmingparty nach deiner Scheidung, ein Essen, zu dem du eine aufwendige Mahlzeit zubereitest –, dann mache absolut klar, dass Anwesenheit wirklich wichtig ist. Du kündigst den Leuten nicht die Freundschaft, wenn sie nicht kommen können. Du machst einfach nur deutlich, dass ihre Anwesenheit diesmal von größerer Bedeutung ist. Das heißt nicht gleich, dass jeder Gast auch kommen kann, aber dann wissen alle, dass sie sich, wenn möglich, einen Platz in ihrem Kalender freischaufeln sollen (und nicht in letzter Minute noch absagen, wenn sie es vermeiden können). Das kannst du natürlich nicht jedes Mal machen. Nicht jedes Event ist OMG, SO SUPERBEDEUTEND. Betone in deiner Einladung die Wichtigkeit des Events. Zum Beispiel so: »Ich muss mich um einen Fundraiser von der Arbeit kümmern. Bitte kommt vorbei, selbst wenn es nur für zehn Minuten ist. Ich brauche Leute, um den Raum zu füllen.« Oder: »Dies ist Jess' Abschiedsfeier, bevor er nach Alaska zieht! Ich mache für jeden einen kleinen herzhaften Kuchen, daher muss ich vorher genau wissen, wer kommt und ob ihr für die Füllung lieber Spinat, Pilze oder Wild mögt. Bitte gebt mir bis Freitag Bescheid!« Oder auch einfach: »Hier müsst ihr echt auftauchen, ihr Lieben.«

DAS WIE: Verschicke die Einladung per E-Mail, Textnachricht, Brieftaube, Reklametafel auf der Landstraße, was immer sich für die Gruppe richtig anfühlt. (Denk dran: Packe nicht einen Haufen Leute, die sich nicht kennen, in einen Gruppenchat.) Für ein Event, das eine Menge Details enthält und wo eine Anfahrtsbeschreibung nötig ist, empfehlen wir Textnachrichten, sodass die Leute einfach darauf zurückgreifen können. Denk dran, dass jede:r andere Gewohnheiten hat, was Kommunikation betrifft. Manche Menschen antworten innerhalb von Sekunden, andere checken ihre Nachrichten nicht ständig. Wieder andere lesen deinen Text, *denken,* dass sie dir geantwortet haben, aber vergessen, es tatsächlich zu tun. Du musst vielleicht individuell nochmals nachhaken.

Hier ist eine echte Einladung, die Trin mal an ihre Freund:innen verschickt hat. Du kannst sie für dich nutzen und anpassen.

IT'S PARTY TIME
20. März, 18.30 Uhr bis 21.30 Uhr (Rausschmiss)

Kommt am 20. März alle vorbei, um mit mir den Geburtstag der bisexuellen Legende Fred Rogers zu feiern! Es ist der erste Frühlingstag und ich habe kleine Babypflanzen zu verschenken. Kommt, solang ihr wollt, oder auch die ganze Zeit für tollen Pflanzenspaß. Es ist völlig in Ordnung, vorbeizukommen, sich eine Pflanze abzugreifen und wieder zu verschwinden! Es ist schließlich ein Mittwochabend.

Aktivitäten:
- Diskutieren über Pflanzen.
- Verspeisen von Pflanzen (Fruchtsalat).
- Rauchen von Pflanzen.
- Anschauen von Pflanzen (Naturdokus).

Mitzubringen:
- Pflanzen, Samen oder Ableger (überhaupt kein Muss).
- Eure Partner:innen! Lasst mich einfach wissen, ob sie mitkommen können, sodass ich einen Überblick über die Anzahl der Leute habe und genug Pflanzen für alle da sind.

Anfahrt:
Ich lebe in der 218 E Glass Street, 4B. Mein Name steht auf der Klingel am Tor. Nehmt den Aufzug und fahrt in den 4. Stock. Meine Tür ist die mit den vielen Ballons dran.

Ich hoffe, ihr schafft es zu kommen, aber wenn nicht,
ist das natürlich auch nicht schlimm!
Bitte gebt mir bis Montag, den 18. März, Bescheid.

Vielen Dank!

Trins Einladung ist ein bisschen over-the-top. So wie sie halt ist. Du musst nicht jeden einzelnen Punkt deines Events planen. In deiner Einladung sollen sich ruhig dein Ton und deine Persönlichkeit widerspiegeln. Hier sind noch ein paar Tipps, damit dein Zuhause besonders einladend ist, wenn die Party vor der Tür steht:

BESORGE DRINKS UND SNACKS. Halte dich an die Zwei-Stunden-Regel. Wenn deine Leute länger als zwei Stunden bei dir aufschlagen, solltest du Snacks anbieten. Am sichersten sind simple Kartoffelchips. Sie sind glutenfrei und vegan (sicherheitshalber kannst du nochmals auf die Zutaten schauen). Das einzige Getränk, das du haben solltest, ist Wasser, aber du solltest klargemacht haben, dass die Leute ihre eigenen Getränke mitbringen. Wenn du einen alkoholfreien Abend haben willst, schreibe das auch in die Einladung. Frage vor dem Termin nach Nahrungsmittelallergien und Lebensmitteln, die deine Gäste nicht essen.

HAB DAS THEMA BARRIEREFREIHEIT IM KOPF. Sei achtsam gegenüber Leuten, die sich vielleicht nicht so wie du durch das Leben bewegen. Zum Beispiel können viele Leute nicht lange stehen. Sieh zu, dass du so viele gemütliche Sitzgelegenheiten schaffst, wie dein Zuhause es zulässt. Und wenn du ein Haustier hast, erwähne es in deiner Einladung, sodass die Leute, die Allergien oder Bedenken haben, wissen, dass sie entweder eine Allergiepille nehmen oder bei dieser Veranstaltung aussetzen.

SAG DEINEN GÄSTEN, WAS SIE MITBRINGEN SOLLEN. Wenn du vorhast, für alle Pizza zu besorgen, lass die Gruppe wissen, falls du möchtest, dass sie sich an den Kosten beteiligt. Es ist nichts falsch daran, Leute zu bitten, etwas beizusteuern (oder selbst Snacks mitzubringen), aber es sollte in der Einladung deutlich werden.

PUTZE DEIN BADEZIMMER. Nimm dir die Zeit, um die Ablagen, das Waschbecken und, am wichtigsten, das Klo zu putzen. Statte dein Badezimmer mit Klopapier und Handseife aus. Du bist kein Drogeriemarkt, aber wenn du Tampons, eine Klobürste und Lufterfrischer sichtbar irgendwo deponiert hast, ist das natürlich noch besser.

WIE MIT ABSAGEN UND LEUTEN UMGEHEN, DIE EINFACH NICHT AUFTAUCHEN

Wenn du ein Event planst, rechne immer mit ein paar Last-Minute-Absagen. Wir können dir fast garantieren, dass das passiert, und es hat nichts mit deiner Persönlichkeit zu tun. Manche bleiben bei der Arbeit stecken oder stellen fest, dass sie lieber einen ruhigen Abend zu Hause verbringen würden oder mit ihrem Hund zur Tierärztin müssen. Der Verkehr oder das Wetter kann sich unerwarteterweise von ihrer schlimmsten Seite zeigen. Die Kraft, die es kostet, das Haus zu verlassen, ist vielleicht gerade einfach zu viel für deinen Freund: Viele Leute haben das Gefühl, sie müssen erst ein Outfit wählen und jedes einzelne verirrte Haar einfangen, um präsentabel zu sein.

All dies sind legitime Gründe, nicht aufzutauchen – aber natürlich wissen wir, dass es wehtut, wenn jemand kurz vor knapp absagt. Als Gastgeber:in erwartest (und verdienst!) du eine Erklärung. Aber vielleicht erhältst du keine. Es erfordert eine große innere Stärke, sagen zu können: »Plötzlich war mir alles zu viel und ich konnte mir einfach nicht vorstellen, unter Leute zu gehen«, oder: »Ich habe einfach so dermaßen Blähungen, das kann ich niemandem zumuten.« Du bist nicht ihr:e Chef:in oder Lehrer:in, sie müssen dir keine Entschuldigung für ihr Fehlen einreichen. Gehe davon aus, dass sie einen guten Grund dafür haben, nicht zu kommen. Mach ihnen keine Schuldgefühle. Jenns Freundesgruppe hat untereinander pauschal verabredet, dass alle die bestehenden Pläne zu jeder Zeit absagen dürfen, ohne Fragen gestellt zu bekommen. Wenn jemand sagt: »Ich schaffe es doch nicht«, sagen die anderen: »Kein Problem, hab einen guten Abend.«. Und sie sagen das nicht nur, sie meinen es auch so.

LIEBE JENN UND TRIN,

letztes Wochenende hatte ich eine Feier bei mir zu Hause und habe meine neuen Kolleg:innen eingeladen. Vier von sechs Leuten haben in der letzten Minute abgesagt. Hat das was zu bedeuten? Heißt das, dass wir jetzt doch keine Freund:innen werden?

Lass uns kurz bedenken, dass es Kolleg:innen sind, die du eingeladen hast. Kolleg:innen sind schwierig! Vielleicht haben sie deine Einladung missverstanden und gedacht, dies sei ein optionales Treffen zum Netzwerken. Vielleicht haben sie während der Arbeitswoche genug voneinander gesehen. Hast du auch Vorgesetzte eingeladen? Vielleicht hatten sie das Gefühl, nicht privat sein zu können, wenn diese Personen anwesend sind. Und du hast gesagt, dass du neu auf dieser Arbeit bist. Vielleicht hast du es tatsächlich etwas falsch eingeschätzt, wie sozial und offen für Freundschaften deine Arbeit ist. Tritt nochmals einen Schritt zurück und schau dir das soziale Klima auf der Arbeit genauer an. Und in der Zwischenzeit: Entwickle eine leichte und fröhliche Freundschaft mit den Leuten, die aufgetaucht sind. Konzentriere dich auf die Freundschaften, die funktionieren, nicht auf die, die es nicht tun.

Die meisten von ihnen sind introvertiert und verstehen das Bedürfnis, seinen Akku allein wieder aufzuladen. Daher machen sie nur »softe« Pläne, bei denen man keine Tickets kaufen oder Reservierungen im Vorhinein machen muss. Sie verabreden sich zum Beispiel so: »Wenn du Lust hast, lass uns doch Freitag zum Abendessen treffen. Wir können ja nach der Arbeit gucken, ob wir noch Energie haben.« So geben sie einander das Geschenk, sich nicht schlecht fühlen zu müssen, wenn sie absagen. Das ist eine unheimlich schöne Sache.

Manchmal funktionieren Pläne einfach nicht und es ist niemandes Schuld. Als Trin in ihren Zwanzigern war, hatte sie einen fürchterlichen Schreibtischjob und freundete sich mit ihren Kolleg:innen an, die ihre

Stelle ebenfalls nicht ausstehen konnten. Einer der Leute wollte am Freitagabend eine kleine Feier schmeißen. Zufälligerweise erhielten alle an diesem Nachmittag ihre Leistungsbeurteilung per E-Mail. Danach sagte einer nach dem anderen die Party ab. Niemand hatte mehr Lust darauf, gemeinsam abzuhängen, nachdem sie erfahren hatten, dass sie angeblich schlechte Arbeit in ihrem Job leisteten. Und die Moral von der Geschicht': Leute sagen aus den unterschiedlichsten Gründen ab und der Grund hat höchstwahrscheinlich nichts mit dir zu tun. (Und schau auch immer in den Arbeitskalender, wenn du dich mit Kolleg:innen verabreden willst.)

Die beste Art, deine Freund:innen dazu zu motivieren, zu Events aufzutauchen, ist, diese unregelmäßig zu veranstalten. Yep. Genau. Besonders bei Erwachsenen. Wenn du jeden Dienstag einen Karaokeabend für fünfunddreißig Leute planst und dich fragst, wieso die Gäste einen Monat später lieber vor ihren Fernsehern verschwinden, liegt das daran, dass sie eventmüde sind. Neues und Unerwartetes bringt die Leute vor die Haustür.

Aber trotzdem, selbst wenn du mit ganz neuen, unerwarteten Plänen daherkommst, kann es trotzdem passieren, dass du mit dem unerfreulichen Phänomen des »Verschwindens« konfrontiert bist. Das bedeutet, dass eine Person sagt, dass sie kommen wird, und dann aber ohne Kommentar, Erklärung, selbst ohne Textnachricht einfach nicht auftaucht. Die erste Reaktion sollte sein, herauszubekommen, ob der- oder diejenige nicht einen Notfall irgendeiner Art hatte. Das Leben ist voller Schwierigkeiten, die unmittelbare Aufmerksamkeit brauchen. Finde heraus, ob dein:e Freund:in okay ist. Du musst jetzt nicht gleich den Krankenwagen rufen, aber einfach eine kurze Nachricht schicken, die man schnell beantworten kann: »Hey, wir haben dich beim Filmabend vermisst. Ich wollte nur kurz fragen, ob bei dir alles okay ist«, oder: »Hey, ich wollte mich einfach mal kurz melden. Ich hab dich gestern beim Filmabend gar nicht gesehen. Alles okay?« Davon ausgehend, dass sie antworten – und tatsächlich alles in Ordnung ist –, kannst du natürlich fragen, was los war. Aber tue dir einen Gefallen und schaue noch mal auf die Logistik. Frage dich:

HATTE DEIN:E FREUND:IN ALLE WICHTIGEN INFORMATIONEN? Du solltest immer eine kleine Erinnerung schicken. »Hey, ich freue mich schon darauf, euch alle morgen um 19.00 Uhr zum Filmabend zu sehen! Hier ist noch mal meine Adresse.« Viele Leute sind überhaupt nicht gut darin, Termine im Kopf zu behalten. Für dich war es sicherlich sehr präsent, aber einige haben den Kopf voller anderer Sachen.

HABT IHR BEIDE DASSELBE VERSTANDEN? Wenn die Antwort auf deine Einladung »ich schau mal, ob ich es schaffe« oder »ich versuch auf jeden Fall, zu kommen« lautet, ohne dass darauf noch etwas folgt, dann hast du vermutlich ein höfliches Nein erhalten.

WANN BIST *DU* DAS LETZTE MAL EINFACH NICHT AUFGETAUCHT? Vielleicht denkt dein:e Freund:in, dass das ganz normal ist – dass es einfach Teil eurer Dynamik ist und dass es eine unnötige Formalität ist, dem anderen Bescheid zu geben, wenn man nicht kommt. Vielleicht habt ihr beide ein Muster etabliert, ohne dass ihr es bemerkt habt.

Wenn du diese Fragen für dich beantwortet hast und die Abwesenheit deines Freundes oder deiner Freundin immer noch keinen Sinn macht, dann ist es natürlich in Ordnung, die Person zu fragen, wieso sie nicht gekommen ist. Wir empfehlen, dies ein oder zwei Tage nach dem Event zu tun. Dann kannst du dich klar artikulieren und sagen, wie du dich fühlst. Vielleicht hat sie es vergessen, vielleicht war ihr etwas anderes wichtiger, vielleicht hat die Person gedacht, es wäre keine große Sache und du hättest ihre Abwesenheit vermutlich gar nicht bemerkt. Vielleicht macht dein:e Freund:in eine sehr stressige Zeit durch und sein oder ihr Gehirn ist gerade wie ein Sieb. Oder vielleicht ist es ein einfaches Missverständnis. Das Leben ist voller Irrtümer, Fettnäpfchen und sozialer Fehleinschätzungen. Unterm Strich kannst du Verständnis haben und ein freundlicher Mensch sein, aber gleichzeitig kannst du deine Freund:innen auch beim Wort nehmen. Du verdienst Freund:innen, die zuverlässig sind, deine Gesellschaft genießen und, wenn sie sagen, dass sie kommen, das auch tun. Es lohnt sich, nachzufragen, was passiert ist, aber vielleicht gefällt dir die Antwort nicht.

DIE HÖHEN UND TIEFEN ABGESAGTER PLÄNE

WIE MIT UNZUVERLÄSSIGEN FREUND:INNEN UMGEHEN

Vereinbarungen abzusagen, kann eine unheimliche Erleichterung sein. Erwachsene haben keine Zeit oder Energie übrig und selbst die extrovertierteste und sozialste Person will manchmal ihre wachen Stunden anders verbringen, als sie das im Vorhinein geplant hatte. Natürlich verletzt es, wenn man immer und immer wieder abgesagt bekommt, besonders, wenn du Pläne gemacht und/oder im Voraus Geld ausgegeben hattest.

LIEBE JENN UND TRIN,

wenn ich meine Freund:innen zu mir einlade, erlebe ich oft drei verschiedene Reaktionen: überhaupt keine Nachricht, ein Daumen-hoch-Emoji, den ich als »Ja, ich komme« verstehe, aber dann taucht die Person trotzdem nicht auf, und ein definitives Ja, das sich Minuten vor der geplanten Aktivität in ein Nein verwandelt. Wie kriege ich meine Freund:innen dazu, klarer zu kommunizieren, ob sie kommen wollen oder nicht?

Gute Freund:innen wollen dich nicht verletzen. Aber manche Freund:innen wissen nicht, dass die Sachen, die sie tun, verletzen. Es klingt so, als ob sich dieses Muster in deiner Freundesgruppe verselbstständigt hat, deswegen lass uns das Muster brechen. Lege als Erstes eine Pause ein, Leute zu dir einzuladen. Wahrscheinlich kannst du eine Auszeit von deinen Gastgeberaktivitäten auch gut vertragen (Es kann sein, dass deine Leute einfach ein bisschen gelangweilt sind, sich immer wieder in der gleichen Gruppe zu treffen. Das passiert.) und dann löst sich dieses Problem ganz von allein. Nach ein paar Wochen kannst du eine neue Einladung aussprechen, die aber ganz anders aussieht als die, die du sonst immer rausschickst. Ändere deinen Ton, mache die Sache »wichtiger«, mache es zu mehr als einem gewöhnlichen Zusammenkommen und Gemeinsam-Abhängen. Wenn deine Freund:innen nicht enthusiastisch darauf reagiert haben, bei dir gemeinsam fernzusehen, ändere die Aktivität oder den Ort. Und vergiss nicht, in deinen Worten zu sagen, was genau du von ihnen brauchst: »Ihr Lieben, lasst mich bis heute Abend wissen, ob ich hinter eurem Namen ein definitives ›Ja, ich komme morgen zum Brunchen‹ packen kann.«

Angenommen, dein:e Freund:in hat zugesagt, zu dem Event zu kommen, und dann zum vierten Mal in Folge in letzter Minute abgesagt. Wenn dein:e Freund:in so ein Muster entwickelt hat und du dich langsam davon verletzt fühlst, dann macht es Sinn, darüber ein ernsthaftes Gespräch zu führen. Aber denk zunächst darüber nach, was für dich bei dem Gespräch herauskommen soll. Wie möchtest du, dass dein:e Freund:in antwortet? Mit einer ordentlichen Erklärung? Einer aufrichtigen Entschuldigung? Es gibt viele verschiedene Wege, das Thema anzusprechen, daher überlege dir im Vorhinein, wie du es machen möchtest und was für eine Reaktion du *vermutest.* Im Prinzip bedeutet das: Brainstorme zuerst für das Gespräch, sodass du dich vorbereitet fühlst. Dein Ziel: dass du auf dieses Gespräch ohne Bedauern zurückschauen kannst, in dem Wissen, dass du es gut gehandhabt hast. **Schau mal auf ein paar mögliche Gesprächsanfänge und passe sie natürlich an deine spezifische Situation an:**

- *Dies ist das vierte Mal, dass du in der letzten Minute absagst. Ich wollte wissen, ob bei dir alles okay ist. Möchtest du, dass ich dich in Zukunft eher als »eventuell« zähle?* Es kann auf jeden Fall sein, dass im Leben der Person gerade etwas Größeres im Gange ist, und es ist freundlich, ihr die Möglichkeit zu geben, das zu sagen.
- *Hey, ich [habe meine eigenen Sachen zurückgestellt/die Wohnung sauber gemacht/deinen Lieblingskuchen gebacken], weil ich dachte, du würdest kommen. Ich möchte nicht, dass du dich schlecht fühlst, aber wie wär's, wenn du es mit einem Kaffee/einem eigenen Wohnungsputz/meinem Lieblingskuchen wiedergutmachst? Deal?*

Humor und Ehrlichkeit machen das Gespräch vermutlich für euch beide einfacher. Außerdem lässt du die Person genau wissen, womit sie es wiedergutmachen kann.

- *Oh, ich hatte mich so darauf gefreut, dich zu sehen.* Vielleicht möchtest du schlicht, dass dein:e Freund:in weiß, dass sein oder ihr Verhalten etwas mit deinen Gefühlen macht. Sei ehrlich, ohne Druck aufzubauen – erkläre einfach, wie du dich fühlst, wenn er oder sie nicht kommt.
- *Das passiert ganz schön oft in letzter Zeit und ich bin davon etwas ausgebrannt. Gibt es etwas, das ich tun kann, damit du zu den Sachen,*

die ich plane, kommen kannst? Wäre es weniger stressig für dich, wenn ich dich nicht so oft einlade? Zum einen lässt du sie wissen, dass sie und was sie tut, dir wichtig sind, und zum anderen machst du einen Plan, um zu verhindern, dass das wieder passiert. Wenn du ein solches Angebot machst, musst du dich an deinen Teil des Deals halten.

Was du nicht tun solltest:
WEITER LEUTE EINLADEN, DIE NIE KOMMEN. Du verdienst Freund:innen, die ihre Zusagen einhalten und sich Zeit für dich nehmen.
DRUCK AUF LEUTE AUSÜBEN. Insistiere nicht, dass jemand vorbeikommt, etwas mit dir trinkt oder eine weitere Stunde bleibt.
EINE ERKLÄRUNG VERLANGEN. Du kannst fragen, was mit der Person los ist, aber beginne keine Auseinandersetzung über das Wann, Wo und Warum. Du bist kein Elternteil, der wissen will, wieso sein Kind abends nicht pünktlich nach Hause gekommen ist.

Was du tun solltest:
WENIGER EVENTS PLANEN. Mache die Male, wo du Leute einlädst, superbesonders, sodass deine Freund:innen wissen, dass es wichtig ist.
FREUNDE DICH MIT LEUTEN AN, DIE IHRE ZEIT ÄHNLICH VERBRINGEN WOLLEN WIE DU. Jede:r hat eine Quelle sozialer Energie. Bei manchen Menschen ist diese Quelle sehr tief, bei anderen steht das Wasser seicht an der Oberfläche. Wenn es dir einen Kick gibt, viel auszugehen, aber du dich versehentlich mit lauter Introvertierten, die in Höhlen leben, angefreundet hast, ist es an der Zeit, deine Fühler weiter auszustrecken. Du brauchst ein paar Leute in deinem Leben, die Energie daraus ziehen, mit Menschen zusammen zu sein, nicht nur solche, die das anstrengt.
ZIEHE ONLINETREFFEN IN BETRACHT. Das Internet ist ein zweischneidiges Schwert in puncto menschliche Beziehungen. Eine tatsächlich gute Sache, die das Internet hervorgebracht hat, sind Online-Hangouts. Einen Film zusammen zu schauen oder über Skype mit deinen Freund:innen Tischtennis zu spielen, ist eine gute Möglichkeit, um deine introvertierten Freund:innen einzuladen und dir selbst die Zeit zu ersparen, die ganze Wohnung zu putzen und dich aufzubrezeln.

LADE ERST KURZ VOR KNAPP EIN. Es klingt wie das Gegenteil von dem, was wir intuitiv tun wollen, aber wenn du in der absolut letzten Sekunde, bevor du etwas tun möchtest, einlädst, haben deine Freund:innen keine Chance mehr, abzusagen, sich ihre Teilnahme auszureden oder auf Ideen für andere Pläne zu kommen. Wenn es Samstagabend 19:00 Uhr ist und du um 19.30 Uhr Pizza essen willst, texte all deinen Freund:innen *auf der Stelle*, um zu schauen, wer kommen kann. Das Ergebnis wird dich wahrscheinlich überraschen.

SCHULDIG IM SINNE DER ANKLAGE: WENN DU DER- ODER DIEJENIGE BIST, DER ODER DIE IMMER ABSAGT

Pläne ad acta zu legen, ist absolut vertretbar, wenn es nötig ist. Du bist kein Monster. Aber wenn du dauernd absagst, frustrierst du wahrscheinlich deine Freund:innen, und irgendwann laden sie dich vielleicht nicht mehr ein. Wir wollen nicht, dass du die Rolle, die du im Leben deiner Freund:innen spielst, unterschätzt. Es hat Bedeutung, wenn du auftauchst, und du wirst vermisst, wenn du es nicht tust – deine Freund:innen lieben dich und wollen dich sehen. Klar, manchmal ist es gesund und praktisch, den Druck rauszunehmen, was das Absagen von Verpflichtungen betrifft. Aber bedenke, dass manche Veranstaltungen einfach besser sind, wenn du dabei bist.

LIEBE JENN UND TRIN,

Ich habe im Moment superviel um die Ohren. Deswegen habe ich ein paar Treffen von Freund:innen in der letzten Minute abgesagt. Ich habe allerdings Angst, dass meine Freund:innen irgendwann von mir und meinen Absagen genervt sind. Ist es schlimm, Pläne immer wieder abzusagen?

Wenn du permanent Sachen absagst, sagst du zu viele Sachen zu. Es klingt, als wäre es an der Zeit, deine Pläne etwas zu verschlanken.

Finde heraus, was du kurzfristig machen musst (den überfälligen Essay beenden, pünktlich auf der Arbeit sein, Ruhezeit für dich einplanen) und was du machen willst (Freund:innen sehen). Es ist in Ordnung, dir die Zeit zu nehmen, dich erst mal um dich und deine unmittelbare To-do-Liste zu kümmern. Wir wollen nicht, dass du deine Freundschaften komplett vernachlässigst, denn Gesellschaft ist gut für dich, aber du kannst deine Prioritäten für den Moment verändern. In der Zwischenzeit texte deinen Freund:innen, schicke E-Mails, chatte mit ihnen, erlebe Gemeinschaft aus der Ferne. Erwachsene wissen, wie es sich anfühlt, überwältigt zu sein – deine Freund:innen verstehen das bestimmt!

Wenn du dir das dauernde Absagen abgewöhnen willst, versuche, sehr, sehr viel ehrlicher mit dir zu sein in Bezug darauf, was du wann machen möchtest. Freitagmorgen in optimistischer Stimmung sagt jede:r Ja dazu, abends auszugehen. Aber manchmal kann man dieser optimistischen Stimmung nicht trauen. Wenn du einen typischen 9-to-5-Job hast, ist Freitag vielleicht der Wackelkandidat unter den Wochentagen. Nutze deine grandiose Vorstellungskraft, um dir zu vergegenwärtigen, wie es dir geht, wenn du nach einem langen Tag nach Hause zurückkehrst. Willst du dann wirklich noch mal raus? Nicht lügen.

Lädt dich jemand ein, musst du nicht sofort mit »Ja klar, ich bin dabei« antworten, um nett und höflich zu sein. Du kannst zugleich höflich und ehrlich absagen! Erweitere dein Vokabular. **Hier sind ein paar Beispiele für respektvolle Absagen und Antworten, mit denen du dich nicht ganz so stark verpflichtest:**

- *Danke, dass du an mich denkst. Kann ich dir am Tag selbst Bescheid geben, ob ich es schaffe?*
- *Das klingt großartig. Im Moment ist meine Verfügbarkeit ein bisschen von [meinem zahnenden Baby/unserem unzuverlässigen Hundesitter/Abschlussprüfungen/meinen Reiseplänen] abhängig, deswegen kann ich es leider noch nicht genau sagen.*

- *Ich würde wirklich gerne kommen, aber in nächster Zeit steht bei mir an, [diese Erkältung endlich auszukurieren/für den Umzug zu packen/ Zeit mit meiner Großmutter zu verbringen/eine Unmenge an Arbeiten zu korrigieren], deswegen schaffe ich das einfach leider nicht. Aber ich freue mich trotzdem sehr, dass du an mich gedacht hast.*
- *Danke für die Einladung! Ich würde dir morgen Bescheid geben, wenn das für dich okay ist. Ich muss schauen, ob das mit meinem Zeitplan passt.*
- *Also, im Moment würde ich vorsichtig Ja sagen, aber definitiv weiß ich es erst am Morgen des Tages selbst. Ist das für dich okay? Sonst sage ich jetzt sicherheitshalber lieber Nein.*
- *Es tut mir total leid, aber das bringe ich einfach im Moment nicht unter. Danke, dass du, wo ich grad so viel um die Ohren habe, echt geduldig mit mir bist!*

Auf diese Art und Weise rückst du entweder Erwartungshaltungen gerade (deine Anwesenheit ist nicht garantiert) oder du sagst von vornherein, dass du nicht kannst, statt später abzusagen. Es ist freundlicher, gleich zu sagen, dass du nicht kommen kannst, als kurz vor knapp abzusagen. Oder du vertagst die Entscheidung auf einen Moment, in dem du die Muße hast, ehrlich gegenüber dir selbst zu sein. Du nimmst dir den Druck raus, direkt entscheiden zu müssen, ob du kommen kannst oder nicht.

All das ist schön und gut, aber falls du dieses Buch in die Hand genommen hast, weil du unzufrieden damit bist, dass du nicht genügend Freund:innen hast, oder du das Gefühl hast, nicht eng genug mit deinen Freund:innen zu sein, dann ist es vielleicht an der Zeit, Sachen zu verändern. Von Leuten umgeben zu sein, die dich mögen, ist eine wichtige Zutat für ein gesundes Leben. Gute Freund:innen machen die Last, die man mit sich herumträgt, leichter. Sie geben einem neue Energie. Sie sorgen dafür, dass man sich selbst ein bisschen weniger hasst. Daher ist es vielleicht an der Zeit, dass du dir deinen Kalender nochmals anguckst und mehr Stunden dafür einplanst, deine Leute zu sehen oder dein soziales Leben ein bisschen erweiterst. Vielleicht gehst du ein bisschen öfter aus, statt zu Hause zu hocken. Und damit meinen wir gar nicht unbedingt laute Bars und Partys – wenn das nicht deiner Vorstellung von Spaß entspricht, dann musst du das auch nicht tun. Aber wohin auch immer du aufbrichst, manchmal braucht man einen kleinen Tritt in den Hintern, um sich selbst motiviert zu bekommen. **Hier sind ein paar Tricks, die dir vielleicht dabei helfen:**

- Trinke ein Glas Eiswasser oder irgendwas mit Koffein, wenn das dein Ding ist.
- Gehe direkt nach der Arbeit oder Schule zu dem Event, nicht erst nach Hause.
- Wenn du doch zu Hause haltmachst, lege dich nicht auf die Couch oder ins Bett. Schau dein Bett noch nicht mal an! Du weißt, was passiert, wenn du es tust. Du legst dich schlafen oder schaust die ganze Nacht Reality TV. (Wenn das etwas ist, was du dauernd machst, solltest du herausbekommen, wieso. Kriegst du genügend Schlaf?)
- Ziehe Kleidung an, in der du dich gut fühlst und die nicht zum allein zu Hause loungen passt – deine paillettenbesetzte Hose sorgt nicht nur dafür, dass du dich besser fühlst. Sie ist auch viel zu unbequem, um darin zu schlafen.
- Mache laute Tanzmusik an. Singe in der Dusche. Halte dein Energielevel in Schwung, so wie es für dich am besten ist.

Wenn wir lange Zeit nichts mehr unternommen haben, versteifen wir uns manchmal auf all die negativen Aspekte, die solche Aktivitäten mit sich bringen (man muss aus dem Schlafanzug raus, dahinfahren, es gibt schlechtes Wetter, man ist so erschöpft), und nicht auf das, was daran Freude macht. Erinnere dich an all die Aspekte, die Spaß machen, denk an großartige Abende, an denen du mit Freund:innen ausgegangen bist, und frage dich, ob es nicht doch die Anstrengung wert ist, die Füße vor die Tür zu setzen. Das könnte ziemlich gut sein!

Überlege dir auch, wohin du gehst und was du mit deinen Freund:innen machen möchtest. Welche Umgebung kostet dich Energie? Und wo blühst du so richtig auf? Jenns Lieblingsaktivität mit Freund:innen: lange, laute Restaurantbesuche mit vielen Gängen und Wein und lebhaften Gesprächen. Klingt gut, oder?! Na ja, nicht jeder steht auf Restaurantküche oder möchte dafür zahlen (was völlig nachvollziehbar ist) und nicht alle Leute trinken Alkohol (ebenfalls völlig nachvollziehbar). Es wäre nicht schlau, eine solche Einladung immer wieder anzunehmen, wenn das nichts für dich ist. Wenn du noch nicht herausgefunden hast, was »dein Ding« ist, versuche dich an etwas, wofür man nicht so extrem viel soziale Energie aufbringen muss, wie zum Beispiel der Besuch eines Films oder Theaterstücks. Du kannst das Zusammensein genießen, aber dich zudem entspannen und musst keine ausufernden Gespräche führen. Brettspiele helfen dabei übrigens auch. Mit einer Gruppe ein Spiel zu spielen, erfordert deine Aufmerksamkeit, aber ist auch ein sozialer Puffer.

Aber falls dies alles für dich nicht funktioniert – wenn weder dein Energielevel oder das Event selbst der Grund für deine konstanten Absagen sind –, dann muss es etwas anderes sein. Überprüfe deine Angewohnheiten. Es könnte an Folgendem liegen:

DU AKZEPTIERST JEDE EINLADUNG. Du fühlst dich verpflichtet, bei jeder x-beliebigen Einladung, die in deine Richtung ausgesprochen wird, zuzusagen? Oder gibt es jemanden, der dich unter Druck setzt, die ganze Zeit auszugehen? So solltest du nicht behandelt werden. Du darfst Einladungen ausschlagen, denn für gute Freund:innen ist es wichtiger, dass du dich wohlfühlst, als dass sie dich zu einer Grillparty mitschleppen. Atme bei der nächsten Einladung einmal gut durch und frage dich, ob du wirklich dahingehen willst.

DU ÜBERBUCHST DICH MIT ABSICHT. Manche Leute, wie zum Beispiel die Autorinnen dieses Buches, packen sich ihre Kalender so voll, dass sie keine freie Zeit zum Denken, Atmen oder Sich-Sorgen-Machen haben. Statt deinen Kalender mit zu vielen Spaßveranstaltungen vollzupacken (die du dann eventuell wieder absagst), lenke dich doch von deinen Problemen mit einer Kunst, einem Videospiel oder einer anderen Solo-Aktivität ab, wann immer du eine tröstende Ablenkung brauchst.

IM GRUNDE DEINES HERZENS MAGST DU DEINE FREUND:INNEN NICHT WIRKLICH. Wenn du dich immer wieder davor scheust, dich mit jemandem zu treffen, dann ist das vermutlich ein Zeichen, dass diese Person nicht die richtige für dich ist. Das ist eine wichtige Erkenntnis als Erwachsene:r (mehr dazu später).

Und wenn es nichts von all dem ist, brauchst du vielleicht einfach einen Moment Pause von persönlichen Treffen. Hänge ein metaphorisches »Bitte nicht stören«-Schild auf, schlafe mehr und passe deine Prioritäten an. Wir raten dir nicht, dich komplett von deinen Freund:innen zu distanzieren oder plötzlich ihre Nachrichten zu ignorieren – wir sagen bloß, dass es eine gute Idee sein kann, Pausen im Sozialen einzulegen, wenn es das ist, was du brauchst. Gib deinen Leuten Bescheid. Wenn du sechs Wochen nicht in der Stadt bist, lässt du das deine Freund:innen ja auch wissen. Betrachte es als einen mentalen und sozialen Urlaub. **Du musst nicht ins Detail gehen (außer du möchtest), hier sind ein paar Ideen:**

- *Hallo, ihr Lieben, ich werde in nächster Zeit kaum erreichbar sein. Muss eine kleine Pause von sozialen Aktivitäten einlegen. Stecke aber nach den Ferien meinen Kopf wieder durch die Tür!*
- *Danke, dass du an mich gedacht hast. Es tut mir leid, dass ich es an dem Abend nicht schaffen werde. Ich fühl mich ausgelaugt und brauche meine vier Wände. Gib mir ein paar Wochen, um wieder aufzutanken, und dann lass uns was Schönes zusammen machen.*
- *Hallo, meine Liebe! Ich wollte dir einfach nur Bescheid geben, dass ich gerade damit beschäftigt bin, [eine neue Wohnung zu finden/für meine Abschlussprüfung zu lernen/mich auf der Arbeit um ein großes Projekt zu kümmern/mit meiner Familie zu verreisen], deswegen bin ich im Moment grad nicht für gemeinsame Mittagessen zu haben.*
- *Eventuell verabschiede ich mich aus dem Gruppenchat. Es ist alles okay, macht euch keine Sorgen. Ich muss mich nur gerade auf andere Dinge konzentrieren.*

- *Liebe alle, ich wollte euch nur kurz wissen lassen, dass ich die nächsten Wochen nicht an unseren Mittwochstreffen teilnehmen kann. Ich plane aber, nächsten Monat zu unserem Filmabend zu kommen. Bis dann!*

Vergiss nicht, dass du dich auch mit deinen Freund:innen treffen kannst, ohne das Haus zu verlassen. Die Pandemie hat uns gelehrt, dass wir unsere Leute auch aus der Distanz sehen können. Erinnerst du dich? Texte einer Freundin, während ihr euch den gleichen Film anschaut, nutzt Gruppenvideochats, um Pictionary zu spielen, fragt über FaceTime nach den Haustieren. All das könnt ihr im Schlafanzug machen. Es ist absolut möglich, mit deinen Freund:innen abzuhängen und gleichzeitig auf deine begrenzten Energieressourcen zu achten.

FREUND:INNEN UND SOCIAL MEDIA

HALLO EIFERSUCHT: ÜBER SOCIAL-MEDIA-NEID

Wenn du online Fotos von deinen Freund:innen siehst, die offensichtlich Spaß haben, und diese Fotos bei dir das Gefühl auslösen, du selbst wärest nicht wichtig, dann checke erst mal kurz in deinem Kopf und Herzen, was es ist, das du da gerade verspürst. Benenne die Emotion. (Kleiner Tipp: Es handelt sich um Eifersucht!) Kaschiere das Gefühl nicht, tue nicht so, als ob Eifersucht etwas wäre, wo du drüberstehst, oder mache es auch nicht schrecklicher, als es ist. **Erkenne an, dass du neidisch bist – völlig normal –, und schaue dir deine Empfindung dann aus einer Metaperspektive nochmals genauer an:**

- *Okay, ich bin also eifersüchtig. Wieso? Liegt es daran, dass ich auch gerne eingeladen wäre? Ist das ein nachvollziehbarer Wunsch oder nicht?*
- *Ist es wirklich ein Seitenhieb gegen mich oder bin ich nur unfair mir selbst gegenüber?*
- *Ich fühle mich ausgeschlossen. Wenn ich meine Freund:innen öfter sehen möchte, sollte ich selbst etwas organisieren?*

- *Verletzt mich die Tatsache, dass Freund:innen von mir Spaß haben, oder spielt das überhaupt eine Rolle für mich? Wenn ich das Beste für meine Freund:innen will, heißt das doch, dass ich sie ein erfülltes soziales Leben haben lasse.*
- *Natürlich will ich, dass meine Freund:innen andere Leute in ihrem Leben haben. Was wäre denn das Gegenteil davon – dass sie die ganze Zeit nur mit einer Person verbringen?*
- *Ist dies ein Problem, um das ich mich kümmern muss, oder ist es nur ein vorüberziehendes Gefühl, das ich im nächsten Augenblick überwunden haben werde?*

Ein bisschen neidisch zu sein, ist ein Zeichen, dass dir etwas wichtig ist. Es wird nur dann zu einem Problem, wenn das Gefühl zu einer Riesenwelle anschwillt oder dazu führt, dass du andere Leute unfair behandelst und Regeln und Forderungen aufstellst. Selbst Neid, der seine Wurzeln im Guten hat – *Ich liebe meine Freundin, ich vermisse ihre Gesellschaft, ich will mehr gemeinsam unternehmen!* –, gibt einem nicht das Recht, die Zeit oder Aufmerksamkeit von jemand anderem einzufordern. Verletzte Gefühle rechtfertigen nicht diese Art von übergriffigem, kontrollierendem Verhalten.

Und denk dran, dass die Social-Media-Plattformen eine große Rolle dabei spielen, diese Emotionen in dir hervorzurufen. Social Media ist die Filmrolle mit den Höhepunkten aus unseren Leben. Wir nutzen sie, um uns mitzuteilen und mit Leuten zu verbinden, aber es ist auch eine Art von Schauspiel. Wir posten unsere witzigsten Beobachtungen, die schönsten Sonnenuntergänge und unsere besten, sehr sorgfältig ausgesuchten Selfies. Das ist redaktionelle Arbeit. Kuratieren. Natürlich bist du online nicht dein gesamtes Selbst – du präsentierst lediglich eine Version von dir. Und daran ist auch nichts falsch! Du verhältst dich im Austausch mit deiner Chefin ja auch nicht genau so wie deiner

Schwester gegenüber. Jeden Tag verstärkst du Sachen und machst sie größer, jeden Tag schmälerst du andere Aspekte und spielst sie herunter. Du hast einen persönlichen Filter. Online ist das genauso. Du erhaschst nur einen kleinen Einblick in das Leben von jemandem und füllst die Leerstellen mit Eifersucht: *Sie haben ohne mich so viel Spaß!*

HOW TO KEEP IT #BLESSED ON SOCIAL MEDIA

Jede:r von uns nutzt soziale Medien unterschiedlich. Was für dich Routine ist, muss das mitnichten für all deine Freund:innen sein. Während du über Gourmet Cheeseburger bloggst, postet ein Freund sexy Selfies, während jemand anders nur auf Twitter ist, um sich beim Delta-Kundendienst zu beschweren. Das ist alles völlig in Ordnung!

Manche Leute nutzen soziale Medien häufiger oder weniger oft als du. Vielleicht checkst du Twitter alle vierzig Minuten, während manche deiner Freund:innen vielleicht mal auf der Fahrt oder am Wochenende draufschauen. Egal, wie oft du Social Media nutzt, solltest du auf die folgenden Dinge achten:

- Du bist nicht verpflichtet, jede einzelne Sache, die Freund:innen von dir posten, zu liken oder begeistert zu kommentieren. Und die meisten Leute empfinden es als merkwürdig, wenn du dich mit monatealten Posts – besonders Fotos – beschäftigst. (Bewahre dir deine Likes für deine echten Freund:innen, nicht für Kolleg:innen, mit denen du mal einen Kaffee getrunken hast.)

- Niemand kann hören, wie du etwas sagst, und alle Kommentare können missverstanden werden. Zum Beispiel kann man die folgende Frage passiv-aggressiv verstehen, auch wenn sie einfach freundlich und erwartungsvoll gemeint war: »Wie kann es nur sein, dass wir uns einfach mal ewig nicht mehr gesehen haben?!«

- Wenn Freund:innen soziale Medien hauptsächlich für berufliche Zwecke nutzen, verhalte dich ihnen gegenüber genauso. Vielleicht sind sie Lehrende, die über Social Media für ihre Studierenden ansprechbar sind, Makler:innen mit Kundenkontakten oder freiberufliche Illustrator:innen auf der Suche nach Aufträgen. Vermeide es, eure grandiosen, aber potenziell bloßstellenden Witze auf solchen Plattformen zu teilen.

- Und wo wir schon von Geschäften reden: Wenn es deinen Freund:innen hilft, dass du ihre Arbeit oder Projekte teilst, repostest, retweetest oder eine Rezension schreibst, dann mach das doch. Es ist ein netter freundschaftlicher Akt und eine einfache Art der Unterstützung.

Wenn Social Media deine Eifersucht nährt, dann ist es an der Zeit, sie anders (oder viel weniger) zu nutzen. **Hier sind ein paar Ideen, um Social Media in deinem Leben zu deeskalieren:**

- Gehe offline und melde dich bei jemandem, mit dem du länger nicht gesprochen hast. (Stelle sicher, dass es eine Person ist, die sich darüber freut, von dir zu hören).
- Fülle deinen Feed mit glücklich machenden Sachen wie geretteten Tieren, die neue Familien gefunden haben.
- Gib deinem Gehirn eine Pause und setze dir Zeitlimits. Zum Beispiel kein Instagram nach 21.00 Uhr oder nur 30 Minuten scrollen am Tag.
- Schalte alle Benachrichtigungen aus.
- Lasse dein Handy in einem anderen Zimmer und schaue einen Film. (Dann gratuliere dir dazu, die erste Person in der Geschichte zu sein, der dies erfolgreich gelingt.)

- Folge interessanten Menschen, die nichts mit deinem sozialen Leben zu tun haben, wie Köch:innen oder Cartoonist:innen oder Leuten, die urbanes Gärtnern betreiben. Die ganze Bandbreite des Internets steht dir zur Verfügung und du kannst mehr damit machen, als nur deinen Freund:innen aus der Ferne dabei zuzuschauen, wie sie Weinschorlen konsumieren.
- Schmeiße dein Handy in den See.

Wenn all diese Ideen für dich nicht funktionieren, musst du vielleicht das Undenkbare tun: deinen Freund:innen nicht mehr folgen oder ihre Feeds stumm schalten. Ja, wirklich. Worüber hast du in dieser Situation Kontrolle? Nicht darüber, was deine Freund:innen auf Social Media posten, definitiv nicht – sie machen, was sie wollen. Aber du *hast* Kontrolle über deine eigenen Angewohnheiten. Du hast die Kraft, mehr Glück und weniger Eifersucht zu empfinden. Wenn soziale Medien beeinflussen, wie du mit Leuten umgehst, dann würden wir sagen, ist es sogar deine *Verantwortung,* deinen Umgang damit zu ändern. Stelle dir an dieser Stelle das Worst-Case-Szenario vor: Wenn du immer und immer wieder negative Gefühle absorbierst, wachsen diese Gefühle an, bis du echte Ablehnung empfindest. Oder vielleicht wirst du nur ungeduldig und gereizt. Indem du deine Dosis an Social Media begrenzt, triffst du eine erwachsene Entscheidung. Als erwachsener Mensch bist du dafür verantwortlich, zu entdecken, welche Situationen dazu führen, dass du dich schlecht benimmst. Dann musst du dich entweder a) nicht schlecht benehmen oder b) aus der Situation herausziehen.

LIEBE JENN UND TRIN,

ich reise beruflich viel und manchmal bin ich wochenlang am Stück weg. Das bedeutet, dass ich am Leben meiner Freund:innen oft nur über Social Media teilhabe. Ich bin immer ein bisschen traurig, wenn ich auf Fotos sehe, wie sie alle zusammen abhängen, während ich allein im Hotel hocke. Nur um das klarzustellen, ich liebe meinen Job und ich liebe es zu reisen. Dies ist wirklich der einzige Nachteil davon. Habt ihr irgendwelche Ideen, wie ich mit diesen komischen Gefühlen klarkommen kann?

Mache Pläne, auf die du dich freuen kannst. Bringe dich in die Kalender deiner Freund:innen. Und wenn es dich in der Zwischenzeit traurig macht, ihre Feeds anzuschauen, schalte sie für den Moment stumm. Du kannst sie sogar wieder anschalten und dich auf den aktuellen Stand bringen, mit all dem, was sie gepostet haben, kurz bevor du sie in echt siehst. Noch was: Super im Job zu sein, ist wunderbar. Zeit mit Leuten zu verbringen, die dich lieben, ist ebenso wunderbar und macht einen wichtigen Teil deiner Gesundheit aus. Wenn dir dein Beruf dabei im Weg steht, überlege, ob du vielleicht zu hart arbeitest. Aber wir sind bei dir. Manchmal sind es die Opfer einfach wert, wie zum Beispiel weniger Zeit mit den Freund:innen verbringen zu können. Wenn du es unter Kontrolle hast, versuche, das Vermissen deiner Leute zu einem kurzzeitigen, nicht zu einem längerfristigen Opfer zu machen.

Eine Pause von Social Media zu machen, heißt nicht, dass du Freundschaft an sich aufgibst. Du nimmst dir nur eine Auszeit von etwas, das dich unglücklich macht. Und außerdem verfügst auch du über ein Highlight Reel. Das klingt vielleicht komisch, aber es stimmt. Es befindet sich nur womöglich nicht auf den sozialen Medien. Schaue dir deine Fotos an. Lies alte Texte von Freund:innen. Soziale Medien tricksen dich aus, indem sie dir suggerieren, du hättest weniger, als du brauchst. Nimm dir einen Moment, um Inventur von dem zu machen, was du alles hast.

WIESO ES VÖLLIG IN ORDNUNG IST, DEINEN FREUND:INNEN NICHT MEHR ZU FOLGEN

Sich von Freund:innen auf sozialen Medien zu lösen, ist so ein modernes Problem, dass es da nicht wirklich bekannte Regeln der Etikette gibt.

Lasst uns jetzt welche aufstellen und eine erste Regel ist folgende: Deine Freund:innen dürfen dir auf Social Media jederzeit nicht mehr folgen oder dich auf welcher Plattform auch immer stumm schalten. Und du darfst ebenfalls auf »Unfollow« drücken oder sie stumm schalten. Das ist kein Zeichen davon, dass eure Freundschaft zu Ende ist oder ihr einander jetzt hasst oder euch gleich damit auseinandersetzen müsst. Niemand würde je einen Vertrag unterschreiben, der besagt: »Freund:innen müssen immer an den Social-Media-Posts, Fotos, Selfies, Urlaubsbildern, persönlichen Gedichten, politischen Manifesten und heißen Pics der anderen teilhaben. Sie müssen die Anwesenheit aller jeweils 24 Stunden am Tag sowohl on- als auch offline, ohne Pause, genießen.« Solch ein Vertrag wäre komplett unhaltbar. Keine Freundschaft würde das überleben.

Wir können so, so wenig dessen, was wir jeden Tag online aufnehmen, kontrollieren. Zu kuratieren, wem du folgst, ist eine rare Gelegenheit, um auszuwählen, welche Nachrichten in deinen Dunstkreis geraten. Du bist ein erwachsener Mensch mit Vorlieben und Ansichten. Du solltest darauf hören. Du kontrollierst damit nicht das Verhalten deiner Freund:innen auf Twitter oder sagst ihnen, dass sie es mit der Politik mal gut sein lassen oder weniger Selfies posten sollten. Es ist einfach nur, wie wenn du für dein eigenes Wohlergehen für einen Moment in ein anderes Zimmer gehst. Das kann man so dermaßen gut verstehen. Und um es klar zu sagen, wir sagen nicht, dass ihr eure Aufmerksamkeit komplett davon abwenden solltet, was in der Welt oder deiner Community oder im Leben deiner Freund:innen passiert. Wir sprechen uns dafür aus, dass du deine psychische Gesundheit und deinen Geduldsfaden schützt. Wenn du dich aus einer Situation herausnimmst, in der du Angst, Groll oder Ärger empfindest, triffst du eine erwachsene Entscheidung, damit du ein freundlicher Mensch bleiben kannst.

Übrigens kannst du natürlich auch mehr tun, als jemanden stumm zu schalten und ihm nicht mehr zu folgen, wenn es nötig ist. Wenn diese Person hasserfüllten Müll verbreitet, liegt das Problem nicht nur bei ihrer Internetetikette. (Mehr dazu auf Seite 223.)

Endlich den »Unfollow«-Button drücken

Wenn du einer Person nicht mehr folgst, kann es sein, dass sie es bemerkt, dass es sie umtreibt und sie dich danach befragt. Es kann sein, dass sie es persönlich nimmt. Und das ist ja auch nachvollziehbar: Es fühlt sich wie eine Kränkung an, selbst wenn es nicht so beabsichtigt ist. Leute gehen oft vom Schlimmsten aus, wenn sie sich verletzt fühlen. Sie interpretieren das Unfollowing als Ansage à la: »Red nicht mit mir!«, oder: »Eigentlich mochte ich dich noch nie so richtig.« Wenn du also jemandem nicht mehr folgst, solltest du darauf vorbereitet sein, dass er oder sie vielleicht ein bisschen irritiert oder erzürnt ist. Du kannst mit einer weißen Lüge ankommen oder einem Grund für deine Handlung, aber du musst das auch nicht. **Wenn dich Leute direkt fragen, wieso du ihnen nicht mehr folgst, sind hier ein paar Vorlagen dafür, was du sagen kannst:**

- *Ich versuche, meine sozialen Medien recht schlank zu halten, sodass ich keine Updates [seitens Familie/Politik/Branche] verpasse.*
- *Ich interessiere mich gerade nicht so für dieselben Sachen wie du und ich verschlanke die Liste der Leute, denen ich folge.*
- *Ich benutze die sozialen Medien inzwischen mehr zum Netzwerken und weniger für Privates.*
- *Ich unfollow gerade einer Menge Leute und lege eine Pause ein, was soziale Medien betrifft.*
- *Ich habe beschlossen, sosehr ich Fan-Art auch mag, dass ich sie trotzdem nicht mehr auf meinem Handy aufpoppen haben möchte.*

Was es bedeutet, wenn jemand dir nicht mehr folgt – und was nicht

Wenn du der- oder diejenige bist, dem nicht mehr gefolgt wird, und du dich verletzt fühlst oder verwirrt bist, nimm dir einen Moment, um all die guten Gründe in Betracht zu ziehen, die die Ursache dafür sein könnten:

VIELLEICHT HAT DEIN:E FREUND:IN SICHERHEITSBEDENKEN.

Es könnte sein, dass jemand unauffällig seinen Account herunterfährt, weil er persönliche Informationen teilen will und es nicht riskieren kann, dass etwas nach außen gerät. Das kann eine Frage der Sicherheit sein.

VIELLEICHT MÖCHTE DEIN:E FREUND:IN WENIGER ZEIT ONLINE ODER MIT DEM HANDY VERBRINGEN. Gut für sie. Soziale Medien können Konzentrationsprobleme hervorrufen, toxisch sein oder einfach nur nerven. Je weniger Kontakte man hat, desto geringer ist die Gefahr, immer wieder zu aktualisieren, bis einem die Augen zufallen.

DEIN:E FREUND:IN INTERESSIERT SICH NICHT SO SEHR FÜR DIE THEMEN, ÜBER DIE DU POSTEST. Deine Freund:innen müssen nicht jedes einzelne deiner Hobbys teilen, oder? Wenn jemand nicht gerne viel Zeit draußen verbringt, erwartest du von ihm nicht, mit dir wandern zu gehen, oder? Das Gleiche gilt hier. Wenn du gerne tägliche Updates über Philosophie postest und dein Kumpel folgt dir nicht mehr, dann interessiert er sich vielleicht einfach nicht für Descartes. Keine große Sache.

VIELLEICHT WILL DEIN:E FREUND:IN AUSSCHLIESSLICH JUGENDFREIE ODER BERUFLICHE INHALTE AUF DEM EIGENEN PROFIL. Wenn jemand netzwerken, einen neuen Job finden oder seine Projekte promoten will, entfolgt er vielleicht allen Leuten, die anderen Content posten. Das ist kein Urteil oder Vorwurf an dich – die Person will ja nicht, dass du etwas an dem änderst, was du teilst, schreibst oder postest. Bleib ruhig dabei, deine freche Fan-Fiction zu teilen, du kleine Füchsin, du.

VIELLEICHT HAT JEMAND EINEN FEHLER GEMACHT. Es passiert leicht, dass man jemanden aus Versehen entfreundet oder nicht mehr folgt. Ist uns beiden schon passiert.

Bitte erinnere dich – wenn nötig auch mehrfach –, dass, wenn jemand dir nicht mehr folgt oder dich stumm schaltet, kein Freundschaftsgesetz gebrochen wird. Wir alle haben die Erlaubnis, Leuten nicht mehr zu folgen. Du auch! Dein:e Freund:in bestraft dich nicht für irgendwas und ist auch nicht gemein. Alles, was die Person für sich selbst entscheidet, ist: »Ah, ich möchte das jetzt grade nicht lesen. Vielen Dank.« Ist das nicht verständlich? Wir hoffen, dass du dir das zu Herzen nimmst und nicht zu der Person gehst und sagst: »Hey, wieso folgst du mir nicht mehr? Was soll das?« Diese Frage öffnet keine Tür für ein produktives Gespräch. **Und zwar aus folgenden Gründen:**

- Es ist unangemessen, den klaren Wunsch, nicht mit dir zu interagieren, zu umgehen.
- Du bringst jemanden in eine unangenehme Lage und erzeugst eine defensive Haltung.
- Jemandem auf Social Media nicht mehr zu folgen, ist keine Ablehnung der Person als Ganzes.
- Wahrscheinlich ärgerst du dich nur noch mehr. Würde dir die Person eine ehrliche Antwort geben, würde das dein Verhalten ändern? Oder würdest du nur immer aufgebrachter werden?
- Es ist *nur* Social Media. Komm schon. Es gibt niedliche Wellensittiche, die zehntausend mehr Instagram-Follower haben als du.

Wenn du wirklich glaubst, dass du ein erwachsenes und produktives Gespräch darüber führen kannst, okay, dann versuch es. Aber spamme nicht das Postfach der Person mit fordernden Mails zu, dass du nun endlich wissen willst, was los ist. Das ist definitiv ein Übertreten ihrer Grenzen und eine Verschwendung deiner Energie. Gib der Sache Zeit. Ändere deine Gewohnheiten. Du wirst überrascht sein, was das für dich bewirken kann.

PFLEGE UND ERHALT VON LONG-DISTANCE-FREUNDSCHAFTEN

Wenn weite Entfernungen in eine Freundschaft treten, wird sich eure Beziehung ändern. Glücklicherweise bedeutet das nicht das Ende der Freundschaft, sondern nur eine *neue Art* von Freundschaft. Unser erster Rat: Überlegt euch, was für euch die absolut einfachste, am wenigsten komplizierte Art ist, miteinander zu reden – eine, die für beide Seiten funktioniert.

Vor dem Umzug seid ihr vielleicht versucht, strenge Pläne zu vereinbaren, um miteinander in Kontakt zu bleiben. »Wir spielen jedes Wochenende Computerspiele und quatschen miteinander.« Oder: »Schreib mir jedes Mal, wenn du mit jemand Neues auf ein Date gehst, und bitte, ich will alle Details hören.« Oder: »Wir quatschen jeden Sonntag für fünfundvierzig Minuten. Das ist unsere obligatorische Freundschaftszeit.« Wir verstehen, wieso ihr im Vorhinein Pläne machen wollt – es geht darum, sicherzugehen, dass die Nähe bleibt. Aber eure Pläne funktionieren in der Realität vielleicht nicht so wirklich gut. Wenn du einen Anruf oder eine Nachricht verpasst, fühlst du dich vielleicht schuldig. Oder was ist, wenn du nicht in der Stimmung bist, zu schnacken, wenn der Sonntagabend plötzlich vor der Tür steht? Macht es euch so einfach wie möglich, miteinander in Verbindung zu bleiben. Unterhaltet euch auf eine Art miteinander, die wenig Stress bedeutet, euch erlaubt, flexibel zu bleiben, und ohne Verpflichtungen daherkommt.

Wenn ihr dann miteinander in Kontakt seid, sprecht darüber, wie großartig das ist. Jetzt, wo ihr auf so weite Entfernung miteinander kommuniziert, bedeuten die kleinen Sachen – E-Mails, Kommentare in den sozialen Medien, kurze, liebe Textnachrichten – viel mehr. Wenn sich dein:e Freund:in die Zeit nimmt, sich aus dem eigenen geschäftigen Leben weit weg bei dir zu melden, dann ist das ein bisschen wichtiger als sonst irgendeine olle Nachricht. Die Person denkt an dich! Wie schön. Und wenn *du* an sie denkst, lass sie das auch wissen.

Eure Freundschaft kann einen Szenenwechsel vertragen, aber stelle dich auf eine Übergangszeit ein, in der du einen neuen Rhythmus findest. Hier sind ein paar andere Vorschläge, wie du mit weit entfernt lebenden Freund:innen in Kontakt bleibst:

SCHAU DIR AN, WIE DU KOMMUNIZIERST. Wenn du nicht sowieso regelmäßig Fragen stellst à la »Was gibt's Neues/Wie geht es dir?/Wie war dein Tag?«, dann ist jetzt der perfekte Moment, diese freundlichen Fragen deinem Vokabular hinzuzufügen. Wenn du normalerweise dein Handy ignorierst (mach dich nicht dafür fertig) oder selten Textnachrichten beantwortest, ändere das. Wenn du nicht viel von dir teilst, ist es vielleicht an der Zeit, dir anzugewöhnen, über dein Leben zu reden. Vielleicht bist du das nicht gewohnt, weil dein:e Freund:in normalerweise da ist und die Sachen mit dir gemeinsam erlebt. Aber das ist gerade nicht mehr der Fall. Tauscht Updates aus. Schickt Fotos. Redet darüber, was eure Partner:innen tun, über neu gestrichene Möbel, die Brauerei, die du besichtigt hast, und den Job, auf den du dich bewerben wirst. Es muss kein Telefongespräch sein – stresst euch nicht, zu telefonieren, wenn ihr das sonst nie tut –, aber du kannst dir sicher sein, dass deine:n Freund:in interessiert, was in deinem Leben passiert.

STELL DICH AUF ETWAS FOMO EIN. Das bedeutet *Fear of Missing Out*, also die Angst, etwas zu verpassen. Wenn du Augenblicke aus dem Leben deiner weit entfernt lebenden Freundin auf Social Media erhascht, in denen sie von Leuten umringt ist und anscheinend eine großartige Zeit hat, kann es sein, dass deine erste Reaktion Trauer und Eifersucht sind. Du findest über eine Facebook-Statusanzeige heraus, dass sie bei der örtlichen Aufführung von *Peter Pan* mitmacht? Wieso hat sie dich nicht angerufen, um dir davon zu erzählen? Ein kleines bisschen Eifersucht ist normal, aber lass dich nicht davon übermannen. Dein:e Freund:in muss keine Pause in seinem oder ihrem Leben einlegen, bloß weil du nicht da bist.

LIEBE JENN UND TRIN,

ich bin gerade in eine neue Stadt gezogen. Ich bin nervös, was das Kennenlernen neuer Leute betrifft, aber noch mehr denke ich an die Freund:innen, die ich zurückgelassen habe. Wir haben schon Pläne gemacht und sie haben Flugtickets gekauft, um mich besuchen zu kommen. Aber wenn ich Fotos von ihren Treffen auf Social Media sehe, bin ich so traurig und eifersüchtig. Wie soll ich damit umgehen?

Eines Tages wirst du auf die Bilder deiner Freund:innen schauen können und keine Trauer mehr verspüren. Aber dieser Tag ist nicht heute. Da bist du noch nicht. Du verarbeitest eine riesige Veränderung in deinem Leben. Und während du sie verarbeitest, ist es okay, die Feeds deiner Freund:innen stumm zu schalten. Sie müssen noch nicht mal davon wissen. Es kann ein heimliches Geschenk sein, dass du dir machst. Oder du erzählst ihnen offen davon: »Hallo, Leute, ich wollte euch nur sagen, dass Umziehen einfach supernervig ist und dass ich euch auf den sozialen Medien stumm schalte, bis ich nicht mehr so schrecklich eifersüchtig bin, dass ihr alle noch miteinander abhängen könnt und ich nicht. Wenn ihr demnächst irgendwelche großen Veränderungen auf Facebook ankündigt, werde ich sie verpassen. Haltet mich doch bitte auf andere Weise auf dem Laufenden, damit ich auch davon mitkriege.«

VERSTEHE, DASS DEIN:E FREUND:IN NEUE LEUTE TREFFEN WIRD. Irgendwann bemerkst du vielleicht, dass dein:e Freund:in auch ohne dich klarkommt. Vielleicht bist du erleichtert und freust dich für sie, oder vielleicht macht es dich ein bisschen traurig und gibt dir das Gefühl, dass du nur noch von der Ersatzspielerbank aus zuschaust und nicht mehr mitspielst. Aber der Zuschauerrand ist total wichtig. Dort ruhen sich die Spieler:innen zwischen den wichtigen Spielen aus. Jubel ihnen zu. Du bist immer noch ein wichtiges Mitglied des Teams, selbst wenn du auf der Bank sitzt.

MIT KAKTUSFREUND:INNEN UMGEHEN

Aber was, wenn dein:e Freund:in nicht leicht zu erreichen ist? Was, wenn du dich irgendwie nicht regelmäßig mit ihr austauschen kannst? Das ist nicht unbedingt ein Zeichen dafür, dass eure Freundschaft den Bach runtergeht oder dass du nicht mehr wichtig bist. Vielleicht gehört sie einfach zu der Art von Leuten, die keine regelmäßige Kommunikation brauchen, um eine Freundschaft aufrecht zu erhalten. Unsere Freundin Kate hat das Wort von der Kaktusfreundin geprägt. Kaktusfreund:innen sind Leute, die nicht viel Wasser und Sonnenlicht brauchen (beziehungsweise Konversation und Besuche). Hast du Kaktusfreund:innen? Und was ist mit dir – bist du eher eine Orchidee? Orchideen brauchen mehr Pflege. Mit keiner der beiden Pflanzen ist irgendwas falsch. Ihr braucht einfach nur unterschiedlich viel Wasser und Aufmerksamkeit, um zu wachsen und euch genährt zu fühlen. Okay, diese Metapher gerät ein bisschen außer Rand und Band. Was wir sagen wollen: Du und dein:e Freund:in habt nicht ganz passende Kommunikationsstile, aber das heißt nicht, dass ihr nicht kompatibel seid. Es bedeutet lediglich, dass ihr beide flexibel und ehrlich miteinander sein müsst über das, was ihr braucht.

BESUCHE BEI DEN LONG-DISTANCE-FREUND:INNEN

Besuche sind nicht unbedingt notwendig, um die Freundschaft aufrechtzuerhalten, aber wenn du das Geld und die Zeit hast, plane einen Trip, um deinen Freund oder deine Freundin zu sehen. Hier sind ein paar Dinge, die du bei deinem Besuch im Kopf behalten solltest, denn es wird ein bisschen anders (oder sehr anders) sein als beim letzten Mal, als du die Person gesehen hast:

GEHE NICHT AUTOMATISCH DAVON AUS, DASS DU FÜNF NÄCHTE LANG AUF DER COUCH SCHLAFEN DARFST, SELBST WENN IHR DIE BESTEN FREUND:INNEN SEID. Gehe noch nicht mal davon aus, dass du *eine* Nacht bei der Person schlafen kannst. Wenn du das möchtest, musst du unbedingt den Mund aufmachen und fragen und auf alle möglichen Antworten gefasst sein. Es gibt jede Menge gute Gründe, wieso eine Übernachtung bei der Freundin oder dem Freund nicht infrage kommt – Mitbewohner:innen, die damit nicht glücklich wären, nicht genug Platz, schwierige Haustiere, ein voller Zeitplan oder die Angst davor, Leute tagelang in der eigenen Wohnung zu haben.

DEIN:E FREUND:IN ALS GASTGEBER:IN: BESPRECHT IM VORHINEIN, WAS DAS HEISST. Nimmt sich dein:e Freund:in die ganze Zeit frei, um mit dir Zeit zu verbringen? Oder ist er oder sie jeden Morgen um 8 Uhr aus dem Haus, aber will dich jeden Abend, den du vor Ort verbringst, treffen? Wollt ihr Sachen zusammen unternehmen oder ist es ein lockerer Besuch nach dem Motto, wir machen keine Pläne und schauen spontan, worauf wir Lust haben? Fühlst du dich wohl damit, alleine Sachen zu unternehmen? Falls das der Fall ist, wie kommst du von A nach B? Falls dein:e Freund:in ein Auto hat, kannst du es leihen? (Falls ja, solltest du es übrigens vollgetankt zurückgeben.)

SEI EIN FANTASTISCHER UND ZUVORKOMMENDER GAST. Du wirst nie genau wissen, was für eine Art Gast du bist, weil du immer nur deine eigene Perspektive hast. Aber zumindest solltest du mit Sicherheit sagen können: »Ich weiß, dass ich ein höflicher Gast bin, weil ich mein Geschirr abspüle, statt es auf dem Esstisch stehen zu lassen, stets die Klospülung betätige, die Toilettenrolle ersetze, wenn sie aufgebraucht ist, mich entschuldige beziehungsweise Dinge ersetze, wenn ich etwas kaputt gemacht habe, Bitte und Danke sage, kein Chaos hinterlasse, das andere aufräumen müssen, anbiete, den Hund auszuführen/eine Flasche Wein zu besorgen/Frühstück zu machen/eine sonstige Verpflichtung zu übernehmen, und weil ich verstehe, dass mein:e Gastgeber:in nicht 24 Stunden am Tag zur Verfügung steht.«

Wandel ist schwer, aber Freundschaften können weite Entfernungen überstehen. Manche *gedeihen* sogar. Die Abwesenheit von jemandem kann dazu führen, dass einem mehr als zuvor klar wird, wie wichtig dieser Mensch für einen ist. Der Besuch kann das Highlight deines ganzen Jahres sein und hey, manchmal fühlt es sich auch ganz schön an, vermisst zu werden.

Zwölf Jahre lang wohnte Jenn in einer komplett anderen Zeitzone als ihre beste Freundin Nadija aus Kindheitstagen. Damals haben sie jede mögliche Methode, die ihnen zur Verfügung stand, genutzt, um miteinander in Kontakt zu bleiben: AOL Instant Messenger Chatrooms! Postkarten! Festnetzanrufe! Trotz ihres großen Engagements geriet ihnen das Leben zwischendurch in den Weg. Jenn wurde zu einer derartigen Kaktusfreundin, dass manchmal zwei Monate vergingen, in denen sie nicht miteinander redeten. Aber ihr Einsatz zahlte sich aus und heute leben sie endlich in derselben Stadt. Sie waren sogar die Trauzeugin für die jeweils andere. Wenn es eine Sache gibt, die wir sicher wissen, dann ist es die, dass Entfernung nicht das Ende von allem bedeuten muss.

VOM TEILEN UND BEWAHREN VON GEHEIMNISSEN

DEINE GEHEIMNISSE AUSPLAUDERN

Geheimnisse sind wie kleine Geschenke, die du von deinen Freund:innen bekommst. Wenn dir eine Person näherkommt, gibst du ihr mehr und mehr von diesen kleinen Geschenken, wie die gruseligen Details deiner Scheidung, was du wirklich von deinem Mitbewohner hältst oder mit wem du gerade Sex hast. Je näher dir eine Person ist, desto mehr Details besitzt diese Person klassischerweise von dir. Nur untereinander geteiltes Wissen bringt euch dem gegenseitigen Verständnis näher. Jedes Mal, wenn du ein Geheimnis teilst, gehst du ein Risiko ein, aber dieses Risiko kann es wert sein, denn Nähe entsteht durch den Austausch von persönlichen Informationen. Stell dir vor, du hättest nie eine peinliche oder intime Anekdote über dich geteilt – das wäre ein schwieriger Weg, um Freund:innen zu finden und Leute dich kennenlernen zu lassen. Auf der anderen Seite: Wenn du Privates von dir mitteilst, denke immer an Folgendes:

MACHE KLAR UND DEUTLICH, WAS DU FÜR WEN PREISGIBST. Sage, was privat ist und was weitererzählt werden darf. Diese Grenze muss man wirklich ganz deutlich ziehen, aussprechen und das je nachdem sogar mehr als einmal. Menschen haben dafür keine allgemeingültigen Regeln, deswegen musst du sie selbst setzen. Es kann zum Beispiel sein, dass du selbstverständlich davon ausgegangen bist, dass deine Freundin die Geschichte deines Bettnässens verschwiegen mit ins Grab nimmt. Aber vielleicht denkt sie, dass Bettnässen aus einer Kombination von Umwelteinflüssen, genetischen und physiologischen Problemen herrührt, für die du nichts kannst. Und deswegen war es für deine Freundin auch keine große Sache, als sie den Vorfall nebenbei im Gespräch mit ihrer ganzen Familie erwähnt hat. Beginne das Gespräch mit der Bitte um Verschwiegenheit zum Beispiel so:

- *Darf ich dir von meinem schrecklichen ersten Date erzählen? Aber du musst mir versprechen, dass du es niemandem weitererzählst.*
- *Ich hab da eine Geschichte für dich, aber das muss zwischen uns bleiben.*
- *Willst du von meinem schrecklichsten Vorstellungsgespräch hören? Du kannst es gerne weitererzählen, aber bitte natürlich ohne den Firmennamen zu erwähnen.*

DU VERURSACHST EINE SPALTUNG. (DIES BEZIEHT SICH AUF EINE GRUPPE VON FREUND:INNEN.) In dem Moment, wo du dein Geheimnis ein paar Leuten erzählt hast, hast du eine unsichtbare Linie zwischen denen, die Bescheid wissen, und jenen, die nicht Bescheid wissen, gezogen. Das ist vielleicht für dich völlig in Ordnung oder du beschließt, dass das Risiko zu groß ist. Je weniger Leute Bescheid wissen, desto sicherer bist du! In der Geschichte waren diejenigen Rebellionen erfolgreich, bei denen die Information auf den Personenkreis begrenzt war, der es unbedingt wissen musste, sodass im Falle einer Gefangennahme nichts an den Feind durchsickern konnte.

FREUND:INNEN ERZÄHLEN IHREN LIEBEN ALLES. Egal, ob gute oder schlechte Neuigkeiten, deine Freund:innen – selbst die engen – gehen davon aus, dass es okay ist, deine Geheimnisse mit ihren Partner:innen zu teilen. Manche Leute erzählen ihrer Mutter alles. Andere texten all ihren Geschwistern sofort ihre Geheimnisse. Die Leute machen das, weil sie das Gefühl haben, dass nur ihrem innersten Zirkel etwas zu erzählen, dasselbe ist, wie das Geheimnis für sich zu behalten. Du kannst sie natürlich darum bitten, dass sie das nicht tun, aber du musst explizit sagen: »Ich weiß, dass das eine große Bitte ist, aber ich möchte, dass das wirklich zwischen uns bleibt. Also bitte noch nicht mal deiner Mutter erzählen. Deal?«, oder: »Ich muss dir etwas über den Kollegen deines Mannes erzählen, aber kannst du mir versprechen, dass du das nicht deinem Mann weitererzählst?«

DIE GEHEIMNISSE DEINER FREUND:INNEN BEWAHREN

Du bist dafür verantwortlich, die Geheimnisse deiner Freund:innen verschwiegen zu behandeln, wenn du darum gebeten wirst. Das beweist deine Integrität und Verlässlichkeit. Du möchtest, dass sich deine Freund:innen auf dich verlassen können! (Natürlich gibt es immer Ausnahmen von diesen Regeln. Manche Versprechen müssen gebrochen, manche Geheimnisse geteilt werden – zum Beispiel, wenn es um Sicherheit beziehungsweise Gefahrenabwehr geht.) Für Geheimnisse, die schwer wiegen, aber nicht fatal sind, folgen hier ein paar Tipps, wie man diese bewahren kann (weil wir wissen, dass das auch schwer sein kann!):

AUSSTEIGEN IST IMMER EINE MÖGLICHKEIT. Sei dir der Risiken bewusst: Was, wenn du beschwipst bist und das Geheimnis ausplauderst? Was, wenn deine Mutter/deine Partnerin/dein bester Freund herausfindet, dass du dieses Geheimnis die ganze Zeit kanntest und nichts gesagt hast und sie sich völlig vor den Kopf gestoßen fühlt? Wenn jemand dich bittet, etwas für dich zu behalten, und du (verständlicherweise) die Verantwortung nicht tragen oder den Druck nicht spüren möchtest, kannst du sagen: »Bitte erzähle mir nichts, was ich nicht teilen darf.« Oder: »Bevor du irgendwas erzählst, bitte sag mir nichts, was ich nicht auch Nadija sagen darf, denn ich kenne mich. Ich erzähle Nadija einfach alles.« Das ist ein reifes und erwachsenes Verhalten. Man muss nicht alles von einer Person wissen, um mit ihr befreundet zu sein, und man kann eine wichtige Information, die man einmal erfahren hat, nicht wieder aus dem Kopf ausradieren.

SEI EHRLICH, WAS DEINE FÄHIGKEIT BETRIFFT, MIT VERTRAULICHEN INFORMATIONEN VERSCHWIEGEN UMZUGEHEN. Gerätst du oft in die Versuchung, dass du etwas unbedingt erzählen willst? Fällt es dir einfach schwer, Sachen für dich zu behalten? Das geht vielen Leuten so und es ist erwachsen und verantwortungsvoll, dich selbst realistisch einzuschätzen und zu wissen, dass Verschwiegenheit nicht deine Stärke ist. Wenn jemand dir ein besonders reizvolles und interessantes Geheimnis erzählen will, ist das in etwas so, als ob die Person sagen würde: »Hier sind 400 €. Du darfst sie auf gar keinen Fall jemals ausgeben.« Du wirst dich hüten, dieses Geld anzunehmen.

SEI DIR BEWUSST, DASS KLATSCHMÄULER AUFFLIEGEN. Und sie haben dann einen Ruf weg. Die privaten Infos von jemandem immer wieder mit anderen zu teilen, entsteht oft aus einem Gefühl der Unsicherheit. Wenn du verzweifelt eine Beziehung zu jemandem aufbauen willst, passiert es leicht, dass du Klatsch verbreitest, um dich interessant zu machen. Aber du bist verantwortlich dafür, deine Impulse zu kontrollieren. Sobald du eine geheime Information teilst, hast du keine Kontrolle mehr darüber, was als Nächstes damit passiert. Das Gerede nimmt seinen ganz eigenen Weg. Wenn du also ein Geheimnis mit dir herumträgst, das so reizvoll ist, dass du es einfach jemandem erzählen musst, sprich mit deinem Hund, deinem Fisch oder mit deiner vertrauenswürdigen Tante, die im Ausland lebt und null Komma null Beziehungen zu den jeweiligen Leuten hat.

LIEBE JENN UND TRIN,

ich habe bei einer Freundin ein bisschen Dampf abgelassen und ihr von meiner schmutzigen Wäsche erzählt, um dann festzustellen, dass sie die Geschichten mit ihren Mitbewohnern geteilt hat. Meine Freundin war tatsächlich geschockt darüber, dass ich sauer war. Sie hat sich entschuldigt, aber sie hat auch gesagt, dass sie keine Ahnung hatte, dass das, was ich ihr erzählt hatte, vertraulich war. Ich meine, ich habe ihr absolut persönliche Sachen aus meinem Liebesleben erzählt, außerdem Geschichten aus meinem Familienleben usw. Da fällt es mir schwer, zu glauben, dass ihr wirklich nicht bewusst gewesen sein soll, dass das vertraulich war. Wie kann ich verhindern, dass so etwas noch mal passiert?

Jeder definiert anders, was eine persönliche Information ist und wann diese geteilt werden darf. Deine Freundin hat offensichtlich ein ganz anderes Verständnis davon, was öffentlich erzählbar ist und was nicht. Wenn ihr beide einen klaren Kopf habt, wäre es vielleicht eine gute Idee, darüber zu sprechen. Mache deutlich, was sich für dich in der Zukunft ändern muss. »Sprich nie mehr mit irgendwem über mich« ist ein unrealistischer Wunsch, aber »Bitte erzähle niemandem, mit wem ich herumknutsche« ist durchaus machbar. Und vermutlich ist es keine schlechte Idee, deine Freundin in der Zukunft auf eine Informationsdiät zu setzen. Sei absolut wählerisch und entscheide dich bewusst, was du wem erzählst.

DAS A UND O GUTER RATSCHLÄGE

Wenn du in ein Restaurant gehst, fragt dich die Bedienung vielleicht, ob du schon mal bei ihnen gewesen bist. In dem Moment, in dem du Ja sagst, braucht sie dir nicht mehr das Menü zu erklären. Sie muss dir nicht etwas erzählen, das du bereits weißt, und deine Zeit verschwenden, die du bereits damit verbringen könntest, das leckere Essen herunterzuschlingen. Im Restaurant ist das eine selbstverständliche Höflichkeit. Genauso sollte es in Freundschaften auch sein: Gib nur dann einen Rat, wenn er gewünscht wird. Wenn du zum klassischen Typ beratender Menschen gehörst: Wir verstehen dich! Du meinst es gut! Du willst einfach nur helfen. Aber nimm dir einen Moment, um zu reflektieren, wie dein Ratschlag ankommt: Eventuell redest du aus Versehen von oben herab mit jemandem, der dir wichtig ist, oder deine Freund:innen fühlen sich danach vielleicht einfach dumm.

(Du kannst mit ziemlicher Sicherheit davon ausgehen, dass dein:e Freund:in all die offensichtlichen Sachen schon in Betracht gezogen hat. Die Person hat vermutlich das Problem bereits gegoogelt und die ersten zehn Ergebnisse gelesen.)

Eine von Jenns engsten Freund:innen ist Ärztin. Daher schickt ihr Jenn immer wieder Fragen zusammen mit ekligen Fotos: »Sind meine

Lymphknoten geschwollen? Sollte ich mir Sorgen machen wegen dieses blauen Flecks?« Jenns Freundin weiß daher, dass Jenn hören möchte, was sie dazu denkt. Wenn du nicht solch eine Verabredung mit deinen Freund:innen hast, setze nicht gleich zu einem Schwall an Lösungsmöglichkeiten an, wenn du ein Dilemma erzählt bekommst. Schätze erst mal die Situation ein. Nehmen wir zum Beispiel die Situation, dass dir ein:e Freund:in Folgendes erzählt: »Ich hatte so einen schlechten Tag auf der Arbeit. Ich habe eine Präsentation gehalten und es ist schlecht gelaufen. Ich hab schon voll den Horror vor morgen.« Dein:e Freund:in beklagt sich lediglich über etwas, das in ihrem Leben passiert ist. Er oder sie sucht nicht notwendigerweise deinen Rat, sondern ist frustriert und braucht jetzt einfach von einer Vertrauensperson etwas Empathisches à la: »Och Mensch, das kann ich mir vorstellen. Das tut mir echt leid.«
Vermeide daher Antworten der folgenden Art:

- *Hast du vorher geübt, deine Präsentation zu halten? Sprich sie dir immer selbst vor, bevor du sie vor Leuten hältst.* Du bist sein:e oder ihr:e Freund:in. Nicht der persönliche Life Coach, ein Elternteil oder Manager.
- *Ich habe schon eine Menge öffentlicher Vorträge gehalten – lass mich dir für das nächste Mal ein paar Ratschläge geben.* Dein:e Freund:in weiß vermutlich schon, was sie verbessern sollte, und muss das nicht noch mal unter die Nase gerieben bekommen, besonders nicht von Freund:innen.
- *Du solltest mit deinem Boss oder deiner Vorgesetzten über das, was passiert ist, sprechen.* Dieser Rat beruht komplett auf deiner Annahme. Und du weißt über die Dynamiken am Arbeitsplatz der Person

nicht Bescheid – sie schon, und daher ist sie auch diejenige, die die Situation am besten versteht.

Überlege dir eher Antworten dieser Art:

- *Das ist echt doof. Ich hoffe, dass morgen ein besserer Tag für dich ist.*
- *Das tut mir voll leid, dass du einen schlechten Tag hattest. Wenn du noch ein bisschen Dampf ablassen willst, immer raus damit.*
- *Willst du dir Luft machen oder darüber sprechen, was du als Nächstes tun willst? Ich bin für beides offen.*
- *Ich habe auch schon schlechte Präsentationen gehalten. Sag Bescheid, falls dich meine Gedanken dazu interessieren, wie man es schafft, wieder weiterzumachen.*
- *Ich bin für dich da, wenn du mit jemanden reden willst, um nach Lösungen zu suchen, oder aber auch, wenn du einfach nur jemanden brauchst, der für dich sauer ist. Geht beides oder natürlich auch nichts von beidem. Ganz wie du willst.*

LIEBE JENN UND TRIN,

meine Freundin steht kurz davor, ihren Job aufzugeben, um Vollzeit freiberuflich als Fotografin zu arbeiten. Sie stellt ihr Business auf die Beine, entwirft Vereinbarungen und Verträge für ihre potenziellen neuen Kund:innen. Ich bin keine Rechtsanwältin oder so, aber ich habe eine Menge Erfahrung, weil ich selbst ein kleines Unternehmen führe. Ist es komisch, wenn ich mich selbst einlade, um ihr dabei zu helfen? Es gab in der Vergangenheit schon ein paarmal den Fall, dass Leute sie übervorteilt haben, und ich denke, dass ich das verhindern könnte.

Du verfügst über die relevante Expertise und Erfahrung und du hast die Fähigkeit, deiner Freundin bei einer wichtigen Sache zu helfen. Das ist ein angemessener Hintergrund, um ihr Hilfe anzubieten. Dränge dich nicht auf (und vermutlich solltest du die Sache mit den schlechten Deals in der Vergangenheit am besten unerwähnt lassen), aber zeige auf, was du anbieten kannst. Sei ermutigend und klar: »Ich freue mich für dich, dass du jetzt als Freiberuflerin arbeiten wirst! Hast du Interesse daran, in meine Standardvertragsvordrucke hineinzuschauen? Ich habe gerade gedacht, das hätte ich gerne gehabt, als ich angefangen habe.« Hach, wenn wir nur alle solch einen Bürokram-Engel hätten, der uns in Zeiten, wo wir es brauchen, zur Seite steht!

Was du da im Prinzip machst, ist explizit um Erlaubnis zu bitten, bevor du mit Ratschlägen loslegst, und du eröffnest deinem Freund beziehungsweise deiner Freundin verschiedene Möglichkeiten, wie sich dieses Gespräch entfalten kann. Sie sind diejenigen, die einen schlechten Tag hatten, also dürfen sie auch darüber bestimmen, wie sie das Problem diskutieren und managen. Sie sind die Protagonist:innen. Du bist nicht die Expertin oder der Experte auf dem Gebiet. (Außer du bist es tatsächlich, aber auch in dem Fall bitte immer noch um Erlaubnis, bevor du Ratschläge erteilst. Denn es kann trotzdem sein, dass dein:e Freund:in einfach nur deine Unterstützung sucht.)

Wenn du die Erlaubnis hast, Ratschläge zu geben, sind hier einige Möglichkeiten, das Ganze etwas abzufedern und verdaulich zu machen:

- *Was hast du schon an [Methoden/Lösungen/Ideen] ausprobiert?*
- *Ich bin inzwischen ganz gut darin geworden, [Verträge zu überprüfen/Lebensläufe Korrektur zu lesen/wichtige E-Mails zu redigieren]. Lass mich gerne wissen, wenn du ein zweites Paar Augen brauchst.*
- *Lass uns von vorne anfangen, einfach weil ich so ein Holzschädel bin, wenn ich die Sachen nicht für mich laut ausspreche: Hast du [das Offensichtliche] versucht?*
- *Lass uns das Ganze einfach mal durchsprechen. Was siehst du als deine nächsten Schritte?*

- *Mir fallen zu deiner Situation ein paar Sachen ein. Lass mich wissen, wenn jetzt eine gute Zeit ist, um davon zu erzählen.*
- *Ich kann dir sagen, was ich darüber denke, aber natürlich weißt du am besten Bescheid.*

INTERVENIEREN, WENN DU GLAUBST, DASS DEIN:E FREUND:IN EINEN RIESENFEHLER MACHT

An irgendeinem Punkt wirst du unweigerlich genervt, alarmiert, ängstlich, verwirrt oder besorgt gegenüber den Entscheidungen sein, die deine Freund:innen treffen. (Realistischerweise hast du das bestimmt schon erlebt.) Manchmal machen Freund:innen etwas, wo du einfach nur schreien willst: »Nein, nein, neiiin. Wieso macht du das?!« Das ist eine schwierige Situation, durch die du dich durchnavigieren musst: Was genau ist hier deine Rolle? **Du steckst zwischen zwei Überzeugungen fest:**

Freund:innen schulden einander Rechenschaft. Du kannst und sollst Freund:innen sagen, wenn sie sich selbst schaden. Du kannst gleichzeitig unterstützend als auch ehrlich sein.

Und:

Dein:e Freund:innen sind erwachsene Menschen, die ihre nicht perfekten Leben leben genauso wie alle anderen auch und du solltest ihr Verhalten nicht kontrollieren. Kümmere dich um deine eigenen Angelegenheiten.

Es gibt darauf keine eindeutige Antwort. Wenn sich Freund:innen von dir lächerlich verhalten, ist das tatsächlich eine Wahl, von der sie das Recht haben, sie zu treffen. Auf der anderen Seite musst du natürlich nicht automatisch alles unterstützen, was sie tun. Und wenn du nichts sagst, bestärkst du ihr Verhalten eventuell. Wenn du dir ernsthaft Sorgen um einen Freund oder eine Freundin machst, stellen wir dir hier ein paar Fragen, über die es sich vielleicht nachzudenken lohnt:

HANDELT ES SICH BEI DEINEM RAT UM EINE NEUE INFORMATION? Ist er hilfreich? Produktiv? Falls du Freund:innen hast, die Kette rauchen, kannst du davon ausgehen, dass sie bereits wissen, dass das ungesund ist. Das ist Allgemeinwissen. Du bist nicht das Genie, das sie auf diese Tatsache aufmerksam macht, und deine Einmischung wird wenig Effekt haben. (Du darfst darum bitten, dass sie nicht in deiner Nähe rauchen. Das ist eine absolut vernünftige Grenze, die du ziehen kannst. Aber du kannst niemanden dazu bringen, etwas zu tun, und das gilt auch beim Thema Rauchen.)

WIE NAH STEHT IHR EUCH *WIRKLICH*? Denke darüber nach, wie gut ihr einander wirklich kennt. Wie tief geht eure Freundschaft? Soziale Kreise sind da wirklich ganz unterschiedlich. Bei manchen Freund:innen fühlt es sich an, als wären sie handverlesene Mitglieder deiner Familie, andere kennst du ziemlich gut, aber ihr seht euch nur auf der Arbeit, andere Leute sind freundliche Bekannte, mit denen du nie außerhalb des morgendlichen Wegs zur Arbeit sprichst. Hattet ihr beide schon einmal eine private Unterhaltung (mal abgesehen von derjenigen, die du jetzt führen willst)? Hat diese Person dich schon mal um deinen Rat gefragt oder sich dir anvertraut? Trefft ihr euch häufiger zu zweit? Wie viel Privates weiß sie im Gegenzug von dir? Wenn ihr euch nicht so nahesteht, können deine Bedenken unpassend oder sogar unangebracht sein. Es gibt andere Leute in ihrem Leben, mit denen sie über die ernsten Sachen redet.

HAST DU DICH MIT ANDEREN LEUTEN DAZU BERATEN? Du kannst das Dilemma, das du mit dir herumschleppst, mit anderen vertrauenswürdigen Freund:innen besprechen und dich erkundigen, was sie dazu denken. Wenn du wirkliche Bedenken hast, ist das auch kein Tratschen. So was wie: »Mein Kollege macht gerade eine Scheidung durch. Meinst du, ich sollte ihm eine E-Mail schicken, um zu fragen, wie es ihm geht, oder sollte ich ihm Raum und Privatsphäre geben?« Oder wenn ein:e Freund:in die Person auch kennt: »Ich mache mir Sorgen um Ayesha. Sie postet wirklich verstörende Sachen auf Instagram. Hast du mit ihr schon mal darüber gesprochen?« Sammle Informationen, bevor du weitergehst.

LIEBE JENN UND TRIN,

ich bin mir ziemlich sicher, dass meine Freundin bei einem dieser Schneeball-Vertriebssysteme mitmacht. Ich möchte wirklich nicht darüber urteilen – ich habe einen Job mit einem anständigen Gehalt und meine Freundin derzeit nicht –, aber ich kann es nicht ertragen, dass sie Zeit und Mühe (und ihr eigenes Geld!) in etwas investiert, von dem ich mir ziemlich sicher bin, dass es ein Betrug ist! Kann ich das ansprechen?

Atme zuerst tief durch und lenke deinen Ärger und deine Frustration auf die Quelle des Problems: das Unternehmen, das deine Freundin umgarnt hat. Ist es nicht schrecklich, dass Unternehmen Menschen auf diese Weise manipulieren dürfen? Tu dein Bestes, um Empathie für deine Freundin aufzubringen, und wenn du dich entscheidest, mit deiner Freundin zu sprechen, beginne mit Fragen. „Wie ist der neue Job?" ist ein guter Anfang. „Wie gefällt es dir?" „Läuft es gut?" Erlange ein Gefühl dafür, wo sie gerade steht. Ist sie begeistert davon, Proteinshakes/Messer/Schmuck zu verkaufen? Oder ist sie sich voll und ganz bewusst, dass das scheiße ist, und sie hat nur keine anderen Möglichkeiten? Denk daran: Du stehst auf der Seite deiner Freundin.

Wenn du diese Fragen berücksichtigt hast und in deinem Herzen fühlst, dass etwas nicht stimmt, dann ist jetzt die Zeit, die Person darauf anzusprechen. Das kann eine einfache Aufgabe sein oder unmöglich erscheinen. Manche Freund:innen haben solch ein harmonisches Verhältnis untereinander, dass absolute Ehrlichkeit erlaubt ist. In ihrer Collegezeit, als Jenn mit zwei Mitbewohner:innen zusammenlebte, haben sie superehrlich und voller Humor miteinander kommuniziert. Wenn ihre Mitbewohnerin mit einem Typen schlief, der ein ziemlicher Idiot war, sagte Jenn: »Ich finde, der Typ ist einfach ätzend, und jedes Mal, wenn er verschwindet, geht es dir immer total schlecht«, und ihre Mitbewohnerin antwortete mit den Worten: »Yup, ich weiß«, und traf sich trotzdem in der nächsten Nacht wieder mit ihm. Und das war's. Jenn sagte, was sie zu sagen hatte, und ihre Mitbewohnerin sagte das ihre. Sie machten irgendwie ihren Klagen Luft. Klingt das wie ein Gespräch, das du führen solltest? Vielleicht nicht. Womöglich musst du dich erst noch anders aufstellen, damit ihr beide leichter in dieses ernsthafte Gespräch gehen könnt, wie zum Beispiel: »Ich weiß, dass wir normalerweise eher lockere Gespräche miteinander haben, und das finde ich auch supercool, aber ich muss mal kurz was Ernsteres mit dir besprechen.« Oder: »Kumpel, ich habe gute und schlechte Nachrichten. Die schlechte Nachricht ist, dass ich ein unangenehmes Gespräch mit dir führen muss. Die gute Nachricht: Es ist in fünf Minuten vorbei.«

Vielleicht hast du exakt eine Chance, das zu tun, und es gibt keine Rückgängigtaste. Mache deutlich, dass du aus Sorge ein Gespräch suchst. Überlege dir, was du sagen und wie du es anstellen willst, und wisse, dass dies dein letzter Versuch ist, dich einzumischen. **Hier sind ein paar Vorlagen:**

- *Also, ich muss dir was sagen. Ich mache mir Sorgen um dich. Und zwar aus folgendem Grund:*
- *Also, ich bringe das nur einmal, aber: Ist dies wirklich die richtige Zeit für dich, um dich in eine neue Ehe zu stürzen?*
- *Als deine Freundin, die dich super gernhat, schulde ich dir meine absolute Aufrichtigkeit: Und die besagt, eine Affäre mit deinem Praktikanten ist eine superschlechte Idee.*

Hoffentlich lösen deine Worte ein produktives, wenn auch potenziell schwieriges Gespräch mit deinem Freund beziehungsweise deiner Freundin aus. Oder vielleicht ist der- bzw. diejenige auch weiterhin felsenfest davon überzeugt, eine richtige Entscheidung zu treffen, von der du denkst, dass sie sein oder ihr Leben aus den Angeln heben wird (und bei dir möglicherweise tiefe Fremdschamgefühle auslöst). **Für den Fall, dass du ganz deutlich werden willst, sind hier ein paar Vorlagen:**

- *Also, nur damit das auch für die Nachwelt klar ist: Ich unterstütze dich als Freund:in und als Mensch. Aber nicht diese Entscheidung.*
- *Ich danke dir, dass du mir bei diesem Thema zumindest zugehört hast. Jetzt brauche ich ein bisschen Abstand davon.*
- *Meine Liebe, von jetzt an kannst du mit mir über alles andere in deinem Leben reden: Beschreib mir deinen Pap-Test bis ins kleinste Detail. Erzähl mir die zehntausend Wörter lange Hintergrundgeschichte zu deinem Blades in the Dark-Charakter. Was du willst.*

Randbemerkung: Falls das Thema direkt mit der Gesundheit oder dem Körper desjenigen zusammenhängt, solltest du entweder a) die Klappe halten oder b) unglaublich achtsam und sensibel sein. Du bist nicht ihr Arzt beziehungsweise ihre Ärztin und dein:e Freund:in steht auch nicht in einem Patientenverhältnis zu dir. Du hast keinen Zugang zum medizinischen Hintergrund oder zur Familiengeschichte (abgesehen davon, dass Mediziner:innen hin und wieder unaufmerksam sind und ständig etwas falsch machen). Hast du bei dem Thema wirklich Autorität und Feingefühl? Du bist ein unperfekter Mensch, der Vorurteile mit sich herumträgt – so wie wir alle. Vergewissere dich, dass dich die Sache nicht nur nervt, sondern wirklich alarmierend ist (was übrigens immer noch nicht heißt, dass du darüber reden musst). Wenn du zum Beispiel verärgert darüber bist, dass dein:e Freund:in bis mittags schläft und jeden Samstag den Fitnesskurs verpasst, dann ist das ausschließlich dein Problem. Wieso geht dir das auf den Nerv? Wo liegt die Quelle deines Ärgers? Benutze Metadenken, um dich damit auseinanderzusetzen, in dem Wissen, dass deine Einstellung zu Fitness von Werbung, westlichen Schönheitsidealen, deiner Erziehung und anderen Faktoren beeinflusst ist. Wenn es nur das ist, dann achte darauf, nicht deine Werturteile auf deinen Freund oder deine Freundin zu übertragen. Wir alle fällen Urteile über andere Leute und das macht uns nicht grundsätzlich zu schlechten Menschen, aber es ist dein Job, daran zu arbeiten und die urteilende Stimme in deinem Kopf zu zügeln. Es ist nicht die Aufgabe von Freund:innen, darauf zu achten, wann, wie und ob jemand Sport treibt, und wenn das deine Sorge ist, dann ist das unangemessen.

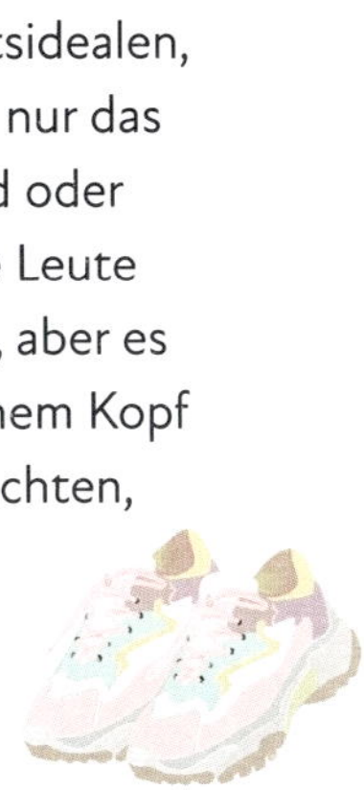

Was aber, wenn dein:e Freund:in den Kurs immer ausfallen lässt und sich sehr anders verhält und zum Beispiel Anzeichen von Depressionen zeigt? Was, wenn jemand kontinuierlich im Unterricht oder auf der Arbeit fehlt, jeden Tag stundenlang Videospiele spielt und nicht auf Textnachrichten und E-Mails anderer antwortet? Wenn du plötzliche Änderungen im Verhalten oder der Gesundheit von Freund:innen feststellst, kannst du nach ihnen schauen. Das tun Freund:innen füreinander. Du musst nicht die große Problemlöserin sein und du bist auch nicht die Person, die eine Diagnose stellt, das körperliche Aussehen oder das Arbeitsethos kommentiert, wild herumspekuliert oder sich tief in die Psyche desjenigen eingräbt. Sage nur, was du persönlich beobachtest. Du kannst die unterstützende Person sein, die sagt: »Ich habe das bemerkt, es fühlt sich für mich so an, als ob irgendwas los wäre, und ich bin für dich da.« **Zum Beispiel so:**

- *Hör mal, es ist natürlich absolut deine Sache, wenn du nicht zum Fitness gehst, aber irgendwie schienst du letzten Monat ein bisschen traurig zu sein und wir haben dich beim Sport vermisst. Wie geht es dir?*
- *Du warst in letzter Zeit weder im Labor noch im Unterricht und irgendwie passt das so gar nicht zu dir. Was ist los? Brauchst du ein offenes Ohr?*
- *Ich kenne dich schon lange, Kumpel, und dies ist irgendwie nicht, wie du sonst bist.*
- *Ich kenn mich damit nicht aus, aber was ich tun kann, ist [mit dir ne Runde spazieren zu gehen/mit dir essen zu gehen/dir Frühstück zu machen/eine Packung Donuts vorbeizubringen] und zuzuhören.*
- *Hey, sag mal, es kann sein, dass ich falschliege, aber ich hatte das Gefühl, dass es dir beim Grillen am Samstag irgendwie nicht gut ging.*

Du musst nichts sagen, was du nicht willst. Ich wollte einfach nur nachfragen.

- *Mir ist aufgefallen, dass dein Name in unserem Gruppenchat schon lange nicht mehr aufgepoppt ist. Und letzte Woche haben wir dich beim Filmabend vermisst. Ist alles okay?*
- *Du bist mir total wichtig und ich würde es mir nicht verzeihen, wenn ich das nicht sagen würde: Ich denke, es würde dir guttun, vielleicht mal mit einem Experten oder einer Expertin zu reden.*
- *Ich gebe es zu, dass ich mir ein bisschen Sorgen um dich mache. Hast du mal darüber nachgedacht, nach einem Therapeuten oder einer Therapeutin zu schauen?*

Ich weiß nicht, ob du es bemerkt hast, aber diese Vorschläge enthalten ganz bewusst nicht die Formulierung »du solltest«. *Du solltest Therapie machen! Du solltest deine Wohnung sauber machen! Du solltest zum Yoga gehen!* Einer gestressten oder depressiven Person zu sagen, sie solle mal Yoga machen, ist ungefähr genauso effektiv, wie ihr ins Gesicht zu boxen.

WENN DU DIE PERSON BIST, DIE DIE RATSCHLÄGE BEKOMMT

Okay, ungefragt Ratschläge zu bekommen, ist unglaublich nervig, aber lass es uns einen kurzen Moment lang verteidigen: Manchmal geben dir deine Freund:innen Ratschläge, weil sie die verschiedenen Optionen abgewogen und entschieden haben, dass es die Sache wert ist, einen Moment lang zu nerven, um dir auf lange Sicht ernsthaft zu helfen. Enge Freund:innen können in Krisensituationen als Frühwarnsystem fungieren. Leute, die dich gut kennen, haben ein Gespür dafür, wie dein »normal sein« aussieht, und können daher feststellen, wenn es eine Veränderung gibt und etwas irgendwo nicht stimmt. Deswegen ist es wichtig, es durchaus ernst zu nehmen, wenn dir mehrere Menschen, die du magst, denselben Rat geben.

Auf der anderen Seite musst du natürlich nicht jedem Ratschlag, der dir gegeben wird, Folge leisten. Du musst auch nicht jeden Aspekt deines Lebens für Feedback öffnen. Definitiv nicht. Aber lass es uns einen Moment aus ihrer Perspektive betrachten. Sie gehen davon aus, dass, wenn du laut über deine Probleme sprichst, du ihre Hilfe und ihren Input suchst. Eure Freundschaft = die automatische Erlaubnis, ihre Gedanken mit dir zu teilen. Engagierten und besonders hilfreichen Menschen – den Leslie Knopes dieser Welt – fällt es schwer zu erkennen, dass dies nicht immer der Fall ist. Also ist es an der Zeit, ihnen einen kleinen Hinweis zu geben. Du kannst absolut höflich deutlich machen, dass sie sich bitte mit den guten Ratschlägen etwas zurückhalten mögen. **Hier sind ein paar Formulierungsvorschläge für das nächste Mal, wenn deine Freund:innen dein Leben reparieren wollen:**

- *Danke, dass du dir Gedanken machst. Das behalte ich im Kopf. Gerade brauche ich aber noch keinen Rat.*
- *Ich musste nur etwas Dampf ablassen, ich bin noch gar nicht auf der Suche nach Lösungen. Aber trotzdem danke natürlich.*
- *Ich schätze deinen Rat, aber lass mich diesmal mich selbst darum kümmern. Ich komm damit klar.*

Du kannst dem Problem sogar vorbeugen und genau sagen, was du willst. **Zum Beispiel so:**

- *Mein Problem ist Folgendes: [Hier bitte detaillierte Beschreibung einfügen.] Übrigens bin ich nicht auf der Suche nach Rat. Ich musste das nur mal loswerden.*
- *Darf ich mal ganz kurz Dampf ablassen? Und schon mal vorweg: Ich brauche keinen Input oder Rat, sondern einfach nur ein offenes Ohr.*

Für dich klingt das vielleicht ein bisschen rührselig, aber im Prinzip sagst du deinen Freund:innen/Liebsten, wie du gerne behandelt werden möchtest und wie sie dich am besten unterstützen können. Und wenn das nicht funktioniert? Dann musst du von jetzt an deine Probleme mit jemand anderem teilen.

Noch eine letzte Sache: Wir müssen auch die schlimmste und gemeinste Möglichkeit ansprechen. Ist dein:e Freund:in respektlos oder aufdringlich? Wenn eine Person dich kleinmacht, oft von oben herab spricht und dir Anweisungen gibt, wie du dein Leben zu leben hast, dann ist diese Person kein:e Freund:in. Sondern ein Mobber. Oder ein wirklich schlechter Babysitter. Das brauchst du beides nicht in deinem Leben.

RESPEKTIERE DICH SELBST, RESPEKTIERE DEINE FREUND:INNEN

GRENZEN SETZEN

Freund:innen unterstützen einander. Sie helfen sich gegenseitig, die Lasten des Lebens zu tragen. Aber du hast auch Grenzen. Du bist nicht unsensibel, wenn du dich unfähig fühlst, jemandem unbegrenzt Zeit zu widmen. Wenn du jemandem in Not zuhören kannst, ist das ein wunderbares Geschenk, das du geben kannst. Aber es ist ein Geschenk – nicht eine Rolle, die du in ihrem Leben einnimmst. Und am allerwichtigsten: Du bist nicht der Arzt oder die Ärztin, Berater:in oder Therapeut:in dieser Person. Wenn du kein:e Elektriker:in bist, würdest du nicht den Schutzschalter im Sicherungskasten dieser Person auseinandernehmen. Wenn du nicht als Klempner:in arbeitest, würdest du nicht einfach so an der Hauptwasserleitung herumbasteln. Wenn wir dir sagen, dass es nicht dein Job ist, permanent der Blitzableiter für deine Freund:innen zu sein, dann meinen wir das auch so.

Wenn dein:e Freund:in immer alles weiter bei dir ablädt, dann liegt es daran, dass du weiter darauf reagierst. Also ist es an der Zeit, deine Gewohnheiten zu verändern und neue Grenzen zu setzen. Was kannst du stattdessen anbieten? Überlege dir, was du geben kannst und was nicht. Sei absolut realistisch und ehrlich mit dir selbst in Bezug auf deine Möglichkeiten, deinen Plan und das Level an Aufmerksamkeit, die du geben kannst. Du *kannst nicht* mehr länger um Mitternacht ans Handy gehen, aber du *kannst* auf dem Weg nach Hause von der Arbeit ein Essen vor der Tür abstellen. Du *kannst nicht* Dutzende von Nachrichten während deines Arbeitstages beantworten, aber du *kannst* während der Mittagspause eine kurze Nachricht schicken und sagen, dass du an diese Person denkst. **Höflich für dich selbst eine Grenze zu ziehen und ein absolut nachvollziehbares Zeitlimit zu setzen, machst du beispielsweise so:**

- *Ich weiß, dass wir bislang immer während des Arbeitstages geredet haben, aber ich habe festgestellt, dass ich bei der Arbeit außer im*

Notfall nicht mehr an mein Handy gehen sollte. Ich will für dich da sein, deswegen lass uns eine andere Zeit zum Sprechen finden.
- *Ich habe beschlossen, mir selbst eine Sperrstunde zu verordnen. In fünfzehn Minuten werde ich offline gehen und lernen. Bis dahin erzähl bitte weiter – ich bin hier, um zuzuhören.*
- *Warnung: Ich werde mein Handy jetzt immer um 23.00 Uhr ausschalten, damit ich etwas Schlaf bekomme.*
- *Ich brauche heute Abend etwas Zeit für mich. Lass uns doch für nächste Woche eine neue Zeit zum Reden ausmachen. Ich hoffe, dass du heute einen besseren Tag hattest.*

Und dann halte dich an deine Worte. Bleib bei den Grenzen, die du gesetzt hast, und versuche, dich nicht schuldig zu fühlen (das ist leichter gesagt als getan, das wissen wir). Du bist nicht gemein – du verhältst dich authentisch, sowohl dir selbst als auch deiner Freundin beziehungsweise deinem Freund gegenüber. Du bist nicht unhöflich, wenn du sagst, was du brauchst.

DAMPF ABLASSEN MIT ZUSTIMMUNG!

Dampf ablassen tut gut! Und unter Freund:innen ist das total normal. Aber es kann auch einseitig oder exzessiv sein (dann handelt es sich nicht um Dampf ablassen, sondern man nutzt den anderen lediglich ohne dessen Einverständnis als Mülleimer für die eigenen Probleme). So hältst du dich in Schach:

BITTE UM DIE ZEIT VON JEMANDEM. Bevor du dich in eine lange Tirade darüber stürzt, was dir auf der Seele liegt, fange mit so etwas an wie: »Ich müsste heute mal meinem Ärger Luft machen. Wäre es okay, wenn ich mir fünf Minuten lang das Zeug von der Seele rede?« Oder: »Hast du heute Abend Zeit? Ich bräuchte ein bisschen Jobberatung. Lass mich gerne wissen, wenn ich dich anrufen kann.« Diese Formulierungen drücken aus, dass du die Zeit der anderen respektierst und das wertschätzt, was sie für dich tun.

GEBEN STATT NEHMEN. Hast du deine Freund:innen in letzter Zeit mal gefragt, wie es ihnen geht (und dann aufmerksam ihrer Antwort zugehört?) Wenn du deinen Ärger jeden Tag bei deiner Freundin ablädst und ihr ansonsten nichts anderes zusammen macht, dann behandelst du deine Freundin nicht wie eine Freundin, sondern wie einen Ersatz für jemanden, der sich hauptberuflich psychischer Gesundheit widmet.

ZEIGE DANKBARKEIT. Wenn deine Freund:innen in ihrem Leben auf die Pausentaste drücken, um dir mit deinen Problemen zu helfen, geben sie dir ein Geschenk: ihre Zeit. Zeit ist nichts, was irgendjemand von uns zurückbekommt. Gewöhne dir an, am Ende des Gesprächs etwas anzubieten wie: »Danke für deine Weisheit. Ich schätze das sehr«, oder: »Danke für die Erlaubnis, herumzunörgeln«, oder sogar: »Gibt es irgendwas, das *DIR* auf der Seele brennt? Ich höre dir gerne zu.«

Auf der anderen Seite kann es sein, dass das Grenzensetzen das Problem nicht aus der Welt schafft. Vielleicht ignoriert dein:e Freund:in die Parameter, die du zu setzen versuchst, komplett. Manche Leute schaffen es nicht, sozialen Hinweisen zu folgen, *besonders,* wenn es welche sind, die sie nicht mögen, und *besonders,* wenn sie tief in den Gräben ihrer schlechten Gefühle stecken. Wenn das passiert, musst du dich eventuell dafür entscheiden, nicht mehr der Ansprechpartner oder die Ansprechpartnerin für diese Person zu sein. Wir sagen nicht, du sollst sie auf einen kalten Entzug setzen, dich unmittelbar von ihr trennen und sie ignorieren – das ist für euch beide eine drastische Veränderung –, aber du kannst dich (sanft und klar) aus der Rolle des Privattherapeuten verabschieden

und sie zu konstruktiveren Möglichkeiten lenken, ihre Probleme in den Griff zu bekommen. Du kannst offen sein, du kannst lustig sein, was immer für dich der richtige Gesprächston ist, aber sei bitte so klar wie möglich. Sage es in deinen eigenen Worten. **Zur Unterstützung findest du hier ein paar Vorlagen, mit denen du arbeiten kannst:**

- *Okay, pass auf, ich kann dir mit deinen Datingproblemen nicht mehr helfen. Jedes Mal, wenn du von jetzt an meinen Rat zu Frauen brauchst, schuldest du mir 5 Euro. Deal?*
- *Lass uns mal brainstormen, wo du bessere Unterstützung und Hilfe bekommst.*
- *Ich wünschte, ich könnte dir helfen, aber ich habe festgestellt, dass ich dafür nicht das Richtige mitbringe und zu unqualifiziert bin. Hast du schon mal darüber nachgedacht, dich von jemand Qualifiziertem beraten zu lassen?*
- *Ich weiß nicht mehr weiter. Ich wünschte, ich hätte Rat für dich. Was ich aber tun kann, ist, dich mit einer romantischen Komödie abzulenken. Hättest du Lust, am Wochenende ins Kino zu gehen?*

Das Wichtigste ist, dass du deutlich machst, dass du etwas daran veränderst, wie eure Freundschaft miteinander funktioniert. Vorher warst du die Person, zu der dein:e Freund:in jederzeit kommen und sich auskotzen konnte. Von jetzt an wirst du diese Person nicht mehr sein. Die Dynamik wird sich verändern und dir muss ganz klar sein, wie sie sich verändern soll. Von jetzt an bist du vielleicht die Person, mit der man sich ablenkt und einen bescheuerten Film zusammen schaut, oder diejenige, die mit dem Hund rausgeht, wenn es auf der Arbeit zu spät wird, oder der optimistische Cheerleader bei der Suche nach einem Therapieplatz.

Oder vielleicht willst du auch keine dieser Rollen annehmen und das ist auch absolut in Ordnung. (»Ich bin nicht die richtige Person, um dir hierbei zu helfen« oder »Ich mag dich echt voll, aber ich muss mich ganz offiziell aus diesem [Gespräch/Thema/Problem] verabschieden.«) Auch wenn es der Person nicht gut geht, sie traurig ist oder sich unvernünftig verhält, ist sie immer noch ein erwachsener Mensch. Sie verfügt über die

Fähigkeit, Entscheidungen darüber zu treffen, wie sie dich behandelt. Egal, ob du die Freundschaft vielleicht nicht mehr auf diese Weise fortführen möchtest oder ob du versuchst, eine Grenze zu setzen, und derjenige immer noch an deine Tür hämmert – wörtlich oder im übertragenen Sinne –, du wirst noch klarer und bestimmter sein müssen als zuvor. (Es tut uns leid, dass ein Großteil dieser Arbeit bei dir liegt.) **Für den Fall, dass die Situation unerträglich wird, sind hier ein paar Vorlagen, um Klartext zu sprechen:**

- *Ich möchte, dass du meine Zeit respektierst. Ich habe schon gesagt, dass es für mich nicht funktioniert, so viele Nachrichten von dir zu erhalten. Ich werde sie von jetzt an nicht mehr lesen. Wenn du mich erreichen willst, kannst du das folgendermaßen tun: ...*
- *Ich kann deine Scheidung nicht mehr mit dir bewältigen. Wie gesagt, ich brauche eine Pause vom Reden darüber. Bitte respektiere das.*
- *Wir müssen über Grenzen reden. Ich weiß, dass du gerade eine harte Zeit durchmachst, aber wie ich schon vorher gesagt habe, ich schaffe keine täglichen Telefonanrufe mehr. Bitte ruf mich nicht mehr an.*
- *Dieses Thema ist von jetzt an tabu.*

LIEBE JENN UND TRIN,

meine Freundin kommt ein paarmal die Woche zu mir rüber. Sie hat Schwierigkeiten mit ihren Mitbewohner:innen und findet es beruhigend, zu mir zu kommen und Dampf abzulassen. Leider kriege ich sie nicht wieder aus dem Haus. Ich gehe früh schlafen und sie nicht. Sie will lange aufbleiben und mich zu jeder möglichen Situation, die ihre Mitbewohner:innen betrifft, um Rat fragen. Es fällt mir schwer, sie spät abends um mich zu haben. Wie gehe ich damit um?

Es ist sehr umsichtig, dass du einer Freundin einen sicheren Hafen bietest in einer Zeit, in der sie sich in einer unglücklichen Lebenssituation befindet. Du bist freundlich zu ihr, solltest aber auch freundlich zu dir selbst sein und das bedeutet, auf die Erfüllung deiner eigenen Bedürfnisse zu achten, wie zum Beispiel ausreichend Schlaf. Schlaf ist nicht verhandelbar. Wie würde es deiner Freundin wohl gehen, wenn sie wüsste, dass sie etwas so Essenzielles reduziert? Es ist an der Zeit, sie wissen zu lassen, wie sie selbst im Gegenzug eine gute Freundin sein kann. Du kannst sagen: »Meine Liebe, ich bin k. o., ich muss dich jetzt rausschmeißen.« Oder: »Du kennst mich. Ich muss vor Mitternacht im Bett sein, sonst bin ich am nächsten Tag zu nichts zu gebrauchen.« Oder: »Lass uns unsere Treffen aufs Wochenende legen. Da habe ich mehr Energie.« Ihr könntet euch auch nur noch an neutralen Orten treffen – in Cafés, einem Restaurant oder im Park. Dann kannst du gehen, wann immer du das willst. Und Daumen sind gedrückt, dass diese Situation zeitlich begrenzt ist. Hoffentlich findet deine Freundin einfach bald eine neue Wohnung.

Was diese Person anschließend damit macht, ist nicht deine Verantwortung. Wenn sie verärgert ist, lass ihr ihren Ärger. Wenn sie verwirrt ist, lass ihr ihre Verwirrung. Vielleicht diskutiert sie, vielleicht sagt sie, dass sie sich verletzt fühlt, eventuell versucht sie dich davon zu überzeugen, dass du gemein zu ihr bist. Aber du bist mehr als das, was du für andere Leute tun kannst. Du bist nicht auf der Welt, um die Müllhalde für die Themen anderer Leute zu sein. Du hast ein ganzes eigenes Leben, das deine Aufmerksamkeit verdient. Wir glauben absolut daran, Freund:innen Zeit und Unterstützung zu schenken, aber nicht, wenn es dir die Kraft aus deinem eigenen Leben zieht.

DU DENKST ALSO, DASS DU VIELLEICHT EIN ARSCHLOCH BIST

Wir alle verhalten uns manchmal wie Arschlöcher. Wenn du bemerkst, dass deine Freund:innen dir gegenüber mehr und mehr Grenzen ziehen, dann ist es vielleicht an der Zeit für ein bisschen Selbstreflektion.

Selbstreflektion bedeutet, kritisch auf deine Aktionen, Gewohnheiten und Verhaltensweisen zu achten. Es bedeutet, den Beweisen, die du ignorierst, direkt ins Auge zu blicken und die realen Konsequenzen deiner Handlungen zu betrachten. Um dich selbst ein bisschen besser zu verstehen, sind hier ein paar Fragen, über die sich das Nachdenken lohnt (und nicht nur ein flüchtiges Drüber-hinweg-Lesen). Dies ist keine Checkliste, die du mit Ja oder Nein abhaken kannst, oder ein definitiver Test, ob du ein freundlicher Mensch bist oder nicht. Wir wissen nicht, ob du ein Arschloch bist. Es könnte schon sein, ehrlich gesagt. Sie sind ja nicht rar gesät auf dieser Welt. Aber ein Arschloch zu sein, ist keine Rolle, die du dein Leben lang spielen musst. Du kannst deine Arschlochverhaltensweisen loswerden. Lass uns als Erstes einen Blick drauf werfen, ob *du* erkennen kannst, was diese Art ausmacht. Beginne den Prozess der Auseinandersetzung, indem du dir folgende Fragen stellst:

STRENGE ICH MICH AN, DAMIT SICH ANDERE LEUTE WOHLFÜHLEN? Es ist so viel einfacher, höflich zu sein, wenn du gut ausgeruht bist und alles um dich herum perfekt ist. Aber Menschen und Situationen sind selten perfekt! Wir müssen durch hektische Flughäfen laufen und in langen Meetings sitzen, die eigentlich durch E-Mails ersetzt werden könnten. Wenn du verärgert bist, unpässlich, unter Zeitdruck, erschöpft oder gereizt bist, weil du Hunger hast: Wie ist dann dein Tonfall? Wie sprichst du mit Flugbegleiter:innen, Büroangestellten oder Taxifahrer:innen? All das sagt etwas über deinen Alltagscharakter aus.

ÜBERPRÜFE DEINEN MEDIENKONSUM

Eine Möglichkeit, um deine Vorurteile zu überprüfen und zu verändern? Achte auf die Medien, die du konsumierst. Stelle sicher, dass du Inhalte von Menschen aller Herkünfte, Geschlechter, Fähigkeiten und Alter konsumierst. Das ist kein perfekter Ratschlag – es gibt keine Standarderfahrung für jedes Individuum einer marginalisierten Gruppe und es macht dich auch nicht zum Experten oder zur Expertin. Es ist eine lebenslange Erfahrung, zu lernen, wie man Menschen gut behandelt, aber du kannst damit anfangen, von Leuten zu lernen, die die Welt jeden Tag anders erleben als du.

WO HABE ICH VORURTEILE? Wir leben in einer ungleichen Welt. Menschen bestrafen und belohnen einander auf der Grundlage ihrer Herkunft, ihres Einkommens, ihrer Sexualität, ihres Alters, ihrer Fähigkeiten, ihres Erscheinens, Geschlechts und zahlloser anderer Gründe. Es ist nicht deine Schuld, dass die Gesellschaft so gestrickt ist, aber du musst Vorurteile, mit denen du vergiftet worden bist, wieder verlernen. Wenn deine Gruppe an Freund:innen zum Beispiel komplett homogen ist, dann lohnt es sich, darüber nachzudenken. Versuche dich nicht plötzlich auf einen Schlag mit allen möglichen Leuten zu befreunden, aber überlege dir, wie du dein Verhalten anpassen kannst, um Leute, die anders sind als du, besser willkommen zu heißen. Du bist verantwortlich für dein eigenes Gegenprogramm.

IN WELCHEN SITUATIONEN HEIMSE ICH LORBEEREN EIN? UND UMGEKEHRT, WANN NEHME ICH SCHULD AUF MICH? Arschlöcher übernehmen selten Verantwortung für eine Situation, die außer Kontrolle geraten ist, aber heimsen stets Lorbeeren ein, wenn etwas gut läuft. Nimmst du dir Zeit, um über deine eigenen Entscheidungen nachzudenken und darüber, wie dein Verhalten Situationen verändern kann?

WIE REAGIERE ICH, WENN LEUTE NEIN ZU MIR SAGEN? UND WAS ERWIDERE ICH? Wenn sich eine Ablehnung schmerzhaft anfühlt, kommt es wirklich darauf an, wie du reagierst. Fängst du an zu verhandeln?

Akzeptierst du es? Befindest du dich irgendwo dazwischen? Bittest du klar um das, was du brauchst, oder stellst du Forderungen auf?

SIND ALLE MEINE FREUND:INNEN IDIOTEN? Du bist, mit wem du dich umgibst. Du kannst dir aussuchen, mit wem du deine Zeit verbringst, und vielleicht wählst du Idioten aus. Das Verhalten deiner Freund:innen überträgt sich auf dich. Selbst wenn du nicht persönlich mit den beschissenen Sachen übereinstimmst, die deine Freund:innen von sich geben und tun, unterstützt du ihr Verhalten, wenn du an ihrer Seite stehst.

WER LACHT ÜBER MEINE WITZE? Welche Leute profitieren von deinen Witzen und welche Gruppen fühlen sich dadurch verletzt? Achte darauf, worum es bei deinem Humor wirklich geht und an wen er sich richtet.

SCHREIST DU OFT? Leute anzuschreien, ist kein normales Verhalten in Beziehungen. Es ist sehr selten der richtige Weg, um mit Konflikten umzugehen. Machst du Leute zu deinen Feinden in der Hoffnung, dass sie ausrasten? Wie oft spielst du den Advocatus Diaboli?

WANN HAST DU ZULETZT NACH EINEM STREIT, FEHLER ODER UNFALL »ES TUT MIR LEID« GESAGT? Wir alle machen Fehler. Nicht alle entschuldigen sich. Was für einen Ton schlägst du an, wenn du dich entschuldigst? Wurde deine Entschuldigung angenommen?

RÄUMST DU HINTER DIR AUF? Wir meinen das im wörtlichen Sinne, besonders wenn du eine Wohnung oder einen Arbeitsplatz teilst. Weißt du, wo die Reinigungsmittel stehen? Wie oft benutzt du sie?

Hallt eine dieser Fragen besonders nach? Hast du ein paar nur so überflogen, weil sie ein Unwohlsein verursacht haben? Vielleicht hast du gar keine Reaktion verspürt? Ganz geradeheraus: Wenn du oft mit deinem Verhalten oder deinen Beziehungen unglücklich bist, kannst (und solltest) du daran arbeiten, freundlicher und leichter zu werden und ja, dies ist die Stelle, an der wir empfehlen, eine Therapie zu machen. (War doch klar, dass das irgendwann kommen würde, oder?) Wenn du den Zugang hast, finde einen Therapeuten oder eine Therapeutin, dem oder der du vertraust – und dann sorge dafür, dass du auch regelmäßig zu den Sitzungen gehst und dir die Zeit dafür nimmst. Das ist immer unsere enthusiastischste Empfehlung, um mit Verlust, Angst oder dem Gefühl von Wertlosigkeit oder Hoffnungslosigkeit umzugehen. Therapie bedeutet nicht, dass man jemand Fremdes für die Frage »Wieso fühlst du dich so?« bezahlt und auf einer Ledercouch weinen darf. **Gute Therapeut:innen können:**

- die Annahmen, die du über dich selbst und die Welt triffst, infrage stellen.
- deinen Bullshit auseinandernehmen.
- diskutieren, wie dich frühe Kindheitserfahrungen geformt haben.
- auf Denk- und Verhaltensmuster hinweisen.
- dir erlauben, an sicherer Stelle etwas laut auszusprechen, das du anderen Personen gegenüber nie sagen würdest.
- dir erlauben, dich kennenzulernen und zu verstehen, wieso du in bestimmten Situationen so reagierst.
- dir helfen, mit Stress, Ärger und Traumaerfahrungen oder großen, unbeantwortbaren Lebensfragen umzugehen.
- mit dir Muster bei der Wahl der Leute, deren Nähe du suchst, und denen, die du meidest, erkennen.
- dir durch das Ende einer Beziehung, einen Jobverlust oder andere große Veränderungen im Leben helfen.
- dir helfen, deine Kommunikation zu verbessern und dich mitzuteilen.
- dir deutlich machen, wie du die Welt und andere siehst.

Als Jenn das erste Mal eine Therapiepraxis betreten hat, hat sich die Therapeutin vorgestellt und erklärt, dass Jenn die Erlaubnis hat, zu schreien, weinen, fluchen und Sachen zu schmeißen – nur nicht auf die Therapeutin selbst gerichtet. Sie hat einen Raum geschaffen, der sicher und privat ist, einen Raum, um Gefühle auszugraben und Unschönes auf den Tisch zu packen. Das heißt nicht, dass man besonders gefühlvoll sein muss, um eine Therapie zu machen. Du musst auch nicht zusammengekrümmt auf dem Boden liegen. Du kannst zur Therapie gehen, einfach weil du neugierig bist, weil du dich besser kennenlernen willst oder vermutest, dass dein Leben einfacher verlaufen könnte.

Wenn du eine Therapie ausprobieren kannst und willst, möchten wir dich Folgendes wissen lassen:

THERAPIE ERFORDERT GEDULD. Deine ersten paar Sitzungen fühlen sich vielleicht wie eine absolute Zeitverschwendung an. Es ist eine Art von Behandlung und Behandlungen brauchen Zeit. Tue so, als wäre es eine Physiotherapie, die sich typischerweise über etliche Monate hinzieht. Nimm eine Handvoll Sitzungen wahr, bevor du beschließt, dass es nicht funktioniert.

DU WIRST DAS BEDÜRFNIS VERSPÜREN, ZU LÜGEN. Jenn brauchte etliche Wochen, bevor sie offen sprechen konnte. Sie wollte immer entweder stark übertreiben, um ihre Therapeutin zum Lachen zu bringen (wer liebt es nicht, ein Publikum zu haben?), oder ihre Gefühle herunterspielen.

LIEBE JENN UND TRIN,

ich bin kein schüchterner Mensch. Ich halte mich für ziemlich extrovertiert und zugänglich. Und trotzdem neigen meine Leute dazu, ohne mich auszugehen, oder es kommt schließlich wegen irgendwelcher Dramen dazu, dass sich die Gruppe auflöst. Ist irgendwas falsch daran, wie ich mit anderen umgehe?

Diese Frage kriegen wir immer wieder gestellt. Es ist eine Sorge, die viele Menschen haben. Die kurze Antwort ist: vielleicht! Die lange Antwort lautet: Es könnte auf jeden Fall sein, dass etwas an der Art, wie du mit Leuten umgehst, falsch ist. Du hast ein unangenehmes Muster in deinen kaputtgegangenen Freundschaften festgestellt. Aber Bewusstsein ist der erste Schritt dahin, Veränderung zu schaffen. Schon mal nicht schlecht! Also, irgendwas muss anders werden. Woran liegt es? Hier sind ein paar Möglichkeiten, die in Betracht kommen: Könnte es sein, dass du dich von Leuten angezogen fühlst, die du erst gewinnen musst? Bist du unzuverlässig, was Pläne und Verabredungen betrifft? Könntest du mehr Energie für Gemeinschaftliches aufwenden? Bringst du die Anstrengung auf, die du dir von deinen Freund:innen wünschen würdest? Es könnte sein, dass dich deine Freund:innen anhimmeln, aber du dich selbst nicht so gern magst und deswegen ihre Zuneigung durch eine verzerrende Linse betrachtest.

Wie auch immer, selbst sehr liebe Menschen können schlechte Angewohnheiten haben oder es gar nicht mitbekommen, dass sie sich auf eine Art und Weise verhalten, die andere vor den Kopf stößt. Bevor du dir ein riesiges A für Arschloch aufdrückst, schau mal auf die Sachen, die du an deinem Verhalten oder an deiner Perspektive ändern kannst oder daran, mit wem du abhängst. Kontrolliere das Kontrollierbare, werfe einen kritischen Blick auf dich selbst und deine Freundschaften und wisse, dass wir uns alle in unserem Leben verändern müssen. Man nennt es Wachstum und wir müssen da alle durch.

DU WIRST VIELLEICHT WEINEN. Womöglich auch eine ganze Menge. Und es bringt dich vielleicht aus dem Konzept oder überrascht dich. Aber unerwartet zu weinen, ist vermutlich die Art deines Körpers, dir zu signalisieren, dass du bei einem wichtigen Thema angekommen bist. Vielleicht hast du eine Wunde berührt, von der du gar nicht wusstest, dass du sie hattest. Glücklicherweise haben die meisten Therapeut:innen Taschentücher vor Ort.

THERAPEUT:INNEN SIND AUCH MENSCHEN. Das bedeutet, dass sie ebenfalls schlechte Tage haben, krank sind, Fehler machen, Sachen falsch einschätzen oder schlecht in ihrem Job sind. (Trin ist bisexuell und ist mal zu einem Therapeuten hingegangen, der nicht glauben wollte, dass es bisexuelle Menschen gibt.) Vielleicht findest du nicht beim ersten Mal die richtige Person. Falls das der Fall ist, schreibe Therapie bitte nicht sofort ganz ab. Versuche es mit jemand anderem. (Und das bedeutet eine nervige Anzahl an Aufgaben: E-Mails, Anrufe, Pläne, Versicherung, Papierkram. Bleib dabei, so gut du kannst.)

SEI GNÄDIG MIT DIR. Versuche, dir nicht zu viele Gedanken zu machen, wie viel Fortschritt du machst oder ob du die richtigen Sachen sagst. Viele von uns wollen beeindrucken und in der Therapie gut abschneiden, aber es gibt keine Tests oder Noten. Wobei, streich das gleich wieder. Es gibt Noten für Therapie und du bekommst eine Eins mit Sternchen dafür, dass du es probierst. Einen goldenen Stern sogar. Gut gemacht.

Leider ist Therapie, wie wir wissen, oft nicht leicht zugänglich. Die meisten Therapeut:innen haben keine Kassenzulassung. Manche bieten auch die Möglichkeit der Kostenerstattung für gesetzlich Versicherte, aber es kann trotzdem ziemlich viel kosten. Therapie kostet Zeit, Geld, Transport, Energie – vielleicht einen Babysitter oder Zeit, in der du nicht arbeiten kannst. Außerdem Geduld, Motivation und Offenheit. Das ist schon eine ganze Menge. Vielleicht ist Therapie nicht das Richtige für dich. Aber wie auch immer, es gibt keine falsche Zeit, nach der Hilfe zu suchen, die du brauchst. Es ist nie zu spät oder zu früh. Und selbst wenn du keine Therapie machen kannst, was du machen kannst, ist, dir Raum und Zeit einzuräumen, dich mit deinen Gefühlen auseinanderzusetzen. Finde ein Ventil, um dich frei und sicher zu entlasten. Online-Communitys, Communitys vor Ort, Selbsthilfegruppen, Hotlines, Ratgeber- und Tagebücher – es gibt immer Mittel und Wege, die Hilfe zu bekommen, die du brauchst.

WAS WIR GERNE ÜBER THERAPIE GEWUSST HÄTTEN

- Es gibt eine Uhr im Zimmer und dein:e Therapeut:in wird dir sehr wahrscheinlich sagen, wenn die Zeit fast um ist.
- Du kannst Sachen mit in die Therapie bringen – wie Notizen, Tagebücher, E-Mails, Textnachrichten, Erinnerungen, Kalender.
- Manche Therapeut:innen bieten auch Sitzungen über Telefon oder Videochat an.
- Es kann ein Schweigen entstehen. Es fühlt sich komisch an. Es ist eine komische Beziehung. Hier ist jemand Fremdes, dem du persönliche Dinge erzählst. (Für gewöhnlich wird es mit der Zeit einfacher.)
- Dein:e Therapeut:in empfiehlt dir vielleicht, jemand anderen zu sehen. Das ist kein persönlicher Angriff, sondern ein Sicherstellen, dass es für dich richtig passt.
- Manchmal wirst du deinen Therapeuten oder deine Therapeutin nicht mögen. Er oder sie wird dich mit ziemlicher Sicherheit Dinge fragen, über die du nicht nachdenken willst (was natürlich der Sinn der Sache ist).

VON DER KUNST, SICH ZU ENTSCHULDIGEN

Sich entschuldigen zu können gehört zu den wichtigsten Ritualen des Erwachsenseins. Oder das sollte es zumindest, denn wir alle verletzen die Leute, die uns wichtig sind. Das ist eine unglückliche und unvermeidbare Konsequenz dessen, ein Mensch und nicht ein Roboter zu sein. Manchmal trifft man die bestmögliche Entscheidung mit der Information, die einem vorliegt, und diese Wahl hat Konsequenzen, die Leute verletzen. Manchmal vermasselt man es auch einfach komplett. Eine gute Entschuldigung ist ein Versprechen, es besser zu machen und Verantwortung zu übernehmen.

Natürlich ist in manchen Situationen auch die beste Entschuldigung aus tiefstem Herzen nicht genug. Wir können dir nicht garantieren, dass deine Entschuldigung akzeptiert werden wird oder es überhaupt verdient, akzeptiert zu werden. Das müssen diejenigen, die verletzt wurden, entscheiden. (Darüber sprechen wir auch noch.) Aber wie du das Nachbeben einer von dir verursachten Verletzung händelst, sagt etwas über deinen Charakter und deine Integrität aus. Deswegen möchten wir, dass du lernst, wie du nach Fehlern angemessen mit der Situation umgehst.

SICH NACH EINEM KÜRZLICH GEMACHTEN FEHLER ENTSCHULDIGEN

Wenn du vor Kurzem eine Freundin oder einen Freund verletzt hast, denke zunächst darüber nach, was passiert ist, und entscheide dann, wie du von dem Fehler aus weitermachst. Wenn es sich um eine Ölpest handelt, wie möchtest du den Schaden beheben und für die Zukunft vermeiden? Was wird jetzt anders? Wohlgemerkt, wir reden hier nicht über kleinere Unfälle, wie zu vergessen, eine Karte in den Briefkasten zu schmeißen, oder sich bei einem Routineanruf nicht zurückgemeldet oder vergessen zu haben, das Ladegerät zurückzugeben. Jede:r verkackt auch mal. Wir reden über die Momente, in denen du wirklich Schaden verursacht hast. In diesen Fällen musst du die Veränderung, die du erstrebst, internalisieren. Und *dann* kannst du mit deinem Freund oder deiner Freundin reden.

Überlege dir gut, wie du das Thema ansprichst. Schreibst du eine Nachricht? Bittest du um ein paar Minuten ihrer Zeit und schaust bei der Person vorbei? Schickst du einen Korb mit Keksen? Deine Entschuldigung sollte nicht störend sein. Sie muss sich nach dem Zeitplan deines Freundes oder deiner Freundin richten. Entschuldigungen dürfen süß und lustig sein – wie ein hässlicher »Es tut mir leid«-Ballon, der an die

Haustür geliefert wird – aber du willst nicht als trivial oder infantilisierend rüberkommen. Ein Geschenk kann implizieren, dass du um die echten Themen drum herum eierst, anstatt Verantwortung zu übernehmen. Überlege dir, was dein:e Freund:in wirklich an dieser Stelle möchte.
Eine aufrichtige und wirkungsvolle Entschuldigung:

BITTET NICHT UM IRGENDWAS IM GEGENZUG. Ob die Person sich dafür entscheidet, dir zu vergeben, liegt bei ihr.

ENTSCHEIDET NICHT, WIE ÄRGERLICH ODER SAUER DEIN:E FREUND:IN SEIN SOLLTE. Sage nicht so etwas wie: »Sei mir nicht böse.« Du stellst hier keine Bedingungen.

IST SPEZIFISCH UND AKTIV. Du hast die Sache verbockt, also steh dazu. Statt zu sagen: »Es tut mir leid, dass du so aufgebracht bist, weil dein Whirlpool kaputt ist«, versuche es mit: »Es tut mir leid, dass ich deinen Whirlpool kaputt gemacht habe. Ich hätte die Gebrauchsanleitung lesen sollen, bevor ich ihn benutze.«

SOLLTE KEIN LANGER MONOLOG SEIN. Wenn du zu wortreich erklärst, was du getan hast und wieso du etwas getan hast, bist du schnell dabei, dein Verhalten zu rechtfertigen.

Hier sind ein paar Beispiele wirklich schrecklicher Entschuldigungen:

- *Bist du sauer auf mich wegen dem, was ich über deinen Akzent gesagt habe? Ich fühle mich komisch deswegen. Sind wir cool? Können wir das Ganze einfach vergessen?*
- *Sorry, dass ich dein Geburtstagsessen verpasst habe, aber ich hatte in letzter Zeit so viel Arbeit. Du hast ja nicht noch mal 'ne Erinnerung geschickt, deswegen kannst du eigentlich nicht allzu sauer sein.*
- *Ups, ich hab die falschen Pronomen für dich gebraucht. Es ist echt schwer für mich, das zu lernen. Ich werde es sicherlich noch ein paarmal falsch machen.*

Hier sind viiiiiiel bessere Entschuldigungen:

- *Mein Lieber, ich muss mich dafür entschuldigen, was ich vor Kurzem gesagt habe. Es tut mir leid, dass ich den Kommentar über deinen Akzent gemacht habe. Da habe ich eine Grenze überschritten.*
- *Es tut mir leid, dass ich nicht zu deiner Geburtstagsfeier gekommen bin, besonders, weil ich gesagt habe, dass ich da sein werde. Du sollst wissen, dass dieser Fehler ganz bei mir liegt und überhaupt kein Ausdruck dessen ist, wie wichtig du mir bist. Du bist mir nämlich sehr wichtig. Ich würde dich gerne bald zum Abendessen einladen.*
- *Hey du, ich habe bemerkt, dass ich die falschen Pronomen benutzt habe, als ich dich meinen Kolleg:innen vorgestellt habe. Das tut mir wirklich leid. Ich bemüh mich und krieg das in Zukunft besser hin.*

Eine solide Entschuldigung ist alles, was es braucht, und mehr musst du auch nicht von der Zeit desjenigen in Anspruch nehmen. Danach heißt es, sich erst mal zurückzuziehen. Gib deinem Freund beziehungsweise deiner Freundin Raum, um das zu verarbeiten, was du gesagt hast. Kein Winseln um Gnade. Keine Folgenachrichten. Die Sache ist jetzt aus deinen Händen.

WENN DIE ENTSCHULDIGUNG ÜBERFÄLLIG IST

Kannst du dich für etwas entschuldigen, das vor vielen Jahren passiert ist? Das ist eine Frage, die wir immer wieder gestellt bekommen. Leute bitten um unsere Ermutigung oder Erlaubnis, sich bei Menschen zu melden, denen sie Unrecht getan haben, zum Beispiel am Ende der Schulzeit oder in ihren frühen Zwanzigern oder als Kind. Wir verstehen das. Du verspürst immer noch Schuldgefühle oder Gewissensbisse. Du möchtest einer alten Wunde ein neues Pflaster auflegen und mit deinem Leben weitermachen. Aber Entschuldigungen sind nicht immer das Allheilmittel, das wir uns erhoffen.

Zum jetzigen Zeitpunkt ist deine Entschuldigung überfällig und überholt. Daher kann es sein, dass das Freundlichste, was du tun kannst, bedeutet, die Person, die du verletzt hast, in Frieden zu lassen. Wir sagen dir nicht, dass du *nie* eine lang überfällige Entschuldigung aussprechen sollst, aber wir bestehen darauf, dass du im Vorfeld gut darüber nachdenkst. Frage dich, für *wen* die Entschuldigung wirklich gedacht ist. Ist sie für die Person, der du Unrecht getan hast – oder ist sie für dich selbst? Versuchst du dich von Schuld zu befreien? Denn es gibt andere Wege, mit dauerhaften Schuldgefühlen fertigzuwerden (Therapie, hallo?), ganz ohne die Person zu kontaktieren, die du verletzt hast. Was möchtest du mit dieser Entschuldigung erreichen? Dass sie dir vergibt? Es gibt keine Garantie dafür, dass du überhaupt nur eine Antwort bekommst, geschweige denn Vergebung. Denke daran, dass du diese Person überraschst und eine Störung in ihr Leben bringst.

Bevor du dich meldest, möchten wir, dass du folgende Übung machst: Schreibe deine Entschuldigung auf, mit all dem, was du sagen möchtest und was schwer auf deinem Herzen lastet. Drücke dein Bedauern aus. Lass alles raus. Und dann schicke den Brief nicht ab. Die Entschuldigung aufzuschreiben – und das Versprechen, dass du es in der Zukunft besser machen und dich mehr ins Zeug legen wirst –, ist vielleicht alles, was es braucht, um dich emotional davon zu befreien. Und behalte dieses Zitat in deinem Herzen: »Die beste Entschuldigung ist ein verändertes Verhalten.«

ENTSCHULDIGUNGEN AKZEPTIEREN ODER AUCH NICHT

Wenn dich jemand verletzt, liegt es an dir, zu entscheiden, wie du damit umgehst. Eine Entschuldigung zu erhalten, ist ein kompliziertes emotionales Chaos. Denn weil man nicht von Menschen erwarten kann, dass sie immer das Richtige tun, ist es in jeder lang andauernden Freundschaft zentral, dass man vergeben kann. Es ist wunderbar, wenn Freund:innen etwas wiedergutmachen und mit ihrem Leben weitermachen können. Aber du musst eine Entschuldigung nicht automatisch akzeptieren, wenn sie dir entgegengebracht wird. Es kann sein, dass du dich unter Druck gesetzt fühlst, »cool« zu sein und keine große Sache aus etwas zu machen oder die andere Wange hinzuhalten. Aber du hast mehr Möglichkeiten, als dir vielleicht klar ist:

DU KANNST EINE ENTSCHULDIGUNG AKZEPTIEREN UND DER PERSON TROTZDEM NICHT VERGEBEN. In diesem Fall neutralisierst du die Situation, was vielleicht das Beste ist, wenn es dir Frieden gibt. Es ist eine gute Lösung, wenn du weißt, dass derjenige, der sich entschuldigt, sprunghaft ist und du erst mal ein bisschen Abstand brauchst. Es ist meistens nicht die beste Option, wenn du eine liebevolle Beziehung zu demjenigen hast, der sich entschuldigt, denn es nötigt dich, die Situation später nochmals wieder aufzuwärmen und die falsche Akzeptanz zurückzuziehen.

DU KANNST EINE ENTSCHULDIGUNG EHRLICH AKZEPTIEREN UND ABSTAND ZWISCHEN DICH UND DIE PERSON BRINGEN. Es kann sein, dass du jemandem wirklich vergibst und die Freundschaft weiterführen möchtest, aber was er oder sie getan hat, war zu schmerzhaft und jetzt verbindest du die Person ausschließlich mit diesem

Schmerz. Das passiert! Es ist kein Zeichen, dass du dich zwingen musst, denjenigen wieder in dein Leben zu lassen. Distanz kann das Beste für beide Seiten sein und sie kann auch nur eine Zeit lang andauern.

DU KANNST VERGEBEN, ABER NICHT VERGESSEN. »Vergeben, aber nicht vergessen« klingt viel dramatischer, als es ist. Du kannst akzeptieren, dass dir eine Person, die sich dir gegenüber falsch verhalten hat, nichts mehr schuldet, und gleichzeitig ein paar Schranken aufstellen, um dich für die Zukunft zu schützen. Du entziehst ein Stück deines Vertrauens, zeitweilig oder für immer.

DU KANNST EINE ENTSCHULDIGUNG ZURÜCKWEISEN. Bevor du das tust, frage dich Folgendes: *Hat diese Person Verantwortung übernommen? Hat sie ehrliche Reue gezeigt? Womit würde ich mich besser fühlen? Fällt mir dazu was ein? Glaube ich, dass sich das Verhalten dieser Person ändern kann und wird?* (Womöglich lautet die Antwort Nein!) Eine Entschuldigung zurückzuweisen, kann sowohl für dich als auch für deine:n Freund:in katastrophal sein, daher solltest du diese Situation gut abwägen und mit so viel Sorgfalt behandeln, wie es dir möglich ist.

WIE UM EINE ENTSCHULDIGUNG BITTEN

Deine Freund:innen – selbst deine liebsten und engsten – sind keine perfekten Menschen. Auch du bist nicht vollkommen. **Wenn dich ein:e Freund:in verletzt hat und du dir nicht sicher bist, was du diesbezüglich tun sollst, bedenke erst mal Folgendes:**

- Du hast schon früher Fehler gemacht. Du hast den einfachen Ausweg gesucht oder nicht zugehört.
- Du bist selbstsüchtig und unfreundlich gewesen und hast genau das Falsche zur falschen Zeit gesagt.
- Du hast Sachen gesagt, die verletzt haben. Du hast Leute aufgrund von internalisierten, gesellschaftlich antrainierten Ideen, wer es wert ist, einbezogen zu werden und wer nicht, ausgeschlossen.

- Du hast Leute traurig gemacht und du hast dafür gesorgt, dass sich Leute nicht willkommen gefühlt haben.

All diese Punkte treffen auf jeden Menschen, der je gelebt hat, zu. Wir erzählen dir das nicht, damit du dich schlecht fühlst, sondern damit du dich daran erinnerst, dass sich niemand dir gegenüber in jeder Sekunde seines Lebens richtig verhalten wird. Du solltest hohe Ansprüche an deine Freund:innen haben, aber diese Standards sollten auch realistisch sein und ihnen erlauben, Menschen zu sein. Diese Standards gelten auch für dich. Du kannst bei manchen Fehlern einfach fünfe gerade sein lassen. Das machen Freund:innen untereinander und das ist auf jeden Fall auch etwas, das Leute für dich schon gemacht haben.

Woher weißt du jetzt aber, ob du etwas ansprechen oder gut sein lassen solltest? **Darauf gibt es keine eindeutige Antwort, aber in den folgenden Fällen ist es vermutlich richtig, die Sache anzusprechen:**

- Du hast das Gefühl, dass du eine Wunde pflegst, die mit der Zeit nur tiefer wird, statt zu heilen. (Vergiss das Klischee. Zeit heilt nicht alle Wunden.)
- Du kannst dir nicht vorstellen, dass du je wieder Spaß mit deiner Freundin oder deinem Freund haben wirst, ohne dass ihr zuerst ein ernsthaftes Gespräch führt und du eine Entschuldigung hörst.
- Du kannst dich nicht entspannen oder lachen, wenn die Person in der Nähe oder in deinen Gedanken ist.
- Du gehst davon aus, dass dich dein:e Freund:in weiterhin auf diese Art verletzen wird.

Du verdienst es, mit Respekt und Freundlichkeit behandelt zu werden und du hast jedes Recht, für dich selber einzustehen. Also sagen wir, du machst den Mund auf. (Gut für dich.) Es kann sein, dass dein:e Freund:in absolut keine Ahnung hat, wie du dich fühlst, und dass er oder sie einen Fehler gemacht hat. Oder die Person hat vielleicht eine Ahnung, aber weiß nicht, *wie* schlimm sie es verbockt hat, oder sie lügt sich in die eigene Tasche. **Hier sind ein paar Möglichkeiten, wie du sie darauf aufmerksam machen kannst:**

- *Letzte Woche hast du einen Witz über meinen Buzz Cut gemacht. Ich habe da nichts gesagt, aber noch mal drüber nachgedacht und muss sagen, es stört mich.*
- *Okay, es ist mir wirklich unangenehm, das anzubringen, aber ich muss es einfach sagen: Ich komme nicht mit der Art klar, wie du mit Leuten bei Fußballspielen umgehst. Ich kann nicht mehr Teil des Teams sein, wenn du dein Verhalten nicht grundlegend änderst: Kein Lautwerden mehr, keine Konfrontationen mit Schiedsrichter:innen oder dem gegnerischen Team.*
- *Als du mich deinen Kolleg:innen vorgestellt hast, hast du mich wiederholt misgendert. Ich würde mir wünschen, dass du deinen Fehler bemerkst und dein Verhalten änderst.*

Benenne, was passiert ist und wie du dich fühlst. Wenn möglich, mache auch deutlich, was du für die Zukunft brauchst. Vielleicht möchtest du eine Erklärung oder willst nur, dass dein:e Freund:in weiß, wie du dich fühlst. Möglicherweise ist eine Entschuldigung für dich sogar erforderlich. Du kannst tatsächlich auch um eine Entschuldigung bitten – das ist nicht unzumutbar. Was auch immer du brauchst, sei knapp und klar. Du möchtest, dass dein:e Freund:in dich versteht, und willst keine Debatte anregen über die Dinge, die passiert sind. (Man kann die Gefühle von jemandem nicht diskutieren.) Also lass alle unnötigen Details weg – besonders in E-Mails und Textnachrichten. Mitteilungen mit zehn Absätzen führen sehr selten zu produktiven Gesprächen.

Wir wollen nicht so tun, als wäre das einfach. Es wird nerven! Du wirst dich wahrscheinlich schlecht fühlen, besonders, wenn du das noch nie vorher gemacht hast. Aber nur weil sich etwas komisch anfühlt, ist das noch kein Grund, nicht deine Bedürfnisse zu kommunizieren. Du gibst deinem Freund oder deiner Freundin die Gelegenheit, sich zu entschuldigen und eure Freundschaft zu flicken. Das ist freundlich euch beiden gegenüber. Sich für sich selbst einzusetzen, ist eine der schwierigsten und erwachsensten Sachen, die du tun kannst.

Wie dein:e Freund:in reagiert, zeigt dir etwas darüber, wie er oder sie mit Konflikten umgeht oder unangenehme Gespräche führt. Das ist eine wertvolle Information, auch wenn sie dir vielleicht nicht gefällt. Wir können dir nicht garantieren, dass dieses Gespräch leicht wird, du alles lösen kannst und dich hinterher so viel besser fühlst. Schön wär's. **Hier sind ein paar der möglichen Ergebnisse:**

- Du erhältst eine hervorragende, durchdachte Entschuldigung – und fühlst dich trotzdem nicht besser.
- Dein:e Freund:in bringt eine »Entschuldigung«, die ihren Namen nicht verdient und nach der du dich noch schlechter fühlst.
- Dein:e Freund:in kommt mit einer beschissenen Entschuldigung, aber du entscheidest dich, sie trotzdem zu akzeptieren, um mit deinem Leben weiterzumachen.
- Die Person entschuldigt sich, ändert aber trotzdem nicht ihr Verhalten.
- Du empfängst eine großartige Entschuldigung und fühlst dich danach erleichtert, willst die Freundschaft aber trotzdem nicht weiterführen.
- Dein:e Freund:in entschuldigt sich nicht und versucht stattdessen, mit dir zu diskutieren.
- Die Person fühlt sich so schlecht, dass sie einen Zusammenbruch hat, und jetzt ist es ungerechterweise dein Job, *sie* zu trösten.

Auf der anderen Seite gibt es auch ein paar mögliche positive Ergebnisse:

- Dein:e Freund:in entschuldigt sich aufrichtig und verändert ihr verletzendes Verhalten.
- Deine Ehrlichkeit wird von deinem Gegenüber geschätzt.
- Dein:e Freund:in ist wirklich erleichtert und dankbar, jemanden an seiner Seite zu haben, der ihm sagt, wie er freundlicher sein kann.
- Die Beziehung ist erst mal ein bisschen komisch, aber gewinnt dann ihre Leichtigkeit zurück.

- Du bist stolz, dass du für dich eingestanden bist wie die reife Erwachsene, die du bist.
- Ihr geht zusammen durch etwas Schwieriges und dieses Gespräch bringt euch tatsächlich näher zusammen.
- Du bemerkst, dass du diese Freundschaft zurückschrauben musst. Du hast andere Leute in deinem Leben, die dich so behandeln, wie du es verdienst.

Um eine Entschuldigung zu bitten, ist nicht einfach. Aber egal, ob das, was dabei herauskommt, gut oder schlecht ist, hast du etwas Bedeutendes über dich, deinen Freund beziehungsweise deine Freundin und eure Beziehung gelernt. Du gehst weiter in dem Wissen, dass du jemandem, der dir wichtig ist, die Gelegenheit gegeben hast, etwas richtigzustellen.

TEIL 3

Freundschaft bewahren

Das schwierige Zeugs

GEFALLEN IN FREUNDSCHAFTEN

ALL DIE KLEINEN SACHEN

Freund:innen um einen Gefallen zu bitten, kann verdammt schwierig sein. Oft fordern wir zu wenig für uns selbst und machen uns trotzdem Sorgen, dass wir zu viel verlangen würden. Dabei besagen psychologische Studien, dass um Gefallen zu bitten, tatsächlich das Band zwischen Freund:innen stärkt: Es ist ein Zeichen von Vertrauen und Nähe und löst auf beiden Seiten positive Gefühle aus. Menschen helfen gerne anderen Menschen. (Auch wenn das manchmal schwer zu glauben ist.) Also für den Fall, dass dir das bislang noch niemand gesagt hat, sagen wir es dir jetzt: Es ist okay, seine Freund:innen um Gefallen zu bitten! Besonders die kleinen Gefälligkeiten, die ein bisschen mehr Sonnenschein in den Tag bringen und die Woche unkomplizierter machen. Hier sind ein paar Sachen, die du beachten solltest, wenn du Freund:innen bei Alltagsangelegenheiten um Hilfe bittest:

MESSE BEIDE SEITEN DES GEFALLENS. Überlege dir, wie viel du von deiner Freundin oder deinem Freund verlangst und wie sehr dir dieser Gefallen helfen würde. Hier ist ein Beispiel: Du zögerst, jemanden zu bitten, dich am Freitag nach der Arbeit nach Hause zu fahren, weil du noch nie vorher danach gefragt hast und du dir Sorgen machst, dass es ein zu großer Aufwand ist. Aber denke an die Logistik: Dich von der Arbeit abzuholen, würde deine Freundin beziehungsweise deinen Freund nur zehn Extraminuten auf dem Heimweg kosten und du würdest es rechtzeitig zur Ballettaufführung deines Kindes schaffen. Das ist die Frage wert.

SEI DIREKT UND PERSÖNLICH. Sage in ein oder zwei Sätzen, was du brauchst, und erkläre die Bedeutung der Hilfe: »Wenn du mich fährst, würde ich es rechtzeitig zu Olivers Ballettaufführung schaffen.« Oder: »Ich hätte so Lust, dieses Buch auf meinem langen Flug zu lesen. Darf ich es mir ausleihen? Und falls ja, würdest du es mir morgen mitbringen?« Oder: »Hast du vielleicht heute Abend zwanzig Minuten, um auf mein Anschreiben zu schauen? Danach könnte ich es rausschicken.«

DU KANNST DEINE FREUND:INNEN OHNE BEDENKEN BITTEN:

- deinen Lebenslauf oder dein Anschreiben zu redigieren.
- dein Outfit freundlich, aber kritisch zu betrachten.
- dir Rat in Bezug auf romantische oder berufliche Fragen zu geben.
- dich aus einem unangenehmen Gespräch oder einer Situation zu retten.
- dich zum Flughafen zu bringen oder von dort abzuholen.
- auf Tiere, Kinder, das Haus oder Pflanzen aufzupassen.
- dich nach einem harten Tag im Park, in deiner Wohnung oder an der Bar zu treffen.
- mit dir in einen Film zu gehen, auch wenn sie ihn nicht wirklich sehen wollen.
- deinen Kaffee zu bezahlen, weil du dein Portemonnaie vergessen hast.
- dich auf ein langweiliges Event zu begleiten, zu dem du nicht allein gehen magst.
- als Ansprechpartner:in in einer Bewerbung für einen Job, ein Haustier oder eine Wohnung zu fungieren.
- sich eine schwierige Textnachricht oder E-Mail vor dem Abschicken durchzulesen.
- deine beschissene WLAN-Verbindung zu reparieren.
- dir zu helfen, Möbel umzustellen.
- dein Start-up/deinen Blogpost/deine berufliche Fotografie mit ihrem Netzwerk zu teilen.
- ihren Mixer auszuleihen.
- Medizin und Verpflegung vor deiner Tür abzustellen, wenn du krank bist.

ARBEITE NICHT MIT SCHULDGEFÜHLEN. Gehe nicht davon aus, dass die Antwort unbedingt Ja lautet, bloß weil du nett fragst. Bevor du fragst, stelle absolut sicher, dass du auf ein Nein wirklich mit den folgenden Antworten reagieren würdest: »Das ist völlig in Ordnung! Trotzdem danke!«, oder: »Kein Problem, das verstehe ich total«, oder in einem witzelnden Ton: »Also, das schlägt ja dem Fass den Boden aus.« Alle Leute sind mit ihrem eigenen Kram beschäftigt und bloß, weil sie jetzt gerade nicht die Zeit haben, dein Anschreiben zu lesen, heißt das nicht, dass sie nicht unterstützend und liebevoll sind und dir alle Daumen drücken, dass du den Job, den du gerne haben möchtest, auch bekommst.

LIEBE JENN UND TRIN,

mein dreißigster Geburtstag steht bald an. Ich bin seit Kurzem Single und mein Ex wollte eigentlich eine große Party für mich schmeißen. Ist es komisch, wenn ich jetzt meine beste Freundin bitte, mir zu helfen? Ich will nicht, dass sie viel Geld für mich ausgibt oder so was, aber ich brauche einfach etwas Hilfe bei der Logistik, also zum Beispiel beim Versenden der Einladungen. Ich bin mir nicht sicher, ob ich selbst meine eigene Party schmeißen möchte.

Also unserer Meinung nach hast du zwei Optionen:

1. Du schmeißt deine eigene Party. Du kannst absolut eine Party für dich selbst schmeißen! Wenn dir das komisch vorkommt, kannst du den Schwerpunkt darauflegen, was ihr zusammen machen wollt, und weniger den Scheinwerfer auf dich selbst richten. Du kannst genauso den Geburtstagskuchen und die Deko weglassen. Aber du *darfst* dich natürlich auch ins Rampenlicht rücken! Es ist nur ein Tag und du hast eine weitere Rotation um die Sonne geschafft. Du bist es wert, dich zu feiern.

2. Du bittest deine Freundin, die zweite Gastgeberin zu sein. Sei extrem klar, was das für dich bedeutet. Du suchst nach jemandem in deinem Team: eine Person, die mit der Gästeliste hilft, die Leute beim Eintreffen begrüßt, Drinks auffüllt, sicherstellt, dass alle eine gute Zeit haben, etc. Du planst, dich um die Ausgaben und wesentlichen Entscheidungen zu kümmern, aber hättest gerne jemanden als Back-up, wenn die Party losgeht.

WENN ES UM EINEN GROSSEN GEFALLEN GEHT

Wenn du um einen größeren Gefallen bittest, der mehr Zeit in Anspruch nimmt, sei sehr präzise in Bezug darauf, was du brauchst (und gewöhnlicherweise wieso, abhängig von den Umständen), wann du es brauchst und wie du versuchen wirst, diese Freundlichkeit in der Zukunft zurückzuzahlen. Achte auf deinen Ton, während du sprichst, beziehungsweise deine Worte, wenn du schreibst. Stelle sicher, dass du das Wort »bitte« benutzt. (Selbst wenn du sicher bist, dass du schon »bitte« gesagt hast, schau noch einmal nach, dass du es tatsächlich getan hast.) **Hier ist ein Beispiel einer aufmerksamen Nachricht:**

> Hey du!
>
> Ich bin am ersten Augustwochenende nicht in der Stadt, weil ich das Baby meiner Schwester sehen will. Ich weiß, dass du mal gesagt hast, du könntest dir vorstellen, auf meine Katze aufzupassen, weil du Erfahrung als Tierärztin hast, und tatsächlich würde ich darauf jetzt gerne zurückkommen. Ich wollte dich fragen, ob du dir vorstellen kannst, für die zwei Tage, an denen ich nicht da bin, in meiner Wohnung zu bleiben.
> Wie du weißt, braucht Bailey besondere medizinische Versorgung. Du müsstest ihre Blase alle zwölf Stunden ausdrücken. Ich würde dir vorher genau zeigen, wie das geht. Ich weiß, dass du das bereits mit Tieren in deiner Klinik gemacht hast, und ja, es ist natürlich ein Aufwand.
>
> Es wäre auch völlig in Ordnung für mich, wenn du noch eine paar Leute einlädst. Bailey liebt Gesellschaft. Ich würde dir meine Kreditkarte dalassen, sodass du für alle Pizza bestellen kannst.
>
> Lass mich wissen, was du denkst! Danke dir!

Ich weiß, das liest sich vielleicht wie eine ganz spezifische Nachricht, aber du solltest selbst das winzigste Detail, das dein:e Freund:in wissen sollte, um eine Entscheidung zu treffen, aufführen: der Umfang, mögliche Schwierigkeiten, was es vielleicht versüßen könnte, wie erreichbar du bist und alles, was dir im Vorfeld dazu einfällt. Du bist so vertraut damit, was es bedeutet, auf dein Haustier aufzupassen, dass du die tausend Sachen, die du für Bailey jeden Tag machst, internalisiert hast. Schau es dir aus einer anderen Perspektive an und liste all die Dinge auf, die dein:e Freund:in übernehmen müsste. Diese Liste könnte so aussehen: Laptop und Kleidung einpacken, für das Wochenende zu dir fahren, die eigenen Pläne um dein Haustier herum organisieren, wissen, wie die Notfalltierärztin erreichbar ist, wiederholter Kontakt zum Hintern deiner Katze.

Wenn möglich, stelle heraus, wie du planst, dem Freund oder der Freundin ihren Einsatz zurückzuzahlen. Je größer/ekliger/länger/teurer der Gefallen, desto mehr solltest du natürlich zurückgeben. Wenn du feststellst, dass du mehrere Absätze mit Anweisungen zu Baileys Blase schreibst, sollte sich das in einem aufmerksamen Geschenk widerspiegeln. **Etwas, worüber sich dein:e Freund:in freuen würde, aber wonach er oder sie nicht von sich aus fragen würde, wie zum Beispiel:**

- *Ich weiß, dies ist eine große Bitte, und ich wäre dir so dankbar, wenn du es einrichten könntest. Ich werde ein paar Päckchen deiner Lieblingskaffeebohnen besorgen und sie neben der Kaffeemaschine für dich deponieren.*
- *Ich würde gerne ansatzweise für deine Zeit aufkommen und dir gerne 50 € dalassen. Den Kühlschrank würde ich auch noch mit einer Auswahl guter Käsesorten bestücken.*
- *Bevor ich fahre, kaufe ich dir noch Animal Crossing, weil ich weiß, dass du das gerne spielst.*
- *Ich lasse dir die Passwörter für Sky, Netflix und Amazon Prime da und besorge ein Sixpack deines Lieblingsbiers. Und du kannst natürlich auf dem Wasserbett schlafen!*

Natürlich musst du kein Geld ausgeben, um jemandem wirklich zu danken:

- *Wenn ich zurück bin, schulde ich dir einen Gefallen, den du in der Hinterhand behalten kannst, bis du ihn brauchst.*
- *Ich weiß, dass du im Herbst planst, einen Monat lang zu verreisen, und ich versorge dann gerne deinen Fisch, kümmere mich um die Post und die Pflanzen.*
- *Im Gegenzug dazu lasse ich dich die nächsten drei Filme aussuchen, egal, wie schrecklich sie sind, und ich werde mich nicht ein einziges Mal beklagen.*

Auch ein handgeschriebener herzlicher Brief kann dafür sorgen, dass sich ein:e Freund:in geliebt und gehört fühlt. Stell dir vor, wie schön es wäre, einen Brief mit den folgenden Worten in der Post zu finden: »Danke, dass du so gut auf Bailey aufgepasst hast. Es war solch eine Erleichterung, dass du da warst, und mir ist solch eine Last von den Schultern gefallen. Ich bin echt ein Glückspilz, dich als Freund:in zu haben.« Herzerwärmend!

Ach, und übrigens, es ist wichtig, darauf zu achten, wie oft du jemanden um einen Gefallen bittest – nicht, dass es eine korrekte Anzahl gäbe à la »Du darfst von mir genau drei Gefallen in einem Zeitraum von dreißig Tagen erbitten«. Aber überlege dir, wie oft du fragst und wen. Wenn du immer wieder dieselbe Person fragst, weil du dir sicher bist, dass sie Ja sagt, dann gibt es da vielleicht ein Ungleichgewicht. Du solltest die Freundlichkeit einer Person nie ausnutzen. Es ist wichtig, dass dein:e Freund:in nie mehr als einmal Nein sagen muss. Sorge nicht dafür, dass jemand sich andere Wege ausdenken muss, um sich deinen Wünschen höflich zu entziehen. Und natürlich hättest du gerne eine andere Antwort, aber es ist wichtig, dass du es Freund:innen leicht machst, Nein zu sagen.

WIESO ES MANCHEN LEUTEN SO SCHWERFÄLLT, ANDERE UM HILFE ZU BITTEN

Wenn du mit einer länger andauernden Schwierigkeit kämpfst – ein Familienmitglied von dir ist im Krankenhaus, du hast vor Kurzem deinen Job verloren, du trauerst, du hast dich von deinem Partner oder deiner Partnerin getrennt –, dann hoffen wir, dass du mehr als sonst um Hilfe bittest. Deine Freund:innen *wollen* dir helfen. Wir möchten, dass du versuchst, dich von dieser Tatsache zu überzeugen, besonders, wenn es dir schwerfällt zu fragen: »Könntest du bitte morgen meine Kinder in die Schule fahren? Ich habe die Woche über nie mehr als drei Stunden geschlafen.« Oder: »Ich komme einfach nicht hoch von der Couch. Könntest du mir bitte einen Gefallen tun und zur Apotheke gehen, um meine Erkältungsmedizin abzuholen?« Dein Zögern ist nicht ohne Grund – vielleicht gehörst du zu den Leuten, die eher eine »Rate-Kultur« als eine

»Frage-Kultur« haben. Die Autorin Andrea Donderi hat diese Konzepte 2007 auf dem Blog MetaFilter.com veröffentlicht und der Post ist viral gegangen, weil sich viele Leser:innen damit identifizieren konnten. Die Autorin schrieb, dass Menschen, die eine Rate-Kultur an den Tag legen, es vermeiden, zu fragen, außer wenn sie sich zu fast 100 Prozent sicher sind, dass die Antwort selbstverständlich locker flockig Ja lauten wird. Die Möglichkeit, ein Nein als Antwort zu bekommen, ist ihnen zu unangenehm, komisch oder ein zu großes Risiko. Daher äußern Rater selten ihre Wünsche. Frager hingegen haben kein Problem damit, um etwas zu bitten. Für sie ist ein mögliches Nein ein harmloses Ergebnis.

LIEBE JENN UND TRIN,

nach der Trennung von meinem langjährigen Partner ziehe ich aus unserem gemeinsamen Haus und zum ersten Mal in eine neue Wohnung ganz für mich allein. Ich freue mich darauf, aber es schüchtert mich schon auch ein bisschen ein – all das Packen und Malern und Umziehen. Ich habe meiner Mutter von diesen Gefühlen erzählt und sie hat gesagt, dass es jetzt an der Zeit für meine Freund:innen sei, mir zur Hilfe zu kommen. Sie hat vermutlich recht, aber ich habe Angst, dass Sachen wie Packen und Malern und Umziehen einfach zu viel verlangt sind. Was ist die beste Möglichkeit, um Hilfe zu bitten, ohne bedrängend zu sein?

Veranstalte ein Event »Hilf mir beim Umzug«. Behandele es wie einen Tag der offenen Tür. Von acht Uhr morgens bis fünf Uhr nachmittags können Freund:innen zum Helfen kommen, je nachdem, wann es ihnen am besten passt. Hole Bestätigungen von den Leuten und sei verständnisvoll, wenn sie absagen müssen.

Du könntest auch eine Gruppentextnachricht schreiben, in der du um Hilfe unter der Woche bittest. Schreibe es so, wie du dich damit am besten fühlst. Beschreibe deine Situation, sage, womit du

Hilfe brauchst, was es dir bedeutet, wenn sie dich unterstützen, und wie du gedenkst, deinen Freund:innen zu danken: »Hallo, ihr Lieben! Ich ziehe offiziell zum Ende des Monats in meine eigenen vier Wände. Ich werde jeden Abend in der Woche vom 25. packen, streichen und Sachen rüberbringen und könnte tatsächlich einiges an Hilfe gebrauchen. Wenn ihr ein paar Stunden übrighabt, um mir beim Kisten packen bzw. auspacken zu helfen, meldet euch bitte auf diese Nachricht und sagt mir, an welchem Abend ihr kommen könnt. Ich danke euch jetzt schon so sehr!«

Und dann überlege noch, von wem du vielleicht spezifische Hilfe brauchst. Als Trin das letzte Mal umgezogen ist, wusste sie, dass ihr Freund Tomo der Einzige war, der stark genug war, um ihren Kleiderschrank die Treppe runterzutragen. Weil sie wusste, dass sie diese Art von Hilfe brauchte, hat sie ihn separat angeschrieben. Nochmals danke, Tomo!

Bist du ein Frager oder ein Rater? Wir sind Rater, wie so viele Leute, die im Mittwesten der USA leben. Wir leben in schrecklicher Angst, anderen Unannehmlichkeiten zu verursachen, besonders wenn wir zu Gast oder Kundschaft sind. Wenn wir in einem Restaurant das falsche Gericht bekommen, würgen wir es lieber herunter, als zu sagen, dass ein Fehler passiert ist. Leute hingegen, die zur Frage-Kultur gehören, finden dies verständlicherweise lächerlich. Sie fragen ohne zu zögern nach dem richtigen Essen, ist ja nichts dabei. Um das deutlich zu sagen, es gibt hier nicht eine richtige Seite – es gibt sowohl in der Frage- als auch der Rate-Kultur Vor- und Nachteile. Rater bekommen oft nicht das, was sie brauchen, wie beispielsweise eine Gehaltserhöhung. Frager wirken wegen ihrer direkten Art oft einfach unhöflich oder fordernd. Behalte das im Kopf, wenn du um einen Gefallen bittest. Dein:e Freund:in könnte auf der anderen Seite stehen.

WENN DU HELFEN KANNST, SAG DAS

Sagen wir, du bist in einer Position, Hilfe geben zu können. Du steckst nicht in emotionalen Schwierigkeiten, aber dein:e Freund:in schon. In diesem Fall solltest du ihn oder sie wissen lassen, dass du für Gefallen zur Verfügung stehst. Wenn du sagst: »Lass mich wissen, wenn ich dir irgendwie helfen kann«, ist das vage und die Last, eine Antwort darauf zu finden, liegt bei der anderen Person. Sei konkret, was für Gefallen du tun kannst. Du kannst einen nahestehenden Menschen nicht durch seine Langzeitdepression coachen, aber du kannst frisches Obst und Gemüse vorbeibringen. Du kannst dafür sorgen, dass er ein gültiges Ticket für den öffentlichen Nahverkehr hat, sodass er morgens pünktlich zur Arbeit kommen kann. Du kannst dafür sorgen, dass das Geschirr gespült ist und der Hund Auslauf bekommen hat. Wenn du Hilfe anbietest, mache es deinen Freund:innen so einfach wie möglich, diese annehmen zu können. Übernimm einen Großteil der Kleinarbeiten. **Halte dein Angebot einfach und unkompliziert und versuche, nicht so viel von ihrer Zeit und ihrem Hirnschmalz in Anspruch zu nehmen:**

- *Bist du mit deiner Familie heute Abend zu Hause? Ich bestelle euch Pizza, die um 19.00 Uhr zu dir geliefert wird, sofern du nicht Nein sagst. Trinkgeld ist ebenfalls bezahlt.*
- *Du hast den Zug zum Krankenhaus genommen, oder? Ich kann dich gerne fahren. Ich habe diese Woche jeden Abend Zeit. Schick mir einfach eine Nachricht, wenn du mich brauchst.*
- *Wenn du mal einen Nachmittag für dich brauchst: Ich gehe total gerne mit den Kindern am Samstag in den Park.*
- *Wenn du den Rest des Monats bei deinen Eltern verbringst, würde es mir nichts ausmachen, mal nach deinem Haus zu schauen. Ich kann den Rasen mähen und deine Post holen.*
- *Hast du jemanden, der sich um Lucky und Dave kümmert, während du zur Beerdigung fährst? Ich komme gerne vorbei und schaue nach ihnen, wenn du mir einen Schlüssel im Briefkasten lässt.*

Und falls deine Lieben dir im Gegenzug ihre Hilfe anbieten, versuche, sie anzunehmen, selbst wenn sich das im ersten Moment komisch anfühlt. Du darfst auch deine Last teilen. In Zeiten von Sorgen und Traurigkeit können Freund:innen ein echter Segen sein.

FREUND:INNEN UND FINANZEN

WENN DU MIT WENIG GELD AUSKOMMEN MUSST

Wie viel Geld du hast, sollte in einer Freundschaft keine Rolle spielen. Aber lasst uns realistisch sein: Wenn es Ungleichheiten gibt, kann das durchaus schwierig sein. Geld ist ein wesentlicher Faktor, der einen darin beschränkt, was man mit Freund:innen unternehmen kann. Wenn du knapper bei Kasse bist als die Leute um dich herum und sie – mal wieder – teuer Essen gehen wollen, überleg dir vielleicht Folgendes:

BIETE EINE ALTERNATIVE AN UND ÜBERNIMM DIE ARBEIT. »Dieses Restaurant ist jetzt gerade nicht in meinem Budget. Wollt ihr zu diesem bestimmten Lokal gehen oder würde es euch was ausmachen, wenn ich etwas in der Gegend finde, das für mich besser passt?« Oder: »Ich habe schon fast mein ganzes Budget aufgebraucht, das mir zum Ausgehen zur Verfügung steht, aber [dieser weniger teure Ort] oder [dieser andere weniger teure Ort] wäre noch drin und da hätte ich Lust drauf.«

MACHE DEUTLICH, DASS GELD FÜR DICH EINE ROLLE SPIELT. »Ich muss in meinem Budgetrahmen bleiben, deswegen werde ich dieses Essen ausfallen lassen. Ich wünsche euch aber einen superschönen Abend.«

WENN DU MAGST, GIB EINEN GRUND AN. »Ich spare für einen Massagestuhl, deswegen versuche ich gerade, weniger Geld für auswärts essen auszugeben.« Oder: »Im Moment fließt das meiste meines Geldes in die Rückzahlung meines Studienkredits, aber denkt bitte bei zukünftigen Aktivitäten trotzdem an mich!«

Diese Bitten sind völlig nachvollziehbar, was umgekehrt bedeutet, dass jede vernünftige Person sie verstehen und dich nicht dazu drängen wird, am teuren Essen teilzunehmen, oder dir ein schlechtes Gewissen macht. **Wenn du dich trotzdem unwohl damit fühlst, das Thema anzubringen, nutze Metadenken, um deine Gefühle zu überprüfen und zu schauen, wo sie herrühren:**

- *Bin ich hier gerade unfair oder unfreundlich zu mir selbst?*
- *Würde ich jemand anderen verstehen, der ein begrenztes Budget hat, wenn die Rollen umgekehrt wären?*
- *Was kann ich tun, um mich mit dieser Situation besser zu fühlen?*
- *Bin ich der erste Mensch auf der Welt, der je auf sein Geld achten musste?*
- *Ist es unvernünftig oder beschämend, ein Essen im Restaurant zu verpassen?*
- *Sollte ich mich schlecht deswegen fühlen? Was ist die Grundlage dafür, dass ich mich schlecht fühlen sollte?*
- *Meine Freund:innen und ich setzen unser Budget einfach unterschiedlich. Ist da irgendwas falsch dran?*

Es fühlt sich vielleicht komisch und unangenehm an, das anzusprechen, besonders wenn auswärts essen gehen für die anderen normal ist, aber je mehr man das übt, desto leichter wird es. (Und es könnte in der Freundesgruppe auch weitere Personen geben, denen es ähnlich geht.) Halte dir vor Augen, dass nichts an dir falsch ist, bloß weil du den Plan leicht ändern willst. Gleichzeitig ist auch nichts an deinen Freund:innen falsch, wenn sie davon ausgehen, dass die Sachen für dich so in Ordnung sind, wenn du sie nie angesprochen hast. Du musst signalisieren, dass du eine Veränderung brauchst bezüglich der Lokalwahl, und du musst deine Freundesgruppe darauf hinweisen. (Es ist auch möglich, dass dir jemand anbietet, die Kosten für dein Essen zu übernehmen. Es liegt allein bei dir, wie du damit umgehen möchtest.) Wenn deine Freund:innen viel Geld zur Verfügung haben, kann es etwas schwierig sein, sie dazu zu bewegen, achtsam gegenüber Menschen zu sein, denen nicht ähnlich viel

Geld zur Verfügung steht. Aber gutes Essen muss nicht notwendigerweise *teures* Essen bedeuten. Wenn du etwas gerne isst, dann *ist* es gutes Essen. Einige der besten und sättigendsten Gerichte, die wir je in Chicago hatten, waren absolut billig. Gemeinschaftsessen, wo alle etwas mitbringen, Kneipenangebote, Food Trucks – diese Sachen machen genauso viel Spaß wie das Essen in kerzenbeleuchteten Restaurants, die kleine Häppchen servieren.

LIEBE JENN UND TRIN,

mein Freund schuldet mir 40 €. Als ich es das letzte Mal erwähnt habe, hat er gelacht. Ich habe ihm gesagt, dass ich es ernst meine, aber das scheint ihn nicht zu interessieren. Ich befürchte, wenn ich weiter darauf bestehe, schaffe ich Ärger. Auf der einen Seite sind es nur 40 €. Auf der anderen Seite sind es bereits anderthalb Jahre und es nervt mich, wenn ich daran denke. Wie bringe ich das auf den Tisch?

Dies ist ein Symptom eines tiefergehenden Problems: Er hört dir weder zu noch berücksichtigt er deine Bedürfnisse. Wenn er weiterhin lacht, wenn du ihn direkt darauf ansprichst (Uah!), versuche es mit einer kurzen Textnachricht. »Hey, ich brauche die 40 € zurück. Könntest du sie mir morgen zum Mittagessen mitbringen?« Und dann schreibe nichts Weiteres. Kein »Entschuldige, dass ich nochmals frage« oder »Ich weiß, es ist keine große Sache«. Hoffentlich löst es sich, wenn du es in einfache Worte packst, über die sich nicht diskutieren lässt. Falls nicht, hast du vielleicht 40 € verloren (das tut uns leid), aber du hast eine wichtige Information über diesen bestimmten Freund erfahren und wie er Leute – speziell dich – behandelt.

GÜNSTIGE AKTIVITÄTEN, DIE MAN MIT FREUND:INNEN UNTERNEHMEN KANN

- Gemeinsam alte Jahrbücher anschauen und sich darüber schlapp lachen.
- Etwas selber machen, wie Brot, Pizza oder Kuchen.
- Wandern gehen.
- Einen Podcast anfangen.
- Durch die Kleiderschränke gehen und Sachen tauschen oder spenden.
- Ein Essen veranstalten, zu dem jeder was kocht und mitbringt.
- Poker, Frisbee, Fußball oder Spikeball spielen.
- Ein Theaterstück oder Musical über eure Freundschaft schreiben.
- Zu Hause einen gemeinsamen Wellness-Tag verbringen.
- Ein Videospielturnier veranstalten.
- Gemeinsam Second-Hand-Shoppen gehen.
- Ein Brett- oder Kartenspiel, ein Puzzle oder eine Schnitzeljagd entwerfen.
- Eine Talentshow veranstalten.
- Ein Kunstprojekt designen – je hässlicher, desto besser.
- Sich mit einer Flasche Wein im Park treffen.
- Gestaltet eure eigene Version von Pictionary, Stadt, Land, Fluss oder Scharade.
- Zeltet im eigenen Garten.
- Stellt die Möbel um.
- Bindet gemeinsam Blumenkränze.

Aber mache dir klar, so wunderbar deine Freund:innen auch sind, sie werden wieder vergessen, dass du ein geringeres Budget zur Verfügung hast. Erwachsene sind so schlecht darin, sich solche Details zu merken,

außer es sind welche, die bei ihnen starke Emotionen hervorrufen (wie Ärger, Schock, Erregtheit). Es ist sehr gut möglich, dass deine Freund:innen es wieder vergessen und dich weiterhin zu teuren Orten einladen und du die Einladung ablehnen musst. Sie mögen deine Gesellschaft, sie wollen dich dabeihaben und vermutlich denken sie überhaupt nicht weiter darüber nach. Leute, die ausreichend Geld zur Verfügung haben, sind nicht immer sehr achtsam in Bezug darauf, dass andere das nicht haben. Es tut uns leid, aber du wirst deine Freund:innen vermutlich etliche Male daran erinnern müssen, dass du nur zu kostengünstigen Verabredungen erscheinen kannst. Wahrscheinlich musst du auch die Planung von bezahlbaren Ausflügen selbst übernehmen. Du kannst allerdings jemanden in der Gruppe, der dir nahesteht, beauftragen, dir dabei zu helfen.
Erläutere dieser Person dein Dilemma:

- *Ich könnte ein bisschen Hilfe dabei gebrauchen, unsere Leute daran zu erinnern, dass ich nicht superviel Geld ausgeben kann. Wäre das für dich okay, da mein:e Verbündete:r zu sein?*
- *Könntest du mir einen Gefallen tun? Ich habe das Gefühl, ich bin immer die Einzige, die vorschlägt, irgendwohin zu gehen, wo es weniger teuer ist. Würdest du mir beim nächsten Mal helfen, kostengünstige Alternativen zu finden, die wir der Gruppe vorschlagen können?*
- *Unsere Freund:innen vergessen gerne, dass ich nur ein kleines Budget zur Verfügung habe. Das ist überhaupt nicht ihre Schuld, wir vergessen alle Sachen. Aber könntest du dir vorstellen, in den Gesprächen zur Planung günstigere Orte mit vorzuschlagen?*
- *Ich werde eine Weile lang nicht zu den teureren Ausflügen mitkommen. Wenn du die Gruppe mit erinnern könntest, dass einige von uns mehr auf ihr Budget achten müssen, würde mich das etwas entspannen.*

Falls es negative Auswirkungen auf deine Freundschaften hat, wenn du die teuren Ausflüge verpasst, dann sagt das mehr über deine Freundschaften aus als über dich. Geld ist keine Demonstration deines Wertes als Freund:in oder Mensch und dich für das einzusetzen, was du brauchst, macht dich nicht zum Spielverderber.

FREUND:INNEN GELD LEIHEN: EINE GUTE ODER SCHLECHTE IDEE?

Jede:r von uns hat eine andere Beziehung zu Geld. Es ist ein bisschen wie mit der Beziehung zu unseren Eltern: Sie ist total einzigartig, kompliziert, persönlich und es ist schwer, sie einer anderen Person zu erklären (zumindest ohne jede Menge Privates preiszugeben). Geldsummen bedeuten für verschiedene Leute Unterschiedliches. Manche Menschen registrieren es noch nicht mal als Ausgabe, wenn sie an der Bar 5 € für einen Kumpel mitbezahlen. Für andere sind die 5 € essentiell und womöglich für die Busfahrt zur Arbeit eingeplant. Daher lasst uns mit diesem einfachen Grundsatz anfangen: Es *ist* okay, Nein zu sagen, wenn jemand von dir Geld borgen will. Du darfst selbstverständlich auch Ja sagen. Bevor du allerdings zustimmst, sei dir ganz klar über die Erwartungen, die damit auf beiden Seiten verbunden sind, denn Probleme entstehen, wenn zu viel ungesagt bleibt. Ihr müsst euch total im Klaren sein, was das Wort »leihen« bedeutet, denn damit wird oft sehr locker umgegangen. Bekomme heraus, ob derjenige, der fragt, etwas geliehen haben möchte, das er zurückgeben wird, oder ob er von einem Geschenk ausgeht, das er nicht zurückzahlen wird. (Aus diesem Grund machen Leute Verträge oder halten Sachen schriftlich fest – so gibt es später keine Verwirrung.)

Nehmen wir mal an, dass dein:e Freund:in von dir Geld leihen möchte und verspricht, es dir zurückzuzahlen. Ihr geht damit eine Art Vereinbarung ein, was eine komplizierte neue Ebene eurer Freundschaft bedeutet. **Bevor du das Geld leihst, solltest du dir diese Fragen stellen und konkrete Antworten darauf finden:**

- *Wann soll das Geld wieder bei mir zurück sein? Fühle ich mich wohl damit, gleich von Anfang an eine Deadline zu setzen?*
- *Was bedeutet es für mich sowohl finanziell als auch emotional, wenn die Person mir das Geld nicht pünktlich zurückzahlen kann?*

- *Ist es für mich in Ordnung, an dieser Deadline festzuhalten?*
- *Wie frage ich die Person nach dem Geld, falls sie die Deadline verpasst? Wie würde dieses Gespräch aussehen?*

Je nachdem, wie deine Antworten ausfallen, bist du vielleicht die Art von Person, die das Ganze wie eine geschäftliche Vereinbarung behandeln kann, weil es sich genau darum handelt. Das bedeutet nicht, dass du kalt, unhöflich oder gefühlslos bist – es bedeutet, dass du selbstsicher genug bist, dass du direkt und offenherzig darüber sprechen kannst, was du brauchst, und du Erwartungen gleich ordentlich zu Beginn formulieren kannst. **Wie zum Beispiel so:**

- *Ich kann die Benzinkosten auf unserem Roadtrip erst mal übernehmen. Ich hebe einfach mal die Rechnungen auf, sodass du mir deinen Anteil zum Jahresende zurückzahlen kannst. Wie klingt das für dich?*
- *Ich leihe dir gerne das Geld. Schaffst du es, es mir zum Ende des Monats zurückzuzahlen?*
- *Klar kann ich dir die Kosten für den Flug vorstrecken! Wann, denkst du, kannst du es mir zurückzahlen? Lass uns im Vorhinein einen Termin vereinbaren, damit es für uns beide kein Stress ist.*
- *Ich kann dir die 200 € leihen, um die du mich gebeten hast. Ich brauche das Geld nur bis zum 1. Juni zurück.*

Schenke Klarheit und sage, was du brauchst. Solltest du allerdings irgendwelche wichtigen Bedenken haben, wie zum Beispiel die Sorge um deine eigene finanzielle Situation oder das Wissen darum, dass du dich total unwohl damit fühlen wirst, das Gespräch zum Thema Rückzahlung zu führen, dann ist es am besten, gleich Nein zu sagen. Tue das kurz, knapp und ohne viel Emotionen in irgendeine Richtung – du möchtest nicht, dass es der anderen Person peinlich ist, gefragt zu haben, oder dass sie sich schämt, weil sie Hilfe braucht. Gleichermaßen solltest du dich aber auch nicht schämen oder peinlich berührt fühlen, dass du dich nicht dafür entschieden hast, das Geld zu verleihen. Details und Erklärungen sind hier nicht nötig, du musst nicht zum Beweis deine finanzielle Situation offenlegen. »Es tut mir leid, ich kann im Moment niemandem Geld leihen« oder »Dafür habe ich gerade nicht das Budget« oder »Es tut mir leid, aber ich kann das gerade nicht leisten« sind alles neutrale, nicht emotionsgeladene Antworten. In diesem Fall ist das der richtige Ton, den du anschlagen willst, um das Gespräch darüber höflich zu beenden. Wenn dein:e Freund:in auf mehr Informationen drängt, kannst du deinen Satz nochmals wiederholen und zwar ohne dich zu entschuldigen. Du kannst auch etwas sagen wie: »Bitte bring mich nicht in die Situation, dass ich zweimal Nein sagen muss«, und das war's. Sage nicht: »Es tut mir leid, dass ich so ein Idiot bin, was das betrifft«, oder: »Ich kann versuchen, mein Budget anzupassen.« Bleibe standhaft bei deiner Antwort.

LIEBE JENN UND TRIN,

eine Freundin von mir hat mich gefragt, ob ich ihr Geld leihen kann, damit sie nächsten Monat ihre Miete zahlen kann. Ist das eine schlechte Idee? Ich will es gerne tun und ich kann es mir leisten, aber ich mache mir Sorgen, dass das unsere Freundschaft belastet.

Wir wünschten, wir könnten einfach sagen: »Ja klar! Leih ihr das verdammte Geld!« Aber das Leben ist so viel schwieriger und ungerechter als das. Du musst dir ein paar Fragen stellen, bei denen du vielleicht ein mulmiges Gefühl hast. Willst du mitreden, wie sie das Geld ausgibt? Wärst du sauer, wenn sie das Geld nicht direkt für die Miete ausgibt? Was, wenn sie das Geld benutzt, um andere Schulden abzubezahlen? Oder macht dir das nichts aus, solange es ihr gut geht und sie dir das Geld zurückzahlt? Was ist das beste, schlechteste und wahrscheinlichste Ergebnis? Was ist ihr Plan, wie und wann sie dir das Geld zurückzahlt? Bist du zu 100 Prozent glücklich mit diesem Plan? Einer befreundeten Person Geld zu leihen, kann eine Riesenhilfe und Freundlichkeit sein. Wir empfehlen, es zu tun, aber nur, wenn du auch mit dem schlechtesten Ergebnis leben kannst und nicht leidest, wenn du das Geld nicht zurückbekommst.

Selbst wenn du Millionär:in sein solltest – in dem Fall kaufe bitte Dutzende Exemplare dieses Buches und verschenke sie –, heißt das nicht, dass du automatisch zustimmen musst, dein Geld jedem zu geben, der danach fragt. Wir haben alle Gründe, auf unser Geld aufzupassen (weil wir für die Ausbildung von jemandem sparen, für wohltätige Zwecke spenden wollen, Eltern dabei helfen, in Rente zu gehen – was auch immer für uns persönlich gerade Priorität hat). Und nur, weil du »der reiche Freund« oder »die reiche Freundin« bist, heißt das nicht, dass du deinen Freund:innen ständig Geld leihen musst. Wobei, auf der anderen Seite, wenn es einer Person, die dir nahesteht, finanziell schlecht geht und du die finanziellen Ressourcen hast, überlege, ob du das Geld nicht ohne die Erwartung, es je zurückzubekommen, geben kannst. Überlege dir eine Summe, von der du dir vorstellen kannst, sie nie wiederzusehen. Wenn du deiner Freundin die 50 € gibst, die sie diese Woche für ihren Lebensmitteleinkauf braucht, könnte das ein verfrühtes und sehr nützliches Geburtstagsgeschenk sein.

In dem Moment allerdings, in dem du die Scheine über den Tisch schiebst, darfst du nicht darüber entscheiden, wie das Geld verwendet wird. Jemandem Geld zu leihen, heißt nicht, dass du jetzt was zu ihren Finanzen zu sagen hast. Das Geld ist jetzt ihres, und wie und wann sie es ausgeben, ist nicht mehr deine Angelegenheit. Das heißt, du darfst keinen schrägen Blick auf die dekorativen Kerzen werfen, die die Person in ihren Einkaufskorb packt. Grummele nicht, wenn du auf Instagram Fotos siehst, wie sie Tacos in einem Restaurant isst. Insofern dich dein:e Freund:in nicht explizit bittet, in ihre Finanzen zu schauen, ist es nicht an dir, deine Meinung zu äußern. Du kennst

nicht ihr Budget, die Höhe ihrer Miete, ihre Familiengeschichte, medizinischen Befunde, ihren Krankenversicherungsplan und weißt noch nicht mal, wer für die Tacos bezahlt hat. Neben all dem weißt du auch nicht, welche kleinen Freuden der Person durch den Tag helfen. Wir leben in einer ungleichen und unperfekten Welt und wir versuchen unser Bestes. Leute dürfen das Leben genießen und ihre verdammten Tacos essen.

DIE PAUSETASTE DRÜCKEN

Was ist, wenn dein:e Freund:in dich unerwartet um Geld bittet? Wenn du in Verlegenheit gebracht wirst und dich gedrängt fühlst, die Frage zu beantworten, kannst du deine Antwort jederzeit aufschieben. Eine höfliche Möglichkeit, um die Pausetaste in einer Unterhaltung zu drücken, wäre zu sagen: »Lass mich erst noch ein paar Sachen überprüfen, ich melde mich danach noch mal.« Und gib der anderen Person dann natürlich zu einem späteren Zeitpunkt ein klares Ja oder Nein, hoffentlich aber eher früher als später. (Übrigens, der Satz »Lass mich erst noch ein paar Sachen überprüfen« funktioniert auch gut in anderen Situationen. Dadurch hast du die Möglichkeit, erst mal deine Gedanken zu sortieren und mit Metadenken herauszufinden, wie du dich fühlst.) Besonders für Menschen, die dazu neigen, sofort Ja zu sagen, oder Schwierigkeiten haben, etwas abzulehnen, ist dies eine gute Übung. Füge den Satz zu deinem Wortschatz hinzu.

DIE FREUDE UND DER STRESS DES SCHENKENS (UND WIESO DU KEINE GESCHENKE MACHEN MUSST)

Du *musst* deinen Freund:innen keine Geschenke geben, selbst zum Geburtstag oder in den Ferien nicht. Es gibt jede Menge verschiedener Möglichkeiten, deine Zuneigung sichtbar zu machen, und Geschenke müssen nicht dazugehören. Bist du jemand, der in schwierigen Zeiten

gut zuhört? Fährst du jemanden zur Arbeit, wenn das Wetter schlecht ist? Gehst du zu den Improvisationsabenden deiner Freund:innen? Das sind auch alles Geschenke. Du kannst eine sehr aufmerksame Person sein, selbst wenn du nie jemandem ein Geschenk gekauft hast. Außerdem können einige deiner Freund:innen materielle Geschenke sicherlich nicht ausstehen und das mit gutem Grund: Sie können komische Gefühle auslösen. Wenn wir für die eine Freundin mehr ausgeben als für einen anderen Freund, heißt das dann, dass wir sie lieber mögen? Wenn wir zu viel ausgeben, ist das dann protzen? Wenn wir zu wenig ausgeben, heißt das, dass die Person uns nicht interessiert? Geld wird so oft falsch verstanden als Zeichen von Fürsorge, Kompetenz oder sozialem Status. Was sagen wir, wenn wir nicht den »korrekten« Betrag zahlen? Was ist der »korrekte« Betrag? Was bedeutet das überhaupt und wie lässt sich da eine Balance finden?

Unser erster Ratschlag: Hör auf damit, es perfekt machen zu wollen. Vergiss Ideen, wie Weihnachten gewinnen zu wollen oder bei deiner Freundin Tränen vor Glück zu erzeugen, wenn sie dein Geschenk öffnet. Deine Schuldgefühle, was Geschenke betrifft, sind zu einem großen Anteil von Kapitalismus und Scham beeinflusst. Deine Sorgen und Anstrengungen sind vermutlich das Ergebnis des Einflusses von Unternehmen und Konzernen, die dich dazu verleiten, Sachen zu kaufen. Also wenn du damit aufhören willst, Geschenke zu kaufen, ist das eine absolut vernünftige Entscheidung. Nur erzähl deinen Leuten, dass du etwas veränderst. **Hier sind ein paar Beispiele:**

- *Hey, ist es in Ordnung, wenn wir dieses Jahr die Geschenke weglassen? Wie wäre es, wenn wir stattdessen was Leckeres kochen?*
- *Willst du dieses Jahr wirklich noch Geschenke austauschen? Falls ja, können wir es auf unter 15 € begrenzen? Ich habe nur ein begrenztes Budget.*

- *Idee: Lass uns dieses Jahr auf die Geschenke verzichten und damit Zeit und Geld sparen*
- *Eine frühe Ankündigung: Geschenke sind bei mir dieses Jahr nicht im Budget. Ich würde mich lieber einfach mit euch treffen und eine heiße Schokolade mit Schuss zusammen trinken.*
- *Ich würde meinen Geburtstag dieses Jahr lieber mit euch feiern, indem wir was zusammen machen, statt Geschenke auszutauschen. Wollen wir an meinem Geburtstag zusammen ein Bier trinken gehen? Oder einen Film miteinander sehen?*
- *Ich muss dieses Jahr meiner versammelten Großfamilie Geschenke kaufen. Wäre es da okay, wenn du und ich die Geschenke ausfallen lassen?*

Alternativ, falls Geschenke machen nie zu eurer Freundschaft gehört hat, du das aber gerne ändern würdest, überlege dir, wie du deinen

Freund:innen im Vorfeld ein Zeichen geben kannst, sodass sie nicht ganz perplex sind und sich schuldig fühlen, wenn du ihnen ein Geschenk überreichst. Du musst ihnen nicht sagen, was es ist, aber du könntest so etwas sagen wie: »Hey, ich weiß, dass wir uns normalerweise nichts schenken, aber ich bin über diese superwitzige Sache für dich gestolpert und die musste ich einfach mitnehmen. Es ist aber nichts Großes.« Und erwarte nichts im Gegenzug. Deswegen heißt die Sache ja »Geschenk«. Sonst müsste man es »Handel« nennen. Hier kommen noch ein paar weitere Tipps zum Thema Geschenke:

FANGE AN, LISTEN ZU MACHEN. Wir empfehlen dir, eine Tabelle mit mindestens zwei Spalten zu machen, eine für die Namen deiner Freund:innen und die andere für deine Geschenkideen. Das klingt vielleicht nach viel Arbeit, aber es ist so hilfreich. Das nächste Mal, wenn du hörst, dass dein Freund so etwas sagt wie: »Oh, weißt du, was ich noch mehr liebe als meine eigenen Kinder? Extra dunkle Zartbitterschokolade«, hast du einen Ort, an dem du diesen kleinen Schatz notieren kannst, sodass du genau weißt, was du ihm in sechs Monaten schenkst.

LIEBE JENN UND TRIN,

meine älteste Freundin und ich sind beide Ende zwanzig und von Kindheit an eng miteinander befreundet. Sie macht immer superausgefallene und teure Geburtstags- und Weihnachtsgeschenke. Es ist total süß, aber ich kann nicht mithalten und mir das im Moment auch gar nicht leisten. Das stresst mich! Was sind hier meine Optionen?

Wäre es nicht großartig, wenn Geschenke einfach nur Geschenke wären? Wenn wir als Gesellschaft nicht den monetären Wert eines Geschenkes bestimmen würden oder uns nicht verpflichtet fühlten, uns zu revanchieren? Wir leben nicht in einer solchen Welt, aber du hast trotzdem die Wahl. Du kannst sagen:

1. »Lass uns keine Geschenke austauschen.« Wie sehr will dir deine Freundin wirklich etwas schenken? Nun, das wirst du an dieser Stelle herausfinden. Es ist aber eine absolut vernünftige Bitte, selbst wenn sie dazu starke Gefühle hegt.

2. »Lass uns eine Obergrenze vereinbaren, was wir für Geschenke ausgeben.« Wichtige Warnung: Eventuell bringt sie das dazu, dir etwas Handgemachtes mit superviel Liebe zu schenken. Wenn du das nicht erträgst, dann doch lieber zurück zu Option 1.

3. »Lass uns dieses Jahr etwas komplett anderes machen.« Wie wäre es, wenn ihr statt Geschenke auszutauschen, zusammen für ein Dessert ausgeht? Oder gemeinsam einen Lego Todesstern baut? Oder eine Netflix-Show anschaut und abgefahrene Zuckerkekse backt? Feiertage und Geburtstage sind dafür da, dass man sich daran erfreut, einander zu haben. Also solltet ihr genau das feiern.

DU KANNST GEBRAUCHTE SACHEN WEITERVERSCHENKEN. Gebrauchte Sachen zu verschenken, ist gut für die Umwelt und gut für deine Haushaltskasse. Erinnerst du dich an *Battlestar Galactica?* Na klar tust du das, du Nerd. Admiral Adama liebte seine Büchersammlung. Er war auf einem Raumschiff weit weg von zu Hause, sodass Bücher ein rares Gut waren. Trotzdem gab er die Bände, die er bereits gelesen hatte, freimütig weiter – er wusste, dass sie wichtiger waren für jemanden, der sie noch nicht gelesen hatte, als sie in seinem Regal als Teil einer Kollektion zu bewahren. Er verlieh sie niemals, sondern verschenkte sie immer. Bücher eignen sich hervorragend dazu, sie weiterzuverschenken, weil es bedeutet, dass sie heiß geliebt wurden, wenn sie ein bisschen abgenutzt sind, und es hat eine besondere Bedeutung, etwas so Persönliches geschenkt zu bekommen. Aber alles andere, was du aus deinem Bestand verschenkst (Kerzen, Alkohol, Parfum, Kunst), sollte in absolut tadelloser Verfassung sein.

HABE EIN PAAR GESCHENKE AUF VORRAT. Wenn es dein Budget erlaubt, habe ein paar Duftkerzen oder Geschenkkarten auf Lager für den Fall, dass dich jemand plötzlich mit einer freundlichen Geste überrascht. Und wo du schon dabei bist, könntest du dir gleich auch noch ein paar Grußkarten auf Vorrat zulegen.

ABER ERINNERE DICH, DASS DU IMMER NOCH NICHT VERPFLICHTET BIST, IM GEGENZUG SELBST GESCHENKE ZU MACHEN. Hör zu, wir alle hätten gerne die Zeit, das Geld und die Energie, allen in unserem Leben aufmerksame Geschenke zu machen, die von Herzen kommen. Aber das wird nicht passieren. Tut es einfach nicht! Wenn Antonio aus der Buchhaltung dir Kekse für die Feiertage bäckt und du im Gegenzug nichts für ihn hast, kannst du einfach sagen: »Danke, dass du an mich gedacht hast. Ich liebe Pfefferminzkekse«, selbst wenn du keine Pfefferminzkekse magst. Nimm dir zwanzig Sekunden, in denen du Antonio dankst und notfalls zu einer kleinen weißen Lüge greifst. (Es wäre supernett, wenn du am nächsten Tag eine persönliche Dankesnote auf seinem Tisch hinterlässt.)

WENN DU KEINE IDEE FÜR DAS PERFEKTE GESCHENK HAST, KANNST DU IMMER IM NAMEN DEINES FREUNDES ODER DEINER FREUNDIN AN EINE HILFSORGANISATION SPENDEN. Finde eine Organisation, die zu den Werten und Hoffnungen passt, die dein:e Freund:in hat, spende dafür und drucke das Spendenzertifikat aus oder schreibe eine Karte zu deiner Spende. (Du musst den Geldbetrag nicht angeben.) Jenns Freundesgruppe beschenkt sich jedes Jahr zu Weihnachten auf diese Art. Sie ziehen den Namen von einer Person und spenden im Namen von ihr. Jenns Freund:innen haben für sie an eine Organisation gespendet, die Frauen aus marginalisierten Gruppen unterstützt, andere spendeten an einen Tierschutzverein. In einem Jahr war Jenn verantwortlich für einen Freund, dessen größte Leidenschaft das Fahrradfahren ist. Sie recherchierte ein bisschen und fand eine Organisation, die sich für Fahrradsicherheit und Regeln engagiert. Es gibt wirklich für alles Hilfsorganisationen. Ein rundum gutes Gefühl.

ARBEIT, ARBEIT, ARBEIT, ARBEITSFREUNDE

Wie und wann du im Arbeitsumfeld Freundschaften schließt, hat einen Einfluss auf deinen Status auf der Arbeit. Unser bester Tipp hat seinen Ursprung in Trins Teenagerjahren im christlichen Jugendcamp. Immer wenn Trin mit ihren männlichen Freunden im Camp abhing, warnten die Betreuer: »Lass Platz für Jesus!« Sie sollte glauben, dass Jesus bei jedem ihrer Schritte physisch zwischen sie und Jungs passen sollte. In Situationen, wo du dich mit deinen Vorgesetzten oder Kolleg:innen anfreunden willst, musst du leider immer Platz für den Kapitalismus lassen. Du kannst dir deine Kolleg:innen nicht persönlich aussuchen und es sind immer Machtdynamiken im Spiel.

SICH MIT DER VERANTWORTLICHEN PERSON ANFREUNDEN

Du solltest deine Chefin oder deinen Chef immer glauben lassen, dass ihr befreundet seid. Das ist einfach ein kluges Verhalten auf der Arbeit. Und ihr könnt *freundschaftlich* miteinander umgehen, ihr könnt *wie* Freund:innen sein, ihr könnt euch hervorragend verstehen – aber du kannst kein echter Freund oder eine echte Freundin für die Person sein, die deinen Arbeitsplan, dein Gehalt und deine sonstigen Vergünstigungen regelt. Wenn du selbst in der Vorgesetztenposition bist, kannst du nicht wirklich mit deinen Mitarbeitenden befreundet sein. Selbst wenn du total lustig und entspannt bist. Selbst wenn du in einem dieser hippen Großraumbüros arbeitest, in denen alle auf Gymnastikbällen sitzen. Egal, was du sonst noch alles bist, an erster Stelle bist du immer der Chef oder die Chefin. Die Leute, die für dich arbeiten, vergessen das nicht und du solltest es auch nicht tun. Das bedeutet, dass, wenn du Angestellte bittest, an einem Termin außerhalb der Arbeitszeiten teilzunehmen (wie einem Abendessen, einer Happy Hour oder an einem Tag der gemeinnützigen Arbeit), fühlen sie sich verpflichtet, die Einladung zu akzeptieren. Sie werden vermutlich sogar all ihre Pläne umschmeißen und sich so organisieren, dass es dir passt. Es ist unangenehm, zu der Person, die die Fäden in der Hand hält, Nein zu sagen! Das ist die wirkliche Krux an der Sache: Mitarbeitende haben nicht die Macht, ihrem Vorgesetzten problemlos absagen zu können. Der Aspekt der Wahrheit ist nicht wirklich gegeben. Freundschaften basieren auf Vertrauen und Angestellte können kein zu 100 % ehrliches Gespräch mit ihren Vorgesetzten haben, ohne dass es eventuell Konsequenzen für die Karriere hat, entweder unmittelbar oder später. Also sei vorsichtig. Dieses Machtgefälle ist sehr schwer zu überwinden.

DEINE LIEBLINGSPERSONEN AUF DER ARBEIT FINDEN

Viele, viele Freundschaften werden auf der Arbeit geschmiedet. Auch eure bescheidenen Erzähler:innen haben sich hier getroffen! Jenn und Trin haben sich über ihre gemeinsame Liebe zum Videospiel *Mass Effect* kennengelernt und waren zehn Minuten später unzertrennlich. Es machte sofort klick. (Dieses Phänomen bei Freundschaften nennt man »Glück haben«.)

Kolleg:innen können schnell zu Freund:innen werden, weil man mit ihnen so viele wache Stunden seines Lebens teilt. Du kannst deinen Arbeitstag deiner Partnerin oder deinem Partner beschreiben, du kannst bei deiner Mutter Dampf ablassen, aber deine Kolleg:innen wissen am besten, was in den acht bis zwölf Stunden deines Tages passiert ist – das Gute, das Schlechte und alles dazwischen. Wir empfehlen, sich wirklich sehr zu engagieren, um ein freundliches und höfliches Verhältnis zu deinen Kolleg:innen aufzubauen. Abgesehen von den Vorteilen, die sich für das Netzwerken ergeben, ist es auch gut für deine psychische Gesundheit, auf der Arbeit jemanden zu haben, der sich jeden Tag freut, dein Gesicht zu sehen. (Natürlich gibt es neben den tollen Kolleg:innen auch solche, die einfach nur schrecklich sind. Dann ist das Beste, was du tun kannst, sie zu tolerieren oder ihnen aus dem Weg zu gehen.)

LIEBE JENN UND TRIN,

ich habe einen neuen Job angefangen und meine neuen Kolleg:innen versuchen sich mit mir anzufreunden. Ich bin mir nicht sicher, ob ich das wirklich will! Muss ich mich mit Kolleg:innen anfreunden? Sollte ich mich mehr anstrengen, um auf der Arbeit Freundschaften zu schließen?

Du musst dich mit überhaupt niemandem anfreunden, mit dem du das nicht willst. Das ist ehrlich gesagt eine der besten Sachen des Erwachsenseins, dass du wählen kannst, mit wem du befreundet sein möchtest (meistens jedenfalls). Du solltest wählerisch sein.

Auf der anderen Seite gehörst du natürlich dazu und dein Verhalten spielt eine Rolle. Also lass uns einen Blick darauf werfen. Wem gibst du deine Zeit und Aufmerksamkeit bei der Arbeit? Bist du respektvoll? Forderst du dich in deinen Vorurteilen heraus? Bist du eventuell nur nett und geduldig zu den Leuten, auf die es ankommt?

Studien haben außerdem herausgefunden, dass es wahrscheinlicher ist, dass du gesehen, anerkannt und gefördert wirst, wenn du am Sozialleben auf der Arbeit teilnimmst. Also ja, es gibt ein paar Vorteile, die dir vielleicht durch die Lappen gehen. Das ist nicht unbedingt fair. Und es bedeutet auch nicht, dass du an allen Happy Hours teilnehmen musst. Du kannst die Kosten und Vorteile abwiegen und dich trotzdem dafür entscheiden, an keiner einzigen Happy Hour teilzunehmen. Wir wollen nur, dass du bei deiner Wahl die Vor- und Nachteile im Kopf hast.

Arbeitsfreund:innen können deinen Job einfacher machen, bei den kleinen und großen Dingen. Sie können dich an eine Deadline erinnern, dich bei deiner Präsentation anfeuern oder ihre Snacks mit dir teilen. (Jenn und Trin hatten zeitweilig eine Schublade auf der Arbeit, deren Inhalt sie komplett miteinander geteilt haben, inklusive Notfalldeo.) Freund:innen können sogar vertuschen, wenn du Mist gebaut hast. (Um das kurz klarzustellen: Wir sprechen von Sachen wie: »O ja, er war absolut pünktlich da, nicht zehn Minuten zu spät.« Wir wollen dich nicht anstiften, Unternehmensbetrug zu begehen.)

Mit deinen Kolleg:innen befreundet zu sein, ist auch eine Art von Netzwerken. Es tut uns leid, das zu sagen, aber die kapitalistische Realität sieht so aus, dass du größeren Erfolg in deinem Bereich haben wirst, wenn du ein großes Netzwerk an Kontakten hast, mit denen du gut klarkommst. Wenn du Freund:innen auf der Arbeit finden willst, aber dich als nicht besonders extrovertiert oder sozial einschätzt, versuche, eine etwas hilfreichere und offenere Variante deines sonstigen Selbst zu sein. Es ist wie in einem Theaterstück. Es gibt Regieanweisungen und Vorlagen, nach denen du dich richten kannst. Frage deine Kolleg:innen, ob sie etwas von der Cafeteria wollen, wenn du auf dem Weg dahin bist. Iss manchmal mit der Gruppe zu Mittag. Koche Kaffee für alle. Mache Small Talk und frage, was sie am Wochenende gemacht haben. Sei bereit, die Frage auch selbst zu beantworten, und zwar etwas aussagekräftiger als »Oh, nichts. Ich hab einfach nur abgehangen.« Wenn du noch nicht lange dabei bist, kannst du ziemlich sicher davon ausgehen, dass niemand außer der Person, die dich eingestellt hat, deinen Namen oder sonst was von dir weiß. Das ist nicht deine Schuld. Die Leute sind abgelenkt auf der Arbeit und nicht immer im Modus, »Leute kennenlernen« zu wollen. Stelle dich frühzeitig und häufig vor. Trin hat sich mal in einem ihrer alten Bürojobs mit Leuten angefreundet, indem sie im Pausenraum mit einem Brettspiel gewartet und alle, die vorbeigekommen sind, gefragt hat, ob sie in ihrer Mittagspause kurz spielen wollten.

Aber Freundschaften auf der Arbeit sind auch risikobehaftet. Es wäre schön, wenn wir sagen könnten, dass Arbeit bedeutet, dass man alle möglichen neuen Leute kennenlernt. Jede neu eingestellte Person ist eine Möglichkeit, Freundschaften zu schließen. Hurra! Aber das ist leider nicht wahr. Deine Kolleg:innen bestimmen die Atmosphäre auf der Arbeit, wo du vermutlich deine meiste Zeit verbringst, bis du den Job wechselst, in Rente gehst oder stirbst. Man entkommt diesen Leuten nicht leicht. Diese Beziehungen können indirekt deinen Lohn, deine Position, und wann du dich einstempeln musst, bestimmen. Deswegen empfehlen wir eine warmherzige, aber vorsichtige Haltung, wenn du mit den Leuten auf der Arbeit Kontakt aufnimmst. Wir möchten, dass diese Freundschaften pflegeleicht sind, sonst könnte es, wenn die Sache schiefgeht, deine Arbeit beeinflussen. Die folgenden Sachen solltest du im Kopf behalten, wenn du dich mit Kolleg:innen anfreundest:

DU WIRST NICHT UNBEDINGT ALLES MÖGEN, WAS DU VORFINDEST. Sobald du dich mit Leuten anfreundest, lernst du vielleicht etwas Unangenehmes über sie – ihre politische Einstellung, Komisches in ihrem Browserverlauf – und du kannst das nicht einfach vergessen und dich komplett zurückziehen. Wenn du eng mit deinen Kolleg:innen zusammenarbeiten musst, hast du dann immer noch im Kopf, dass sie zu den Leuten gehören, die ihren Müll aus dem Autofenster schmeißen oder glauben, dass Frauen schlecht in Sport sind. Du wirst sie nicht los.

FREUND:INNEN STREITEN. Freund:innen haben unterschiedliche Meinungen und argumentieren. Freundschaften enden, manchmal auch auf schlimme Weise. Kannst du das von der Arbeit fernhalten? Möchtest du den zusätzlichen Stress, deine Gefühle im Zaum halten zu müssen? Meinungsverschiedenheiten unter Kolleg:innen haben ernsthaftere Konsequenzen als bei den anderen Leuten, mit denen du befreundet bist.

KLATSCH IST EINE DURCHAUS ERNST ZU NEHMENDE SORGE. Dies ist ein pessimistischer Standpunkt, aber gehe davon aus, dass jedes Geheimnis, das du mit einer Kollegin oder einem Kollegen teilst, bis – sagen wir Mittag – jede andere Person im Umkreis von einer halben Meile erreicht. Stelle dir vor, dass jede E-Mail von deiner Arbeitsadresse mit dei-

nem Boss, *ihrem* Boss, deiner Großmutter oder der örtlichen Zeitung geteilt werden kann. Vermutlich passiert das nicht. Aber es könnte passieren und deswegen musst du auf dich aufpassen. Du möchtest nur wegen der richtigen Sachen im Scheinwerferlicht stehen. Leute mit langweiligen Jobs sehnen sich ganz besonders nach Unterhaltung.
Du möchtest nicht ihrer Unterhaltung dienen.

ES GIBT IMMER EINE HIERARCHIE. Deine Freundin könnte deine Chefin werden oder du *ihre* und du solltest keine enge persönliche Beziehung (egal, ob freundschaftlich oder romantisch) mit jemandem führen, der un-

ter dir in der Unternehmensstruktur steht. Was, wenn du befördert wirst und dein Freund nicht und er traurig und eifersüchtig ist? Was ist, wenn deine Freundin beauftragt wird, ein aufregendes Projekt zu leiten, von dem du eigentlich gedacht hättest, dass du es verdient hättest? Es wäre großartig, wenn wir all diese Dinge im Namen der Freundschaft zur Seite packen könnten, aber das ist nicht leicht, wenn deine Krankenversicherung/Miete/Zukunft davon abhängt. Es braucht eine ganz spezielle Chemie, um eine kompetitive Arbeitsatmosphäre zu überstehen. Es ist auf jeden Fall machbar, aber für manche Leute ist es eine wirklich harte Nuss.

Wir geben dir diese Warnungen, um spätere Konflikte und Schwierigkeiten zu vermeiden, und trotzdem empfehlen wir dir, den Kontakt zu Leuten auf der Arbeit zu pflegen, wenn es geht. Es gibt so viele legitime Gründe, wieso das schwierig zu erreichen sein kann. Vielleicht stellen sich dir Mobilitätsfragen. Oder du bist mehr als zehn Jahre älter als alle anderen in deiner Abteilung. Oder du kannst nicht abends mit auf einen Drink kommen, weil du deine Zwillinge zu Bett bringen musst. Vielleicht bist du einfach nur schüchtern, müde nach der Arbeit oder findest deinen Chef schrecklich. Aber wenn du dir ein oder mehrere Stunden freiräumen kannst, um mit deinen Kolleg:innen Zeit zu verbringen (besonders wenn deine unmittelbar Vorgesetzten anwesend sind), solltest du möglichst schauen, dass du das schaffst. Es vermittelt, dass dir deine Arbeit wichtig ist (selbst wenn das nicht stimmt) und dass du mit deinen Kolleg:innen auskommst. Es ist eine Gelegenheit, dich in deiner Persönlichkeit zu zeigen. Falls du in einem großen Unternehmen arbeitest, erinnert dein Erscheinen deine Vorgesetzten vielleicht einfach daran, dass es dich gibt. Also wenn die Sterne magischerweise aufeinanderstoßen und du nichts anderes geplant hast, gehe zur Happy Hour, zum Minigolf, zu was auch immer an Freizeitaktivität geplant ist. Erinnere dich:

DU MUSST NICHT LANGE BLEIBEN. Wenn du dich nicht danach fühlst, zeige dich einfach kurz, hab ein paar Gespräche und dann verabschiedest du dich taktvoll. Dann kannst du in dem Wissen nach Hause gehen, dass du dir Mühe gegeben hast, funktionierende Beziehungen mit deinen Kolleg:innen aufrechtzuerhalten.

LÄSTERE VERANTWORTUNGSBEWUSST. Es ist eine Tatsache: Wenn Kolleg:innen zusammenkommen, dann lästern sie, besonders wenn Alkohol fließt. So schaffen wird eine Bindung untereinander. Es kann eine unheimliche Erleichterung sein, wenn man mal bei Leuten, die deine Arbeit wirklich verstehen, alle Probleme abladen darf. Aber bleibe trotzdem aufmerksam. Achte darauf, mit wem du redest und was ohne Zweifel später wiederholt werden wird. Bleib auf der Hut.

BLEIBE PROFESSIONELL. Selbst wenn du an der Bar bist und technisch nicht mehr auf der Arbeit, tue so, als ob du es wärst. Kenne deine Grenzen bei Alkohol/Gras/jeder anderen Substanz. Und wenn du dir nicht über deine Grenzen im Klaren bist, nimm erst teil, wenn du sie kennst. Ein Arbeitsumfeld ist keine Umgebung, in der man anfangen kann zu experimentieren. Du musst so professionell sein, dass die Leitung der Personalabteilung nicht am nächsten Morgen an deinem Schreibtisch steht. Professionell zu sein, heißt, dass du nicht dein witzigstes, merkwürdigstes Selbst bist. Du kannst dich nicht genauso benehmen wie gegenüber deinen anderen Freund:innen, denn die meisten richtigen Freundschaften sind bewusst nicht beruflicher Natur. Du kannst deinen Freund:innen um 3 Uhr nachts betrunkene Nachrichten schreiben. Das ist hier nicht der Fall.

Oberflächliche Gespräche eignen sich gut für ein berufliches Setting:

- *Es ist so [sonnig/kalt/windig/heiß] draußen. Ich [hasse/liebe/toleriere] dieses Wetter. Und du?*
- *Wie lange arbeitest du schon in [dieser Abteilung/dieser Firma/dieser Branche]?*
- *Wie bist du zu dieser [Abteilung/Firma/Branche] gekommen?*
- *Ich liebe die Sonnenuntergangsfotos auf deinem Schreibtisch. Hast du sie selbst aufgenommen?* (Eine generelle Regel:

Wenn du etwas Interessantes siehst, was offen herumsteht, sage etwas Nettes. Also kein Kommentar zu etwas, das auf der Website des geöffneten Laptops zu sehen war, auch nicht zu einer Sache im Schließfach oder der Schreibtischschublade der Person. Sage stattdessen etwas Nettes zu den gerahmten Kinderbildern, einem Roman im Bücherregal, einer Pflanze im Fenster. Alle Leute lieben es, zu hören, wie wunderbar ihre Kinder, Tiere oder Pflanzen sind oder dass sie einen großartigen Kunst- oder Buchgeschmack haben.)

Die folgenden Fragen solltest du möglichst nicht stellen, falls du nicht wahlweise einen Tritt in den Arsch bekommen oder gefeuert werden möchtest:

- *Wann planst du (weitere) Kinder zu bekommen?*
- *Wieso nimmst du eine Auszeit aus medizinischen Gründen?*
- *Wen hast du gewählt? Wen wirst du wählen?*
- *Ist [diese Musik/dieser Punsch/diese Pizza/dieses Unternehmen] nicht schrecklich?*
- *Wieso trinkst du nicht?/Wieso trinkst du?*

NEXT LEVEL

Du musst nicht mit all deinen Kolleg:innen bestens befreundet sein (oder auch nicht mal mit einem von ihnen), aber du musst ihnen grundsätzlichen Respekt zollen. Versuche, ihre Namen zu behalten, und lerne auf jeden Fall ihre Pronomen. Von da an können deine Beziehungen sich entwickeln und auf neue Levels gelangen:

KOLLEG:INNEN: Du wünscht ihnen von Weitem alles Gute. Du hast kein besonderes Interesse daran, mehr über sie zu erfahren als die Basics. Vermutlich kannst du nicht mehr über sie sagen, als »sie scheinen nett zu sein.«

RESPEKTIERTE KOLLEG:INNEN: Du arbeitest wirklich gerne mit ihnen. Ihre Anwesenheit macht es für dich einfacher, auf der Arbeit zu sein. Vielleicht teilt ihr euch einen Parkplatz, esst Mittag zusammen oder tauscht Geburtstagskarten miteinander aus.

TREUER KUMPANE: Ihr geht zusammen auf soziale Events wie die After Work Happy Hour. Ihr habt die Telefonnummer des jeweils anderen. Ihr habt beide schon mal gemeinsam über den Chef geschimpft. Ihr wisst gegenseitig den Namen eures Hundes.

KAMPFGEFÄHRT:INNEN: Ihr kennt jeweils den Lieblingssnack eures Hundes, denn ihr habt schon füreinander auf eure Haustiere aufgepasst. Ihr folgt einander auf Social Media. Ihr redet oft auch außerhalb der Arbeit. Ihr tauscht Ideen miteinander aus, ihr nörgelt gemeinsam herum und ihr seid euch sicher, dass die Sachen, die ihr einander erzählt, unter euch bleiben.

ECHTE FREUND:INNEN: Ihr trefft euch oft außerhalb der Arbeit, ihr traut einander, ihr habt schon einige Katastrophen gemeinsam erlebt und habt es gemeinsam überstanden. Dies ist die Art von Freundschaft, die auf der Arbeit begonnen hat und inzwischen weit über die Arbeit hinaus reicht. Wenn einer von euch den Job verließe, würdet ihr euch trotzdem noch oft sehen.

GESCHÄFT UND FREUNDSCHAFT MISCHEN

Wenn du ein Geschäft mit einem Kumpel aufmachst oder ihr gemeinsam an einem Projekt arbeitet, dann fügt ihr eurem Freundschaftseintopf noch eine weitere Zutat hinzu. Vorher bestand eure Freundschaft aus Rinderstückchen (gemeinsame Geschichte), Karotten (Humor) und Kartoffeln (gemeinsame Freund:innen). Jetzt schmeißt ihr noch was Neues in den Topf wie ein ganzes Stück Butter oder einen üppigen Spritzer

Zitrone. Manchmal ruiniert die neue Zutat das ganze Gericht. Manchmal komplettiert sie die Mahlzeit und du kannst gar nicht mehr glauben, dass du den Eintopf je anders gemacht hast.

LIEBE JENN UND TRIN,

ich arbeite an einem Kinderbuch und ich möchte meine Freundin, die Künstlerin ist, dafür gewinnen, das Buch zu illustrieren. Was ist der beste Weg, um das anzugehen?

Möchtest du, dass sie einen Freundschaftsdienst leistet, oder möchtest du, dass sie für das Projekt bezahlt wird? Das ist ein wichtiger Unterschied. Wisse genau, wonach du fragst, und mache dein Ziel deutlich. Was für eine Art von Engagement suchst du? Bist du eine Autorin, die um Zusammenarbeit bittet, um das Projekt gemeinsam bei Verlagen zu pitchen? Oder ist es für dich ein Freizeitprojekt, an dem du mit einer Freundin arbeitest und Spaß hast?

Es ist wahr, dass manche Leute das freiwillig machen oder mit dir kostenlos zusammenarbeiten, aber setze das nicht voraus – gehe davon aus, dass deine Freundin bezahlt werden muss. Künstler:innen sind oft unterbezahlt, daher solltest du den Standardstundenlohn für Leute mit dieser Fähigkeit herausbekommen und deiner Freundin die Deadlines mitteilen, in deren Rahmen das Projekt fertig werden muss, den Umfang des Werkes und was für eine Bezahlung du anbieten kannst. Nimm einen Ton an, mit dem du dich wohlfühlst. Wir schlagen einen Mix aus Wärme, Professionalität und Enthusiasmus vor (schließlich willst du ja nicht ohne Grund mit der Person zusammenarbeiten!). Und gib deiner Freundin natürlich Zeit und äußere Verständnis, wenn sie das Angebot nicht annimmt.

Miteinander ins Geschäft zu kommen oder gemeinsam an einem Projekt zu arbeiten, ist einer der steinigsten Wege, die du in einer Freundschaft gehen kannst. Manche Leute sagen, mache das bloß nicht, denn von eurer Freundschaft wird nur Schutt und Asche übrig bleiben, weil die Freundschaft unweigerlich irgendwann implodiert und zu Grund und Boden brennt. Das ist fair. Das ist weise. Nicht mit Freund:innen zusammenzuarbeiten, ist ein vernünftiger Ansatz. Du ersparst dir Stress in einer eh schon stressigen Welt und du bewahrst dir die Freundschaft. Aber manche Partnerschaften (so wie unsere) sind nicht nur machbar, sondern führen zu unglaublich erfüllender Arbeit, die du nicht allein bewerkstelligen könntest. Wir waren jahrelang Kolleg:innen, bevor wir unseren Podcast miteinander gestartet haben. Wir haben online Sachen verkauft, ein Kickstarterprojekt begonnen, wir arbeiten zusammen an diesem Buch. Nichts davon war *einfach* und wir lächeln auch nicht die ganze Zeit. Wie waren schon frustriert, abgelenkt, wir haben einander angefeuert, Sachen fertigzubekommen, all das. Aber die besondere Mischung unserer Persönlichkeiten und unserer Chemie funktioniert einfach, auch wenn wir selbst nicht wissen, woran es genau liegt. Vermutlich weil wir einige wesentliche Werte im Leben teilen. Wir sind außerdem absolut ehrlich, was unsere Stärken und Erwartungen betrifft. Wir wissen um unsere besten Fähigkeiten, und wo wir zum Totlachen schlecht drin sind. Deswegen haben wir zum Beispiel eine Designerin beauftragt, unsere visuelle Gestaltung zu übernehmen, und einen Produzenten, um unseren Podcast zu redigieren. Wir finden beide, dass die Zeit, die wir dadurch gewinnen, dass jemand Professionelles die Arbeit macht, es wert ist, auch wenn wir kaum etwas mit unserem »Geschäft« gewinnen. Für uns beide steht das kreative Schaffen immer im Vordergrund, weil wir verabredet haben, dass unsere Vollzeitjobs da sind, um die Rechnungen zu zahlen. Ohne dieses gemeinsame Verständnis wäre sicherlich eine von uns sehr enttäuscht worden. Wenn du also darüber nachdenkst, dich mit einer Freundin oder einem Freund geschäftlich zusammenzutun, solltest du dir folgende Punkt allein oder zusammen anschauen:

EMOTIONALES RISIKO. Bist du dir sicher, dass eure Freundschaft es aushält, wenn ihr verschiedener Meinung seid? Wie werden eure Meinungsverschiedenheiten eure Beziehungen zu gemeinsamen Freund:innen beeinflussen? Bist du in einer Phase deines Lebens, in der du zusätzlichen Stress zulassen kannst?

UNTERSUCHE DAS RISIKO. Geld ist natürlich wichtig, aber deine Zeit auch. Wie viele Stunden am Tag kannst du investieren? Und dein:e Freund:in? Ist es möglich, dass ihr zunächst an einem kleineren Projekt mit einem festgelegten Ende zusammenarbeitet, statt dass ihr euch zu schnell zu sehr verpflichtet? Macht einen Plan, wie viele Stunden pro Woche dieses Projekt in Anspruch nehmen darf.

ÖFFENTLICHES RISIKO. Für den Fall, dass die Sache nicht funktioniert: Was passiert dann? Was heißt Versagen für euch beide? Wenn es ein Projekt mit geringem Risiko ist, ändert sich vielleicht ziemlich wenig an eurem Leben. Aber wenn es ein großes und öffentliches Unterfangen ist, dann stellt für euch sicher, dass ihr ähnliche Gefühle teilt in Bezug auf ein sehr sichtbares Scheitern und den Verlust von Ansehen/Respekt in eurer Branche.

Wenn ihr beide mit den Risiken leben könnt, gibt es noch ein paar Dinge, die du und dein:e Freund:in, so gut es geht, entscheiden müsst, bevor ihr Händchen haltet und in dieses trübe Gewässer abtaucht.

WER MACHT WAS. Ihr müsst Verantwortlichkeiten aufteilen, jetzt sowie in einer hypothetisch düsteren Zukunft. Wer kümmert sich, wenn etwas schiefgeht? Wenn es ein gemeinsames Investment ist, wer steckt den Schlag ein? Geht nicht davon aus, dass sich die Aufgaben irgendwie magisch aufteilen – stellt sicher, dass jede einzelne (vorhersehbare) Aufgabe einem von euch zugeordnet ist.

WIE GEBT IHR FEEDBACK? Feedback zu geben ist eine Kunst. Feedback anzunehmen ebenfalls. Fühlst du dich wohl damit, deine professionelle

Kritik mitzuteilen? In den Anfangstagen unseres Podcasts hat Trin beispielsweise Jenn beigebracht, wie sie ein Mikrofon hält, ohne zu heftig hineinzuatmen. Ihr Feedback war schmerzlos, hilfreich, warmherzig und lustig. So tat es nicht weh. Wir empfehlen, die Feedbackskala zu benutzen: »Was für ein Feedback wünschst du dir, auf einer Skala von eins bis zehn?« Eine eins bedeutet »hauptsächlich Lob, Ermunterung und kleine grammatikalische Korrekturen«. Eine zehn bedeutet »jeden Satz mit dem Brennstab auseinandernehmen und aus der Asche einen neuen Entwurf entstehen lassen«.

WIE TREFFT IHR ENTSCHEIDUNGEN? Braucht deine Freundin oder dein Freund deine Zustimmung, um eine geschäftliche Entscheidung zu treffen? Wer hat das letzte Wort? Brauchst du ein Update jedes Mal, wenn der andere zum Beispiel mit der Firmenkarte einen Kaffee trinken geht? Besprecht, welche Entscheidungen eigenständig getroffen werden können und bei welchen es nötig ist, dass ihr euch beide einig seid.

WIE SEID IHR AUF SENSIBLE ART VERSCHIEDENER MEINUNG? Schaut auf eure gemeinsame Geschichte zurück. Hattet ihr je eine Meinungsverschiedenheit? Und wie seid ihr damit umgegangen? Was ist euer Stil in Auseinandersetzungen? Könnt ihr mit dem anderen argumentieren, wenn ihr emotional oder finanziell an einem Ergebnis beteiligt seid? Unstimmigkeiten sind unvermeidbar, also müsst ihr wissen, wie ihr damit als Team umgeht.

WAS SIND EURE WERTE UND PRINZIPIEN? Ein gewisses Maß an Meinungsverschiedenheiten ist produktiv – du willst einen Partner, der dein Denken herausfordert und deine Perspektive erweitert. Selbst wenn du den Standpunkt nicht teilst, solltest du ihn zumindest *respektieren* können ... Außer du kannst es nicht. Wenn eine von euch in grüne Energie investieren und der andere eure Profite in Offshore-Konten verstecken möchte, dann teilt ihr nicht dieselbe Vision. Wenn der eine euren Apparat an Ärzte ohne Grenzen spenden und die andere ihn ans Militär verkaufen möchte, solltet ihr vielleicht überlegen, ob ihr die perfekten Partner:innen seid. Es kann auch sehr viel weniger offensichtlich sein. Vielleicht möchte einer von euch ein finanzielles Polster zurücklegen, während die andere Geld investieren möchte, um schnell zu wachsen. Das sind Gespräche, die ihr frühzeitig führen solltet, um später unschöne Überraschungen zu vermeiden.

DER ALLTÄGLICHE STRESS. Verlierst du die Nerven, wenn eine Deadline ansteht und dein:e Freund:in Videospiele spielt, statt zu arbeiten? Was, wenn die andere Person nicht auf deine zeitlich dringende E-Mail geantwortet hat? Rufst du sie auf dem Handy an? Was, wenn du weißt, dass sie gerade bei der Klavieraufführung ihres Kindes steckt? Du musst auf diese Momente emotional vorbereitet sein.

Bevor ihr beide miteinander in ein Geschäft einsteigt oder ein gemeinsames Projekt beginnt, das Verträge, Abmachungen, Rechtsanwaltschaft oder Geld beinhaltet, solltet ihr *wenigstens* schon ein Projekt miteinander bestritten (und beendet!) haben. Das Projekt sollte eine Deadline haben und eure gemeinsame Beteiligung erfordern – ein Projekt, in das ihr beide eure Zeit und Energie investiert. Fantasieprojekte zählen nicht. Ein lustiges vierminütiges YouTube-Video zählt auch nicht. Ihr müsst in einer Weise miteinander zusammenarbeiten, die zeigt, wie ihr mit Stress umgeht und wie ihr organisiert, wie lange es braucht, bis ihr auf E-Mails antwortet, wann ihr arbeitet (ob ihr um sieben Uhr morgens oder zwei Uhr nachts vor Kreativität sprüht), wie ihr mit Misserfolgen und Peinlichem umgeht, wie ihr Erfolg feiert (und was eurer Meinung nach ein Erfolg ist), und eine Millionen anderer Kleinigkeiten, die vorher in eurer Freundschaft keine Rolle gespielt haben.

Am Ende ist es ein Risiko, aber manche Risiken sind es wert, dass man sie eingeht, nicht wahr? Geht so nicht der Spruch? Dies könnte die Partnerschaft sein, von der du immer geträumt hast. Und wir dürfen diese einfache Wahrheit nicht unerwähnt lassen: Freund:innen haben oft großartige Ideen und gemeinsam etwas zu tun, macht einfach *Spaß*.

GENUG VOM GESCHÄFT: LASST UNS ÜBER GEFÜHLE REDEN

WENN DU IN EINEN FREUND ODER EINE FREUNDIN VERLIEBT BIST

Verliebt sein ist ein Riesenspaß! So aufregend! Ein regelrechter Rausch! Wenn du romantische oder sexuelle Anziehung verspürst, dann ist es wahrscheinlich, dass du dich irgendwann in eine:n deiner Freund:innen verliebst. Das ist ein ziemlich häufiges und oft nur vorübergehend auftretendes Phänomen, das passiert, weil:

DU DIE PERSON BEREITS MAGST UND IHR GEMEINSAME INTERESSEN UND HOBBIES TEILT. Ihr seid schließlich nicht ohne Grund miteinander befreundet. Ihr verbringt gerne Zeit miteinander.

DIE PERSON FREUNDLICH ZU DIR IST. In einer dunklen Welt fühlt es sich unglaublich toll an, geliebt und umsorgt zu werden.

DERJENIGE ANWESEND IST. Bequemlichkeit ist so verlockend. Das ist der Grund, wieso so viele Menschen etwas mit ihren Kolleg:innen anfangen. Sie sind einfach da.

DEINE FREUND:INNEN EINFACH HEISS SIND. Schau sie dir an. Es stimmt.

So. Nachdem du jetzt ganz aufgeregt bist, erlaube uns bitte, die Stimmung zu zerstören. Tritt erst mal metaphorisch gesprochen einen Riesenschritt zurück. Es gibt Arbeit zu erledigen. Du brauchst eine neue Perspektive und musst deine Gefühle gründlich analysieren, bevor du sie laut aussprichst. Schon klar, das klingt weder nach viel Spaß noch sexy, aber so ist halt das Erwachsenenleben.

Mache dir Folgendes klar: Sobald du deinem Freund oder deiner Freundin sagst, dass du in ihn oder sie verliebt bist, ändert sich ihre Wahrnehmung von dir sofort und permanent, zum Besseren oder zum Schlechteren. Sie werden es nie mehr nicht wissen, dass du in sie verliebt bist. Du kannst keinen Rückgängig- oder Zurückknopf drücken. Wenn du deine Gefühle äußerst, ist das ein Versuch, dich und den anderen in ein neues Gebiet zu bringen, und vielleicht will derjenige nicht mit dir dahin reisen. Potenziell stellst du eure ganze Freundschaft auf den Kopf. Und weil Schwärmereien kommen und gehen, solltest du deine Gefühle mit ein bisschen Geduld beobachten, bevor du handelst. Genieße dein Verliebtsein wie großartige Fanfiction oder ein Stück Schokoladenkuchen.

Nachdem du gründlich darüber nachgedacht hast, entscheidest du dich vielleicht dazu, deine Gefühle für dich zu behalten. Falls das der Fall ist, überlege, ob du ein bisschen Abstand brauchst. Das muss keine große Sache sein und braucht keine besondere Ankündigung. Aber wenn du dir einfach etwas mehr Zeit zwischen euren Treffen gönnst, hilft dir das eventuell, dich gut mit deiner Entscheidung zu fühlen. Sieh zu, dass du dich mit anderen Freund:innen und Hobbys beschäftig hältst.

Andererseits hast du dich vielleicht damit auseinandergesetzt und beschlossen, dass es an der Zeit ist, deine Gefühle mitzuteilen. Wisse als Erstes, dass dies ein nervenaufreibendes und sensibles Gespräch wird. Vereinbare ein Treffen auf neutralem Boden – irgendwo, wo ihr beide die Möglichkeit habt, zu gehen. (Stell dir vor, du möchtest dieses schwierige Gespräch beenden, aber dein:e Freund:in ist immer noch in deinem Wohnzimmer oder sitzt neben dir im Zug und für die Zeit der Fahrt seid ihr aneinander gebunden. Hilfe.)

Behandele dieses Gespräch wie eine Trennung, denn potenziell kann es genau das sein. *Posaune deine sexy Gedanken nicht in die Welt hinaus, nur weil du denkst, dass du sie nicht mehr für dich behalten kannst.* Atme tief durch und dusche kalt. Du wirst nicht explodieren.

LIEBE JENN UND TRIN,

seit Kurzem weiß ich, dass ich romantische Gefühle für eine Person habe, mit der ich sehr gut befreundet bin, und ich überlege, das weiterzuverfolgen. Ich kriege ziemlich klare Signale, dass diese Person mich ebenfalls mag, aber ich weiß nicht, ob es eine gute Idee ist, unsere Dynamik zu stören. Wie kann ich das anbringen? Sollte ich es überhaupt tun? Woher weiß ich, wann es an der Zeit ist?

Frage dich als Erstes, ob es superschlimm wäre, deine Verliebtheitsgefühle noch etwas länger für dich zu behalten. Wie wäre es mit einem Test? Wie würde es sich anfühlen? Wenn dir diese Vorstellung wie Folterqualen erscheint, ist es vermutlich ein Zeichen dafür, dass du dich tatsächlich mitteilen solltest.

Mache außerdem ein bisschen Aufklärungsarbeit: Wenn du gemeinsame Freund:innen hast, denen du vertraust, frage sie nach ihrer Meinung. Bemerken sie dieselben Signale, die du spürst? Finden sie euch hinreißend zusammen?

Und dann, was die große Enthüllung betrifft: Sieh zu, dass sie privat, persönlich und ohne großen Druck abläuft. Stelle Fragen und ermutige die andere Person, über ihre Gefühle zu reden. Akzeptiere, wenn es nicht so läuft wie geplant, und sei bereit, das Gespräch im Guten zu beenden.

Klare Kommunikation ist hier (wie immer) der richtige Weg. Rede nicht um den heißen Brei herum und verstecke dich nicht hinter wunderschö-

ner süßer Poesie. Das bedeutet, dass du nicht hauchst: »Ich liebe dich seit dem Tag, als ich dich im Fitnesskurs das erste Mal gesehen habe«, oder: »Mein Herz schlägt nur für dich.« (Vielleicht machst du es trotzdem, aber versuche wenigstens, es nicht zu tun.) Sage so etwas wie: »Ich wollte mit dir sprechen, weil ich [total in dich verliebt bin/Lust auf Sex habe/mehr als freundschaftliche Gefühle für dich habe]. Ich weiß, dass ich hier viel aufs Spiel setze. Aber ich [denke, dass es dir genauso geht/möchte wissen, wie du das siehst], und ich glaube, dass es die Sache wert ist, das zusammen herauszufinden.«
Wenn du deine Gefühle mitteilst, kann die Person, in die du verliebt bist, folgendermaßen reagieren. **Dein Schwarm:**

- braucht erst mal Raum oder Abstand von dir.
- sagt sofort, dass es ihr oder ihm genauso geht wie dir.
- braucht Zeit zum Nachdenken.
- ist geschockt.
- ist total überrascht.
- bewirkt, dass du dich traurig, verwirrt oder peinlich berührt fühlst.
- hinterfragt deine Motivation (vielleicht denkt der- oder diejenige, dass deine Freundschaft nur ein Trick war, damit du eine romantische und/oder sexuelle Beziehung mit ihm oder ihr eingehst).
- stürzt sich in deine geöffneten Arme.

Egal, ob gut oder schlecht, deine Gefühle laut mitzuteilen, hat immer Konsequenzen und wir möchten, dass du auf das Nachbeben vorbereitet bist. **Für den Fall, dass du vielleicht etwas brauchst, sind hier für dich ein paar Vorlagen für eine Exitstrategie:**

- *Ich gehe jetzt ein Glas Wasser holen. Wenn ich zurückkomme, tun wir so, als wäre das Ganze nie passiert. In Ordnung?*
- *Danke für deine Ehrlichkeit. Lass uns einander etwas Abstand geben, um all das zu verdauen.*

- *Ich mache einen Spaziergang, um den Kopf frei zu bekommen. Ich möchte, dass das nur ein kleiner Punkt in der Geschichte unserer Freundschaft sein wird. Kannst du mir texten, wenn du bereit bist, das hier hinter dir zu lassen?*

Jetzt lass uns auf die andere Möglichkeit schauen, dass dein Schwarm dich auch mag. Aw! Als Allererstes: Genieße den Moment – es ist ein ganz besonderer. Dann wisse, dass du dich im Übergang zu einer neuen Art von Beziehung befindest. Die Dinge werden sich ändern. Um mit dieser Veränderung klarzukommen, ist es wichtig, Folgendes zu tun:

LASSE NICHTS AUS. Niemand will sofort das Gespräch führen, wo das jetzt alles hinführt. Aber wenn du Erwartungen in Bezug auf Monogamie oder Treue hast, ist es verantwortungsvoll, diese Erwartungen, sobald es sich okay anfühlt, zu äußern.

MACHE DIR KLAR, DASS BEZIEHUNGEN FÜR ALLE UNTERSCHIEDLICH AUSSEHEN. Du musst keinen romantischen Plattitüden folgen, die nicht zu dir passen. Zum Beispiel gibt es diesen schrulligen Mythos, dass es das höchste der Gefühle sei, seinen »besten Freund« zu heiraten. Man kann leicht den Eindruck haben, dass heutzutage alle ihre besten Freund:innen heiraten, zum einen, weil es a) wirklich gut klingt, deswegen sagen es die Leute, auch wenn sie andere beste Freund:innen haben, mit denen sie nicht verheiratet sind, und b) der »beste Freund« als Begriff nicht wirklich klar definiert ist.

WISSE, DASS IHR NIE WIEDER IN DEN ZUSTAND DAVOR ZURÜCKKÖNNT. Egal, ob ihr euch trennt, für immer zusammenbleibt oder euch irgendwo dazwischen befindet, es gibt keinen Schalter, den du umlegen kannst, um nochmals von vorn anzufangen. Viele Leute bleiben miteinander befreundet, nachdem sie sich getrennt haben. Aber du wirst immer wissen, wie es war/ist, diese Person zu daten.

Noch eine letzte Sache: Wenn du deine Gefühle teilst und die Person dann so etwas sagt wie »in einer anderen Welt ...« oder »in einem anderen Leben ...« oder »wenn ich dich nur zuerst getroffen hätte, könnten wir zusammen sein« oder »bitte warte auf mich«, ähm, dann weißt du hoffentlich, dass wir dir an dieser Stelle raten, definitiv das Weite zu suchen. Die Gefühle desjenigen hängen an einem alternativen Universum, das nicht existiert. Sie würden dich gerne in ihrer Garage parken, bis sie dann so weit sind, mit dir eine Runde zu drehen. Du verdienst jemanden, der genauso enthusiastisch für dich fühlt wie du für diese Person.

WENN DEIN:E FREUND:IN IN DICH VERLIEBT IST

Dann gibt es natürlich noch die umgekehrte Situation, in der du denkst, dass dein:e Freund:in in dich verliebt ist, und die Situation nicht unbedingt angespannt ist, sich aber doch irgendwie [komisch/unpassend/peinlich] anfühlt. Es ist möglich, dass dein:e Freund:in nur aus Spaß mit dir flirtet, nicht weil er oder sie Gefühle für dich hegt. Aber wenn die Person in dich verliebt ist und du nicht dasselbe fühlst, ist es durchaus eine sinnvolle Option, die Verliebtheit höflich zu ignorieren. Sieh zu, dass du auf freundliche Art Distanz zwischen dich und die in dich verliebte Person bringst. Triff dich mit ihr zum Beispiel nur zusammen mit anderen. Die Gruppe kann als sozialer Puffer funktionieren. Du kannst jemanden, dem du vertraust, damit beauftragen, dich dabei zu unterstützen. Du kannst die Person auch einfach ein paar Wochen oder Monate nicht treffen – es ist okay, sich Pausen von Leuten zu nehmen. Es ist möglich, dass du dich heimlich geschmeichelt fühlst (denn es ist schmeichelhaft, wenn Leute in einen verliebt sind), ohne dass du die ganze Welt einstürzen lässt. Sei weiterhin die coole, besonnene Person, fühle dich wohl in der Freundschaft und lass etwas Zeit vergehen. Sei vielleicht ein bisschen vorsichtiger, reagiere sensibel

auf die Gefühle der anderen Person und gib ihr nicht zu viel deiner Zeit und Aufmerksamkeit.

In der Zwischenzeit wird sich die Verliebtheit der Person vermutlich gelegt haben. Die meisten Schwärmereien sind zarte Frühlingsröschen, die blühen, vertrocknen und absterben und nie aus dem Garten gepflückt werden. Für jede traurige Geschichte, die sich »Was hätte aus uns werden können« fragt, gibt es tausend andere Leute, die denken: »Puh, Gott sei Dank sind wir nur befreundet geblieben. Eine Beziehung hätte nie und nimmer funktioniert.«

Aber was, wenn es nicht so einfach ist? Was, wenn all das dafür sorgt, dass du dich wirklich unwohl fühlst? Was, wenn du dir Sorgen darüber machst, was als Nächstes passieren wird? Vielleicht hast du Bedenken, dass dein:e Freund:in versuchen wird, dich zu küssen, oder dass es dir unangenehm ist, wie sich sein Verhalten geändert hat. Wenn irgendwas davon auf dich zutreffen sollte, dann höre an dieser Stelle auf dein Empfinden. Wenn du dich verfolgt fühlst und jemand mit dir flirtet und es dir unangenehm ist, dann ist es absolut wert, das anzusprechen. Selbst wenn es sich um eine:n Freund:in handelt. *Besonders* wenn es sich um eine:n Freund:in handelt. Freundschaft ist keine Lizenz, um ohne Konsequenzen tun und lassen zu dürfen, was man will. Freund:innen – selbst gute und beste Freund:innen – sind in der Lage, dein Einverständnis auf große und kleine Art zu verletzen. (Und wenn man sich Statistiken anschaut, sind Täter keine Fremden. Es sind Leute, die wir kennen.) Es ist nicht egoistisch, auf sich aufzupassen. Es wird sich schwierig anfühlen und dich emotionale Kraft kosten, aber wir empfehlen, dass du so direkt wie möglich bist bezüglich dessen, was du brauchst. Du kannst Hinweise geben, subtil sein, du kannst versuchen, der Person Peinliches zu ersparen, aber worum du letzten Endes bittest, ist, gut behandelt zu werden. Das ist alles. Es ist nicht zu viel verlangt. Wenn du mit deinen Witzen dafür sorgen würdest, dass sich ein:e Freund:in unwohl fühlt, würdest du das ja auch wissen wollen, um dein Verhalten sofort zu korrigieren.

Wenn du deine Grenzen aufzeigst, musst du nicht die eloquenteste und sensibelste Person auf der Welt sein. Du kannst es unperfekt tun, nervös sein, über deine eigenen Worte stolpern – du verdienst es, trotzdem gehört zu werden. Du musst nicht die höflichste Person der Welt werden mit einer Tasche voller gut vorbereiteter Erklärungen. Wenn es um deine persönliche Sicherheit geht, *kannst du geradezu unhöflich sein.* Wie Oprah sagt: »Das Wort ›Nein‹ ist ein vollständiger Satz.« In diesem Punkt bitte auf Oprah hören.

Stelle sicher, dass du auflistest, welches bestimmte Verhalten sich ändern soll. Überlasse nichts einer unzuverlässigen Interpretation. **Hier sind ein paar Vorlagen für dich:**

- *Hey, du musst wissen, dass [Umarmungen/deine Hände auf meiner Hüfte/Kuscheleinheiten beim Film gucken] für mich nicht in Ordnung sind.*
- *Es fällt dir vermutlich gar nicht auf, aber könntest du bitte diese Überraschungsschultermassagen sein lassen?*
- *Wenn du mich »Babe« nennst, fühlt sich das für mich unangenehm an. Kannst du das bitte streichen? Danke schön.*
- *Hey, dies ist das zweite Mal, dass ich dir sagen muss, dass ich mich nicht wohl mit Überraschungsumarmungen fühle. Lass das bitte.*
- *Du musst damit aufhören, einfach unangekündigt in meinem Büro auftauchen. Das bringt mich auf der Arbeit in eine unangenehme Lage.*
- *Die Kommentare, die du auf meinem Instagram-Account hinterlässt, sind gruselig. Du musst damit aufhören.*

Wie derjenige reagiert, wird dir einiges über sein Verhältnis zu Einwilligung, Respekt, Machtdynamiken und dir sagen. Deine Bitte ist weder extrem, noch ist sie irrational. Dein:e Freund:in hat die Möglichkeit, zu bewirken, dass du dich ein bisschen sicherer und glücklicher in der Welt fühlst. Freund:innen sollten nie mit Absicht dafür sorgen, dass dir etwas unangenehm ist. Selbst wenn sie vom Typ her sehr gefühlsbetont sind. Selbst wenn du sie von Kindheitstagen an kennst. Selbst wenn

alle sie mögen und sie ansonsten nett sind, sie dich regelmäßig zum Abendessen einladen und die Kinotickets zahlen, selbst wenn sie gerade eine harte Zeit in ihrem Leben durchmachen. Ganz egal. Jemand, der nicht berücksichtigt, was für Gefühle er bei dir auslöst, ist kein:e Freund:in. (Mehr dazu auf Seite 223.)

EINE GESCHICHTE SO ALT WIE DIE MENSCHHEIT: DU MAGST DIE PERSON NICHT, DIE DEINE:N FEUND:IN DATET.

Manche deiner Freund:innen werden mit Idiot:innen ausgehen. Einfach echte Blindgänger. Dies ist eine einfache Tatsache, also wenn nichts anderes hilft, kannst du dich damit trösten, dass das weder ein neues noch ein ungewöhnliches Problem ist. (Um das ganz deutlich zu machen: Wir beziehen uns hier nicht auf Beziehungen, in denen Missbrauch stattfindet. Wenn du dir unsicher bist, ob dies der Fall ist, suche dir bitte eine vertrauensvolle und erfahrene Institution oder Hotline, um in Erfahrung zu bringen, welche Schritte du als Nächstes unternehmen solltest.)

LIEBE JENN UND TRIN,

ich glaube, dass eine relativ neue Freundin in unserem Freundeskreis in mich verliebt ist. Ich fühle mich total geschmeichelt, bin aber nicht interessiert und möchte nicht, dass sie sich komisch fühlt. Wie navigiere ich das, ohne dass sie denkt, dass ich auch in sie verliebt bin?

Wenn du keine klare Handlung vor Augen hast, ist es vielleicht ein Zeichen dafür, dass du noch nicht in Aktion treten musst. Oder sogar überhaupt nicht. Es ist gut möglich, dass diese Freundin es nie von sich aus anbringt und das Verliebtheitsgefühl von allein vergeht. Falls sie es doch anbringt, sag ihr genau das, was du uns gerade geschrieben hast, denn es ist gleichzeitig ehrlich und erwachsen: Sage, dass du dich von ihren Gefühlen absolut geschmeichelt fühlst, aber nicht auf diese Art an ihr interessiert bist und dass du nicht möchtest, dass sie sich komisch fühlt. Behandele sie so, wie du gerne behandelt werden würdest, wenn die Rollen umgekehrt verteilt wären.

Aber natürlich gibt es viel häufiger alltäglichere Gründe, wieso man den oder die Partner:in nicht ausstehen kann. Solltest du deine negative Meinung mit deinem Freund oder deiner Freundin teilen? Vielleicht. Wahrscheinlich. Vermutlich nicht. Denke erst einmal über diese Fragen nach:

WENN DU SAGST, DEIN:E FREUND:IN KÖNNTE EINE SO VIEL BESSERE PARTIE MACHEN, WAS MEINST DU DANN DAMIT? Beziehst du dich auf das Aussehen des Partners? Auf den Musikgeschmack? Die Karriere? Sei brutal ehrlich mit dir selbst. Sind deine Bedenken oberflächlicher Natur? Deine Freund:innen haben einen anderen Geschmack und andere Werte als du und sie haben das Recht, eine Wahl zu treffen, die dir nicht gefällt. Beobachte dich selbst genau: Machst du dir zum Beispiel nur Sorgen, weil dein:e Freund:in mit jemandem zusammen ist, der an einer Tankstelle arbeitet? Das wäre nicht cool, sondern klassistisch.

IST DIES NUR EINE FRAGE DER PERSPEKTIVE? Versuche, es mit den Augen deines Freundes oder deiner Freundin zu sehen. Wir gehen mal sehr stark davon aus, dass die Person ihren Partner mag, also versuch dir vorzustellen, was sie in ihm sieht. Vielleicht kommt der Partner dir arrogant vor. Aber vielleicht bringt er deine Freundin oder deinen Freund immer zum Lachen, ist eine herausragende Begleitung zum Dinner oder verfügt über ein Dutzend anderer Attribute, die du nicht siehst. Liste die möglichen großartigen Qualitäten auf, selbst wenn du raten musst, was sie sein könnten. Vielleicht ist der Sex hervorragend! Falls dich nichts anderes überzeugt, gehe davon aus, dass dein:e Freund:in großartigen Sex hat.

WIE GUT KENNST DU DIESE PERSON? Rechne genau aus, wie viel Zeit du in ihrer Gesellschaft verbracht hast. Der Kontext und die Umstände spielen ebenfalls eine Rolle. Vielleicht kommt die Person dir re-

serviert oder merkwürdig vor, weil du sie immer nur fünf Sekunden lang siehst, bevor sie im Schlafzimmer deiner Mitbewohnerin verschwinden. Genau umgekehrt kann es auch sein, dass du einfach viel zu viel Zeit mit dieser Person verbringst, weil du immer das fünfte Rad am Wagen bist oder weil sie so oft bei dir zu Hause ist, dass sie sich praktisch als weitere:r Mitbewohner:in (ohne Miete zu zahlen) qualifiziert. Keine dieser Szenarien ist geeignet, dich besonders verständnisvoll und geduldig gegenüber der anderen Person zu machen.

LIEBE JENN UND TRIN,

mein Mitbewohner ist in einer Fernbeziehung und es ist so klar, dass ihn das todunglücklich und einsam macht. Er sollte rausgehen und sein Leben genießen, nicht zu Hause hocken und auf einen Anruf warten. Es ist ziemlich offensichtlich, dass sie die nächsten vier Jahre in dieser Entfernung leben werden, und ich weiß nicht, wie ich damit umgehen soll, meinen Freund so ängstlich, gestresst und allein zu sehen. Kann ich da was sagen?

Dein Freund ist traurig und du möchtest seine Niedergeschlagenheit nicht noch vergrößern. Wenn die Distanz für die Beziehung zu schwierig wird, werden sie sich von selbst trennen. Und wenn sie es die nächsten vier Jahre schaffen, dann gut für sie, oder? Viele Menschen schaffen es, dass Fernbeziehungen funktionieren. Wenn du aber das Gefühl hast, dass dein Freund davon profitieren würde, kannst du vorsichtig und mitfühlend sagen: »Ich habe nicht den Eindruck, dass dich diese Situation glücklich macht. Ich mache mir Sorgen um dich.« Oder: »Eine saubere Trennung ist vielleicht das, was für euch beide am besten funktioniert. Hast du da schon drüber nachgedacht?« Aber bedränge ihn nicht. Sobald du deinen Kommentar abgegeben hast, ist es gut! Er kennt deine Einstellung und kann damit machen, was er möchte.

Wir wollen, dass du zum Kern dessen vorstößt, wieso du die Person nicht leiden kannst, denn am wichtigsten ist natürlich, wie sie andere behandelt – konkreter, deinen Freund beziehungsweise deine Freundin. Wenn du sie also einfach nur irritierend findest, aber sie generell höflich ist und deinen Freund oder deine Freundin glücklich macht, solltest du deine Meinung für dich behalten. (Aber du kannst die Zeit, die du mit dieser Person verbringst, limitieren. Es gibt keinen Grund, dir anzutrainieren, jemanden zu mögen, von dem du weißt, dass ihr nicht auf der gleichen Wellenlänge seid.) Eine weitere Option: Hole mehr Informationen ein. Du verstehst nicht, wieso dein:e Freund:in einen solchen Trottel daten kann? Frag nach! **Aber vermeide die folgenden Fragen:**

- *Wie kannst du einen solchen Trottel daten?*
- *Was siehst du überhaupt in ihm/ihr?*
- *Wird diese Person je mit dir in ein nobleres Restaurant gehen?*
- *Wieso [lasst ihr es so langsam/so schnell angehen/geht es bei euch überhaupt nicht vorwärts]?*
- *Wie kommt es, dass Mika nie redet?*
- *Und hat Emily jetzt endlich einen Job gefunden oder was?*

Deinen Freund oder deine Freundin zu bitten, ihre bessere Hälfte zu verteidigen, wenn du sie nicht gut kennst, ist unfair. **Diese Gesprächsanfänge kommen vermuuuutlich besser an:**

- *Wie läuft es zwischen euch?*
- *Wie lange seid ihr jetzt zusammen?*
- *Wie war euer gemeinsamer Abend? Hattet ihr ein schönes Date?*
- *Hast du das Gefühl, dass es ernster mit euch wird, oder ist es eher eine lockere Geschichte?*

- *Ben scheint mir schüchtern und ruhig zu sein – habe ich da recht?*
- *Wie geht es bei seiner/ihrer Jobsuche voran?*
- *Ich würde Jonas gerne besser kennenlernen. Vielleicht können wir ja mal alle zusammen ausgehen. Was meinst du?*

Wenn du dir angewöhnst, Fragen wie diese zu stellen, erfährst du mehr darüber, wie sich die Beziehung im Allgemeinen entwickelt, und das Bild wird etwas weniger neblig. Alle Paare haben mal einen schlechten Tag zusammen. Wenn es eine Reihe von schlechten Tagen ist, dann solltest du die Ohren spitzen. Wenn du neue Informationen erhältst, die deinen Verdacht, dass sich die Beziehung tatsächlich schlecht entwickelt, zu bestätigen scheinen, kannst du sagen, was du hörst, siehst und bemerkst. Schließlich bist du nicht gefühllos. Du darfst Meinungen und Urteile haben, besonders wenn es um Leute geht, die mit deinen Freund:innen ins Bett gehen. Mache nur deutlich, dass du dich sorgst und es nicht um offene Ablehnung geht (zumindest noch nicht). Stelle klar, dass du zum Team deines Freundes oder deiner Freundin gehörst. **Zum Beispiel so:**

- *Wenn du glücklich bist, bin ich es auch. Aber im Moment machst du mir irgendwie keinen glücklichen Eindruck.*
- *Es fällt mir schwer, dich so zu sehen.*
- *Es nervt mich, wenn XY sagt, dass er oder sie dich anrufen wird, und dann tut er oder sie es nicht.*
- *Ich finde dein:e Partner:in schuldet dir hier eine Entschuldigung.*
- *Das kommt mir vor, als würdest du da in eine unfaire Situation gebracht.*
- *Kann ich dich was zu Andie fragen? Etwas, aus dem Gespräch beim Abendessen heute ist mir irgendwie falsch im Hals stecken geblieben und ich würde gerne wissen, was du dazu denkst.*
- *Es macht mir Sorgen, dass jemand deine Großzügigkeit ausnutzen könnte.*
- *Ich reagiere ein bisschen empfindlich darauf, dass du [ihre/seine Miete zahlst/all ihre/seine Arbeit machst].*

Nachdem du all diese Fragen angeschnitten hast, kann es immer noch sein, dass du weiter nach einer Erklärung suchst. Unglücklicherweise bedeutet das eventuell, dass du dich in der schwierigsten Situation von allen befindest: Was, wenn dein:e Freund:in glücklich zu sein scheint, aber ihr:e Partner:in immer noch zum Kotzen ist? Die Person ist unfreundlich, unsensibel, unsympathisch und aus unerfindlichen Gründen sieht dein:e Freund:in diese Fehler nicht und genießt ihre Gesellschaft. Dann musst du eine Entscheidung treffen: Möchtest du weiter eng mit jemandem befreundet sein, der es genießt, seine Zeit mit einer Person zu verbringen, die du für ausgesprochen idiotisch hältst? Schließlich bist du, mit wem du dich umgibst. Nur du kennst die Antwort, aber denke daran: Manchmal daten und/oder heiraten unsere Freund:innen Blindgänger. Es gehört zu den großen Mysterien des Lebens. Du musst dich nicht mit dieser Person anfreunden und du musst sie auch nicht ausstehen können.

Solltest du zu deiner Freundin oder deinem Freund etwas sagen? Stell dir zuerst die Reaktion vor. Werden sie überrascht sein, dass du eine Meinung dazu hast, wen sie daten? Mit anderen Worten: Ist dieses schwierige Thema etwas, das du zuvor schon erfolgreich angeschnitten hast? (Und wenn die Rollen vertauscht wären, würdest du dir anhören, was dein:e Freund:in zu sagen hat?) »Es ist nichts gegen dich, ich kann nur deinen Freund nicht ausstehen« ist ein schwieriges Gespräch und wir können es nicht empfehlen, außer du empfindest es als wirklich notwendig. Es ist gewagt, kann aber das Risiko wert sein, wenn du glaubst, dass du dein Gegenüber davor bewahren kannst, unverhältnismäßige Umstände, Herzschmerz oder finanziellen Ruin zu erleben. Aber bevor du ein Wort sagst, frage dich: »Wie wird diese Information helfen?«, und stelle sicher, dass du eine Antwort hierzu hast.

KÖNNEN TYPEN UND MÄDELS JE EINFACH NUR FREUND:INNEN SEIN? EINE ERMITTLUNG

Diese Frage kommt extrem oft. Glücklicherweise haben wir beide eine ergonomische Tastatur, sodass wir unsere Köpfe sicher auf den Schreibtisch schlagen können, wann immer wir zu diesem Thema befragt werden.

Aber ehrliche Anfragen verdienen ehrliche Antworten, daher lasst uns zunächst die Heteronormativität anschauen, die in dieser Frage steckt, denn es handelt sich um ein inakkurates Profil der Menschheit. Heteronormativität ist die Annahme, dass sich alle Männer nur von Frauen angezogen fühlen und alle Frauen nur Männer attraktiv finden. Es bedient außerdem das Stereotyp, dass Männer ihre sexuellen Gefühle nicht im Zaum halten können. Diese Sachen sind natürlich nicht wahr. Wenn du also darüber nachdenkst, ob Männer und Frauen je »nur Freund:innen« sein können, ignorierst du nicht nur die Existenz platonischer Freundschaft, du ignorierst (oder negierst absichtlich) die Existenz von Leuten, die asexuell oder nicht hetero sind. Ziemlich bedauerliche Umstände also! Können schwule Männer nicht mit anderen Männern befreundet sein? Sagst du damit, dass bi- oder pansexuelle Leute gar keine Freund:innen haben können? Sei ehrlich mit dir selbst – du beschäftigst dich nicht mit der Frage, ob »Typen und Mädels Freund:innen sein können«. **Du fragst dich insgeheim so etwas wie:**

- *Sollte ich meine Partnerin mit Leuten abhängen lassen, die sie attraktiv finden könnte?*
- *Sollte ich mir Sorgen machen, dass meine Freundin männliche Freunde hat?*
- *Wenn ich meinem Partner erlaube, sich mit wem immer er will zu treffen, wird er mich dann betrügen?*

Also ja, du solltest deiner Partnerin »erlauben«, sich mit wem immer sie will zu treffen, aber mit dem Verständnis, dass gesunde Beziehungen kein Mikromanagement beinhalten. Wenn du dauernd Angst davor hast, mit wem sich dein:e Partner:in trifft, dann ist das ein Problem, das ihr besprechen solltet. Du kommst aus einer Unsicherheit heraus – so viele Leute fühlen sich unsicher! –, aber eine Freundesliste für deine Partnerin oder

deinen Partner zu erstellen, ist missbräuchlich und manipulativ. Kümmere dich um dieses Problem mit jemandem, der absolut ehrlich mit dir ist, wie ein:e Therapeut:in. Du bist nicht verloren, aber du hast Hausaufgaben zu machen: Du musst damit anfangen, dein Verhalten und die Art, wie du denkst, zu ändern.

LIEBE JENN UND TRIN,

ist es seltsam, dass die beste Freundin meines Freundes eine attraktive Frau ist? Es hat mich nie gestört, bis mich eine Freundin darauf hingewiesen und gesagt hat, dass »das UNTER KEINEN UMSTÄNDEN für sie in Ordnung wäre«. Jetzt fühlt es sich mit dem, was sie impliziert, etwas komisch an. Lege ich es darauf an, betrogen zu werden?

Du verdienst einen Partner, der Hals über Kopf in dich verliebt ist. Gibt es Indikatoren, dass dies nicht der Fall ist (abgesehen davon, dass dein Partner eine Freundin hat, die attraktiv ist)? Bist du für ihn eine Priorität? Fühlt sich eure Beziehung gut an? Falls nicht, sind das die Probleme, die angesprochen werden sollten, und sie haben nichts mit der attraktiven besten Freundin zu tun.

Aber wenn das einzige Problem die attraktive Freundin ist und du dich einfach immer noch komisch fühlst, dann lässt sich das lösen. Es könnte sein, dass deine eigene Freundin den Kommentar gemacht hat, weil sie dich gern mag und etwas sieht, das du nicht siehst, und dich beschützen will. Aber wahrscheinlicher ist es, dass deine Freundin in der Hinsicht ein bisschen albern ist, denn es gibt überall attraktive Leute. Und manchmal sind wir mit ihnen befreundet. Würdest du jede attraktive Person in deinem Leben knutschen? Wahrscheinlich nicht und dein Freund vermutlich auch nicht.

Vielleicht geht es hier auch gar nicht um die attraktive Freundin. Manchmal brauchen wir einfach eine extra Bestätigung, dass wir geliebt und umsorgt werden. Vielleicht möchtest du sagen: »Ich weiß, dass du mich liebst, aber es würde mir viel bedeuten, wenn du es heute ein paarmal öfter laut aussprichst.« Oder einfach: »Mir geht's beschissen. Kann ich bitte ein Kompliment bekommen?«

Es ist übrigens auch eine ineffektive Maßnahme, um Betrug vorzubeugen. Wir haben keine Ahnung, ob dein:e Partner:in dich betrügen wird. Aber wenn jemand fremdgehen will, dann findet er eine Person dazu. Menschen leben überall auf diesem Planeten, selbst in den kalten Gebieten. Jede Person, die das möchte, kann und wird jemanden zum Küssen finden, wenn genügend Zeit und Ressourcen vorhanden sind. Leute haben meistens eine Affäre mit jemandem, der einfach gerade da ist. Wenn es nicht die attraktive Freundin oder der süße Typ aus dem Büro ist, dann ist es eben jemand anderes. Aber bitte behalte jetzt von all diesen Worten nicht, dass deine Partnerin mit jedem Sex haben will, der einfach nur da ist. Das stimmt so nicht. Was wir sagen, ist, wenn dein Partner oder deine Partnerin dir fremdgeht, was auch immer es für Gründe dafür geben mag, dann fällt die Wahl wahrscheinlich auf eine Person aus dem Pool der Leute, die in der Nähe sind. Wenn du manipulativ eine Situation erzeugst, in der nicht viele Leute in der Nähe sind, wird derjenige nur weiter weg nach jemand anderem schauen.

Aber zurück zu der Frage: Können Hetero-Männer und Hetero-Frauen je »einfach nur Freund:innen« sein? Ja. Das können sie. Natürlich können sie das. Immer wenn wir das gefragt werden, sorgen wir uns, dass du denkst, dass platonische Beziehungen a) irgendwann faulen oder b) zu einer sexuellen oder romantischen Beziehung reifen. Freundschaft ist nicht einfach eine Möglichkeit für Sex. Deshalb ist das Konzept der Friendzone auch so knifflig. Freundschaft ist keine versteckte Romanze und auch keine Unannehmlichkeit, durch die du durchmusst, um bei Sex zu landen. Liebe und Freundschaft können sich natürlich überlappen. Freundschaft kann sich zu einer Romanze entwickeln. Wenn du auf einer Menge Hochzeiten gewesen bist, dann hast du eine Version dieser Szene gesehen: Die Angetrauten halten vor dem Altar Händchen und sagen so etwas wie: »Ich kann es kaum glauben, dass ich meinen besten Freund heiraten darf.« Sehr süß. Aber du musst deinen besten Freund und auch deine beste Freundin nicht heiraten, wenn es nicht dazu kommt, und das sollte auch gar kein Ziel sein. Wenn du dich entscheidest zu heiraten, heirate eine Person, die dich wirklich versteht, und wenn diese Person auch noch die Rolle der besten Freundin oder des besten Freundes erfüllt oder ihr als Erstes Freund:innen wart, dann ist das cool. Aber Freundschaft mit einer Person des Geschlechtes, zu dem du dich hingezogen fühlst, ist keine Notlösung. Freundschaften sind es wert, um ihrer selbst geschätzt zu werden. Platonische Liebe ist nicht das Zweitbeste.

WENN FREUNDSCHAFTEN KOMPLIZIERT WERDEN

WIE DU DICH BESSER FÜHLST, FÜR DICH SELBST EINZUSTEHEN (DU KANNST DAS!)

Trin war einmal in einer sehr intensiven Telefonkonferenz mit zwei sehr intensiven Geschäftsleuten. Eine wichtige finanzielle Entscheidung hing in der Luft. Die beiden Männer hatten konträre Ansichten und kämpften wie Berserker für das, was sie wollten. Sie fluchten und schwangen metaphorisch ihre Schwänze und es dauerte länger als eine Stunde. Schließlich hatte ein Mann den anderen niedergekämpft und trat siegreich aus dem Streit hervor. Trin war gleichzeitig ehrfürchtig als auch bestürzt, als sie ihn später fragte, wie er das geschafft hatte, und er einfach antwortete: »Ich wusste, dass ich recht hatte.«

Lektion gelernt: Es ist leichter, für sich selbst einzutreten, wenn man glaubt, dass man recht hat. Du solltest nie einen Freund oder eine

Freundin so fertigmachen, wie der Mann in der Telefonkonferenz, aber du kannst dich nicht richtig verteidigen, wenn du nicht zu 100 % das vertrittst, was du sagst.

Sagen wir zum Beispiel, dass du mit jemandem befreundet bist, der dich verkuppeln will. Sie möchte gerne Amor spielen. Du bist mit diesem Plan aber nicht einverstanden. Nutze als Erstes Metadenken. (Du bist jetzt schon so weit in diesem Buch gekommen, da kannst du das inzwischen supergut.) Erforsche deine Gefühle – yep, wie in *Star Wars* – und bestimme genau, wie du dazu stehst. **Zum Beispiel so:**

- Wie sieht mein:e Freund:in das?
- Gibt es einen Grund dafür, dass meine Freund:innen denken, dass ich will, dass sie das für mich tun?
- Habe ich mich klar ausgedrückt? Und werde ich gehört?
- Ist dies ein Problem oder kann ich es einfach so ziehen lassen?
- Es ist ein Problem. Wie viel Zeit möchte ich diesem Problem widmen?

Sobald du weißt, was dein Standpunkt ist und wie du dich fühlst, kannst du den Fall aufnehmen. Und zwar folgendermaßen:

SAMMLE BEWEISE. Kenne die kalten, harten Fakten auswendig. Du willst nicht, dass dein Freund dich verkuppelt, aber er textet dir, dass er dein perfektes Match gefunden hat, obwohl du erst letzte Woche erwähnt hast, dass du nicht daran interessiert bist, zu daten.

SUCHE BEISTAND VON EXTERNEN BERATER:INNEN. Dein:e Therapeut:in, ein Elternteil, liebe Freund:innen, ein Internetkumpel, der niemanden der Involvierten kennt – finde jemanden, der dir großzügig zuhört und dich aufbaut, nachdem du ein paar Minuten Dampf abgelassen hast. Sie können dir versichern, dass du nicht irrational bist, nur weil du nicht willst, dass dein Freund dich verkuppelt. Deine externen Berater:innen können dir auch eine andere Perspektive vermitteln. Vielleicht sagen sie dir, dass du in der Vergangenheit Freund:innen von Freund:innen daten wolltest, sodass es etwas Verwirrung gibt, was du *jetzt* willst. Das ist eine großartige Gelegenheit, sein Bauchgefühl von jemandem überprüfen zu lassen, dem man vertraut.

FINDE ZEUG:INNEN FÜR DEINE SACHE. Wenn es in deiner Situation Sinn macht, wende dich an jemanden, mit dem du eng befreundet bist, der in der Situation für dich einstehen kann – Freund:innen, die behutsam (oder weniger behutsam) in einer unangenehmen Situation sagen können: »Hey, Anna ist nicht an unseren Vorschlägen, wen sie daten sollte, interessiert, also können wir da nichts machen.« Oder: »Anna hat uns gesagt, dass sie nicht daran interessiert ist, mit jemandem verkuppelt zu werden, also vergessen wir die Idee. Hat jemand Lust auf ein Brettspiel?«

VERANSTALTE EINE VERHANDLUNG ZUR PROBE. Spiele die Konversation in deinem Kopf durch und stelle dir ein Szenario vor, in dem alles gut funktioniert. Dann stelle dir ein weiteres Szenario vor, in dem du dich wiederholen musst. Plane, was du sagst, aber erinnere dich, dass du hier keinen ausgefeilten Monolog abliefern musst. Du musst nicht so hart arbeiten, wie echte Anwält:innen das müssten. Diese Fernsehanwält:innen haben ganze Writers' Rooms, damit sie so super schlagkräftig klingen. Du hast nur dich – und das ist genug.

Nachdem du diese Schritte durchgemacht hast, solltest du alles, was du deinem Freund sagen willst, in ein oder zwei Sätze packen können. Diese Sätze sind jetzt deine These. Wenn dein Freund mehr als einmal fragt (und wir hoffen, dass er das nicht tut), wiederholst du einfach nochmals deine These. Vermeide ein Eingehen darauf mit beiläufigen Kommentaren wie »na ja, vielleicht« oder »ach nee, ich weiß nicht«. Jetzt ist die Zeit, klar zu sagen, was du brauchst, in einem Tonfall, der sich für dich richtig anfühlt. Beginne deine Aussagen mit dem Wort »Ich«. *Ich würde es vorziehen; ich brauche/ich brauche nicht; ich bin interessiert/ich bin nicht interessiert; ich bin gewillt/ich bin nicht gewillt* und so weiter. **Hier sind ein paar Möglichkeiten, um das, was du sagen willst, kristallklar rüberzubringen:**

- *Hi, Kumpel, mir wäre es lieber, wenn du mich aktuell mit niemandem verkuppeln willst. Wenn ich meine Meinung dazu ändere, lasse ich es dich wissen.*
- *Ich war früher daran interessiert, Freund:innen von Freund:innen zu daten, aber ich habe meine Meinung geändert. Also bitte dieses Update zu meiner persönlichen Akte hinzufügen.*
- *Mir gefällt die Idee nicht, mit Leuten auszugehen, mit denen mich meine Freund:innen verkuppeln wollen.*
- *Es freut mich zu hören, dass es keine große Sache für dich ist, aber ich will trotzdem nicht, dass du mich mit irgendjemandem verkuppelst. Danke, dass du da cool bist.*
- *Bitte hör auf, mich für Dates zu verabreden. Ich will das einfach nicht.*

Und du musst darin nicht perfekt sein. Wenn dein Freund das Gespräch nicht sein lässt und dir weiter Druck macht, um die Antwort zu erreichen, die er möchte, dann kannst du das Thema an sich ignorieren und stattdessen die unangenehme und unfaire Situation ansprechen, in die er dich bringt. Das fühlt sich sicherlich komisch an, aber versuche, die Verlegenheit zu akzeptieren. Du hast in deinem Leben Hunderte unangenehmer Momente ertragen und bist immer noch hier. Abgesehen davon hast du nicht für diese komische Lage gesorgt – dein Freund hat das getan. **Du kannst folgendermaßen antworten:**

- *Ich wünschte, wir könnten dieses Thema jetzt beenden.*
- *Na, jetzt fühle ich mich auf jeden Fall komisch.*
- *Ich habe dich schon beim ersten und zweiten Mal gehört, als du das angebracht hast.*
- *Ehrlich, ich habe keine Ahnung, wieso du so an meinem Liebesleben interessiert bist.*

Und hier noch eine weitere Sache zum Drübernachdenken: Wie oft musst du bei deinen Freund:innen für dich selbst eintreten? Vielleicht suchst du unterbewusst Leute, die dir

Druck machen. Falls das so ist, solltest du mal Tabula rasa machen mit den Leuten in deinem Leben. Freund:innen sollten nicht ihre Wünsche über deine Bedürfnisse stellen.

LIEBE JENN UND TRIN,

ich bin Eventfotografin und meine Freundin möchte, dass ich bei ihrer Hochzeit die Fotos schieße. Ich weiß in meinem Herzen, dass das eine schlechte Idee für unsere Freundschaft ist, und ich habe ihr höflich mitgeteilt, dass ich keine Hochzeiten für Freund:innen fotografiere (was auch in den allermeisten Fällen stimmt). Allerdings scheint sie meine Antwort nicht ernst zu nehmen. Wie kann ich klarer erklären, dass ich nicht die richtige Person dafür bin?

Es klingt, als ob deine Freundin dich so lange fragen wird, bis sie die Antwort bekommt, die sie hören will. Was für eine blöde Situation, in die sie dich da bringt! Es ist an der Zeit, eine unmissverständliche Ansage zu machen:

- *Ich werde bei deiner Hochzeit nicht die Fotografin sein, aber ich komme sehr gerne als dein Gast.*

- *Ich habe das Gefühl, dass du dich an der Hoffnung festhältst, dass ich meine Meinung ändere, aber ich möchte da ganz klar sein: Das wird nicht passieren.*

- *Ich habe mich das letzte Mal, als wir geredet haben, nicht gehört gefühlt, deswegen wollte ich sichergehen, dass du weißt, dass ich bei deiner Hochzeit nicht die Fotos machen werde.*

- *Ich werde nicht deine Fotografin sein. Ich weiß, dass das nicht die Antwort ist, die du hören wolltest, aber ich bleibe dabei.*

An dieser Stelle hast du dein Bedürfnis ganz deutlich gemacht. Jedes Argument, das sie von da an noch anbringt, ist ein Versuch, dich zu zermürben, was superunhöflich ist. Vielleicht kannst du es persönlich verzeihen, weil sie ihre Hochzeit plant und vermutlich unter großem Druck steht, aber trotzdem – gute Freund:innen respektieren deine Grenzen.

WENN SICH WEGE TRENNEN

Wir haben von vielen Zuhörer:innen, die eine wichtige Änderung in ihrem Leben gemacht haben, gehört, dass sie auf ihre Freundesgruppe geschaut und beschlossen haben, dass es jetzt an der Zeit ist, sie in einer Staubwolke zurückzulassen. Das ist ein großer Moment. Eine große Entscheidung. Wir sind bei den meisten Sachen keine großen Verfechter der Methode STRG-ALT-ENTF, besonders nicht, wenn es um viele Leute gleichzeitig geht – außer sie sind toxisch, behandeln dich schlecht, verhalten sich unangebracht oder sorgen dafür, dass du dich nicht sicher fühlst. In dem Fall musst du tun, was du tun musst (siehe S. 223). In den weniger schlimmen Fällen bitten wir dich, eiiine Sekunde auf Pause zu drücken. Lass uns erst die Optionen betrachten, die du abgesehen von der Möglichkeit hast, Leute permanent hinter dir zu lassen. Wenn es darum geht, Menschen aus deinem Leben zu entfernen, möchten wir, dass du da mit offenen Augen reingehst, sodass du nachher bei solch einer großen Entscheidung nichts bedauerst.

Wieso alle Brücken abbrechen? Was an der Freundesgruppe bringt dich dazu, dass du alle hinter dir lassen möchtest? Lass uns eine Sache als Erstes ansprechen: Es könnte sein, dass du versuchst, vor deinem eigenen Verhalten davonzulaufen. Leute tun das. Aber es ist nicht okay, Menschen zu verletzen und dann das Nachbeben zu ignorieren und abzuhauen. (Und egal, welche neue Freundesgruppe du finden wirst, auch da wird es Konflikte geben.) Aber wenn das nicht auf dich zutrifft, musst du vielleicht einfach ein paar Parameter in deinen Freundschaften platzieren. Du könntest:

ÄNDERN, WAS IHR ZUSAMMEN MACHT. Vielleicht schmeißen sie viele Partys, aber du feierst nicht gerne. Oder vielleicht ist genau das Gegenteil der Fall. Du treibst dich gerne auf den Tanzflächen und in Kneipen herum und das ist einfach nicht ihre Szene. Mache deutlich, was du willst, und schlage ihnen vor, etwas anders zu machen. Vielleicht sind einige von ihnen interessiert und du kannst eine Ablegergruppe gründen.

MACHE EINE AUSGEDEHNTE PAUSE VON DIESER GRUPPE VON LEUTEN. Eine Trennung auf Probe könnte alles sein, was du brauchst. Schau dir an, wie dein Leben ohne sie aussieht. Fülle deinen sozialen Kalender mit anderen Leuten. Wir empfehlen, dass du deinen Freund:innen ein Zeichen gibst, sodass sie sich keine Sorgen machen, weil du dich nicht meldest. Eine Textnachricht könnte Folgendes umfassen: »Hey, Leute, ich [mache eine soziale Pause/muss mich ein bisschen ausruhen/muss mental aufräumen], daher bin ich ein paar Wochen abwesend.« Füge kein »es ist alles in Ordnung« hinzu, denn du weißt noch nicht genau, ob das wahr ist. Hau stattdessen ein paar Daumen-hoch-Emojis in die Nachricht.

VERÄNDERE, WIE DU MIT DEN LEUTEN INTERAGIERST. Muss sich das Verhalten der Gruppe ändern? Dies ist ein gängiges Problem in alten Freundschaftsgruppen – solchen, die sich gebildet haben, als ihr Windeln trugt oder in der Mittelschule wart. Das unreife oder nicht mehr passende Verhalten (einander durch den Wolf drehen, anstößige Witze machen, einander in die Weichteile hauen) hat euren Umgang miteinander vor Urzeiten geprägt und jetzt würdest du gerne, dass es aufhört. Das ist ziemlich nachvollziehbar. Du kannst die Freundschaftseinstellungen in deinem Betriebssystem anpassen.

LIEBE JENN UND TRIN,

vor Kurzem ist eine Lehrerin aus meiner Schulzeit gestorben, die ich sehr mochte. Ihr Tod hat mich dazu gebracht, intensiv über die Per-

son nachzudenken, die ich sein möchte, und ich habe daraufhin beschlossen, eine Menge Veränderungen anzugehen. Ich habe eine neue Frisur, einen neuen Job und ich habe meinen Partner verlassen, mit dem ich sechs Jahre lang zusammen war. Ich schreibe mehr, ich gehe mehr in die Natur, ich gehe mehr aus. Ich esse das zusätzliche Stück Kuchen und trinke das extra Glas Wein. Ich bin so viel glücklicher. Aber meine Freund:innen kennen mich immer noch als das alte Ich. Wie kann ich sie ziehen lassen und eine Gruppe finden, die besser zu meinem neuen Ich passt?

Mach weiter dein Ding! Du gehst ja an neue Orte und triffst alle möglichen neuen Leute. Sei dein fröhliches neues Ich. Aber musst du irgendjemanden »ziehen lassen«? Du kannst viele Freund:innen haben und Freundschaften haben Pausen und Trockenzeiten. Es ist möglich, neue Beziehungen zu erkunden, ohne verbrannte Erde zu hinterlassen. Es ist in Ordnung, Abstand von Leuten zu nehmen, die dir das Gefühl geben, in einer alten Identität gefangen zu sein, aber du hast nichts spezifisch Schlimmes oder Alarmierendes über deine alte Freundesgruppe erzählt. Deswegen würden wir dich an dieser Stelle ermutigen, zusätzliche Freund:innen zu finden statt ein Ersatzset.

TREFF DICH EINZELN MIT DEN LEUTEN, NICHT IN DER GROSSEN GRUPPE. Selbst, wenn die alte Freundesgruppe für dich nicht mehr funktioniert, hast du ja vielleicht einen besonderen Bezug zu einem der Mitglieder. Versuche, diese Freundschaft in einen neuen Kontext zu pflanzen. In der Fernsehshow *Große Ideen für kleine Gärten*, in der der Gärtner Monty Don in einem Hinterhof arbeitet, schmeißt er nicht jede Pflanze raus – als Erstes untersucht er, was vorhanden ist und ob es sich verbessern lässt und erfolgreich im Garten umgepflanzt werden kann. Die gleiche Idee gilt hier. Du kannst deine Freund:innen upcyceln.

SCHAU DIR DIE GESCHICHTE EURER FREUNDSCHAFT AN. Eure gemeinsame Geschichte als Freundesgruppe lässt sich nicht ersetzen. Freundschaften, die Jahrzehnte und Identitäten überspannen, haben etwas Einzigartiges und Kostbares. Wenn du das Gefühl hast, dass es sich lohnen könnte, an der Gruppe festzuhalten, gib den Leuten die Gelegenheit, zu wachsen und sich an deiner Seite zu verändern.

Das Schiff zu verlassen, sollte die letzte Option sein. Eine, die du ohne Schuldgefühle wählen kannst, aber die du nicht leichtfertig begehen solltest. Freund:innen zurückzulassen mag für dich vielleicht der beste und wahrhaftigste Weg sein, aber unser Punkt ist einfach nur der: Leute kurzerhand aus deinem Leben zu löschen, sollte nicht die Allzwecklösung sein. Stattdessen kannst du die Rolle, die sie in deinem Leben spielen, anpassen.

WENN FREUND:INNEN DICH GHOSTEN

Deine Freundin hat seit Monaten nichts mehr mit dir unternommen, deine letzten fünf Textnachrichten sind unbeantwortet geblieben, ein weiterer Anruf ist auf die Voicemail gegangen. Was ist los? Nun, niemand hört dies gern, aber es kann absolut sein, dass sich jemand einfach von dir entfernt – so großartig du auch bist. Es ist wirklich nicht so selten oder schockierend, wie es klingt. Tatsächlich ist es selten, dass man ein Leben lang mit jemandem befreundet ist.

Das Leben wartet mit so viel Stress auf, dass das Treffen von Freund:innen oft ganz unten auf der To-do-Liste landet. Vielleicht ist deine Freundin im Überlebensmodus – sie muss sich um dringende Verantwortlichkeiten kümmern und hat keinen Funken Energie übrig. Wenn sie zum Beispiel jemand Nahestehendes im Krankenhaus hat oder verzweifelt auf der Suche nach einem neuen Job ist, kann sogar das Beantworten einer Textnachricht zu viel für ihre zerstreute Aufmerksamkeit bedeuten. Oder vielleicht ist es weniger schlimm und deine Freundin hat sich lediglich entschlossen, ihre Dissertation ohne Störungen abzuschließen. Vielleicht datet sie jemand Neues und ist tief in dieser Flitterwochenphase, in der man alle Zeit ausschließlich miteinander verbringt. Oder sie könnte nicht erreichbar sein, weil ihr das Handy in die Toilette gefallen ist. Du kannst darüber spekulieren, was mit deiner Freundin los ist, aber die Sache ist die: Der Grund für ihr Schweigen – was auch immer es ist – spielt jetzt keine Rolle. Du gehst auf die gleiche Weise vor: geduldig, vorsichtig, achtsam.

SCHRITT 1: Melde dich mit einer sehr klaren Einladung und sehr klaren Plänen. Schlage eine Aktivität vor, die nicht viel Zeit in Anspruch nimmt, kein hohes Engagement verlangt und eine kurze Anfahrt sowie wenig Planung bedeutet. Wenn du das letzte Mal vorgeschlagen hast, gemeinsam in einen Freizeitpark zu fahren, ein Wochenende campen zu gehen oder einen Roadtrip quer durchs Land zu machen, ist die Aktivität selbst vermutlich ein Problem. Lade deine Freundin stattdessen zu einem

schnellen Kaffee/Sandwich/Bier ein, um euch auszutauschen. Etwas mit geringem Aufwand. Wenn sie diese Einladung ablehnt, reagiere mit der Haltung: »Hey, kein Ding. Es klingt, als ob du gerade sehr viel um die Ohren hast. Wie wäre es, wenn du dich meldest, wenn du Zeit hast?« Oder: »Kein Problem. Lass mich einfach wissen, wenn du Zeit hast.«

SCHRITT 2: Wenn du nach einer Woche (oder einem Monat oder einem bestimmten Zeitraum, der sich für dich passend zu den zeitlichen Abständen, die ihr sonst habt, richtig anfühlt) nichts von deiner Freundin gehört hast, unternimm einen letzten Versuch, in ihrem sozialen Kalender aufzutauchen. Nur einen! Wenn sie ablehnt, kannst du Folgendes erklären: »Ach Mist, ich hätte dich wirklich gerne gesehen, weil es schon so lange her ist! Keine Sorge. Ich lasse den Ball jetzt bei dir. Melde dich einfach, wenn du etwas zusammen machen willst.« Du solltest keine Schuldgefühle erzeugen, aber du kannst deutlich machen, dass dir ihre An- und Abwesenheit etwas bedeutet.

SCHRITT 3: Das war alles! Jetzt ist es Zeit, sich zurückzuziehen. Konzentriere deine Energie auf andere Gesellschaft und schicke keine weiteren Einladungen oder hinterlasse mehr Kommentare als sonst auf ihren Social-Media-Profilen. Gib dieser Person den Raum, den sie so offensichtlich haben will.

LIEBE JENN UND TRIN,

ich denke, dass mein Freund gerade keine Zeit für mich hat. Es könnte eine ganze Anzahl an Gründen dafür geben: Wir sind beide in unseren Endzwanzigern und haben andere Menschen, um die wir uns kümmern müssen/mit denen wir Zeit verbringen wollen. Er hat eine Menge mit seinem Hauptberuf und seinem kreativen Nebenjob zu tun, aber wir haben irgendwie immer die Zeit füreinander gefunden. Zum jetzigen Augenblick haben wir uns ungefähr einen Monat lang nicht mehr gesehen und es ist fast genauso lang her, dass wir ein tiefergehendes Gespräch miteinander hatten. Sollte ich ihn trotzdem fragen, ob er etwas mit mir machen will? Bin ich unvernünftig?

Arbeit, Nebenjob, Verpflichtungen – du hast eine hervorragende Liste der Gründe aufgestellt, wieso du und dein Freund euch nicht gesehen habt. Bei all diesen Komplikationen ist es verständlich, dass dein Freund abwesend ist. Du bist nicht unvernünftig, wenn du dich allein fühlst und deinen Freund vermisst, aber es klingt nicht, als ob das seine Schuld wäre oder er absichtlich Abstand herstellen würde. Was für eine spezifische Änderung würdest du gerne sehen? »Ich wünschte, du würdest dir Zeit für mich nehmen« ist eine schwierige Bitte, aber »Lass uns mal nächsten Dienstagabend auf 'nen Drink treffen, wenn dein Kalender das zulässt« klingt einladend und entgegenkommend, oder? Versuche, einen konkreten Plan mit deinem Freund zu vereinbaren, und versuche verständnisvoll zu sein, wenn er es nicht schafft.

Bis hierhin hast du all die richtigen Schritte unternommen und du hast dieser Freundin die Chance gegeben, deine Gesellschaft zu suchen oder ihre Abwesenheit zu entschuldigen. Sie weiß, wie sie dich erreichen kann. Wenn das funktioniert und du dich wieder mit deiner Freundin triffst, großartig. Nutze das Wissen, das du über deine Freundin erfahren hast – dass sie von einem begrenzten Budget lebt und niemals Ja zu einem Treffen sagt, das Geld kostet, oder dass sie eine begrenzte soziale Batterie hat –, um bessere Pläne für die Zukunft zu schmieden. Aber wenn das alles nicht funktioniert hat und du deine Freundin nicht siehst (sie nicht antwortet, die Einladung ablehnt), dann weißt du, dass es an der Zeit ist, sie ziehen zu lassen.

Wenn das passiert, besonders wenn du keinen Grund erfährst, bleibst du verwirrt, mit unbeantworteten Fragen und verletzten Gefühlen zurück. **Aber es gibt ein Dutzend ernsthafter und guter Gründe, wieso deine**

Freundin einfach so gegangen ist, die nichts mit dir zu tun haben müssen:

- Deine Freundschaft repräsentiert (ob gerechtfertigt oder nicht) eine schwierige Zeit im Leben dieser Person, die sie gerne hinter sich lassen möchte. Das ist häufig der Fall bei Leuten, die ihre Freund:innen aus Schul- oder Studienzeiten oder von der Arbeit zurücklassen.
- Jemand anderes, der mit dir in Verbindung steht (wie ein gemeinsamer Freund) hat sich vielleicht schlecht benommen oder war verletzend gegenüber dieser Person, sodass sie Distanz braucht. Dein:e Freund:in möchte nicht, dass die Sache hohe Wellen schlägt und muss sich jetzt erst mal um sich selbst kümmern.
- Die Person hat eine Identitätskrise und muss sich von allen äußeren Einflüssen verabschieden, um herauszubekommen, wer sie ist.

Aber vielleicht hat diejenige auch den Eindruck, dass diese Freundschaft einfach nicht das Richtige für sie ist, und will dir das nicht erklären. Für diese Art von Situationen gibt es keine Handlungsvorlage. Es gibt da keine Präzedenzfälle. Menschen greifen viel eher zu der unkompliziertesten, am wenigsten unangenehmen Option. In diesem Fall heißt das, dass sie sich langsam zurückziehen, statt sich auf deine Anrufe zu melden und dir zu erklären »Ich kann dieser Freundschaft keine Priorität geben«. Auf eine kleine, merkwürdige Art ist das vielleicht auch ein Geschenk an dich. Du musst dich nicht durch ein unschönes Gespräch quälen.

Trotzdem wissen wir, dass das schmerzt. Versuche, Trost in der Tatsache zu finden, dass dies, auch wenn es sich nicht gut anfühlt, sehr üblich ist – du *wirst* in deinem Leben an irgendeinem Punkt geghosted werden (falls es nicht schon passiert ist) und du solltest die Leute dich ghosten lassen. Lass sie ohne Konfrontation und großen Konflikt ziehen. Erlaube anderen einen würdevollen Abgang, selbst wenn es sich unfair anfühlt und dich traurig macht. Du kannst niemanden davon überzeugen, an deiner Seite zu stehen, und solltest das auch nicht versuchen. Du brauchst diese eine Person nicht an deiner Seite, um ganz viele andere Freundschaften wert zu sein.

GIFTKONTROLLE: WIE MAN EINE TOXISCHE FREUNDSCHAFT BEENDET

Was bedeutet es, toxisch zu sein? Toxizität heißt nicht, dass man ein- oder zweimal Mist baut. Es ist mehr als eine Handvoll schmerzhafter Fehler. Ehrlich gesagt kann es sogar sein, dass du dir ziemliche Klopper geleistet hast und trotzdem nicht zur Kategorie toxischer Freund oder toxische Freundin gehörst. Jede:r Einzelne von uns hat sich schon mal schlecht benommen. Wir sind alle schon beschissene Freund:innen gewesen. Wir sind unperfekte Kreaturen, die zu schlechter Laune, schnellen Urteilen und egoistischen Entscheidungen neigen. Es wäre unrealistisch, von dir selbst oder irgendjemand anderem zu erwarten, perfekte Freund:innen zu sein. Aber toxisches Verhalten ist ein Muster der Misshandlung über Zeit. Anzeichen dafür sind nicht einfach zu erkennen. Im Gegenteil, sie sind oft extrem gut versteckt. Ein:e Freund:in kann sehr nett sein, während er oder sie dich wiederholt schlecht behandelt (und

die eigenen Aktionen nicht als Fehlverhalten kategorisieren würde).

Wenn ein:e Freund:in immer wieder eine oder mehrere dieser Handlungsweisen an den Tag legt, ist das ein blinkendes Warnsignal. **Toxische Leute machen Folgendes immer wieder:**

- Sie sorgen dafür, dass andere sich gestresst, ängstlich oder ohnmächtig fühlen.
- Sie weigern sich, ein Nein als Antwort zu akzeptieren.
- Sie sind im aggressiven Wettbewerb mit ihren Freund:innen.
- Sie agieren unhöflich, aggressiv oder negativ.
- Sie räumen ihren eigenen Wünschen Vorrang gegenüber den Bedürfnissen ihrer Freund:innen ein.
- Sie ignorieren klare soziale Signale.
- Sie machen andere für ihre schlechte Laune und ihre Fehler verantwortlich.
- Sie sind beleidigt, wenn etwas nicht genau so funktioniert, wie sie es sich vorstellen.
- Sie belehren, beschämen oder erniedrigen Freund:innen für ihre Entscheidungen oder Überzeugungen.
- Sie sorgen dafür, dass andere Leute sich schuldig fühlen, wenn sie ohne einen Spaß haben.
- Bestehen darauf, dass sie Entschuldigungen verdienen, aber entschuldigen sich selbst äußerst selten bis nie.
- Sie bestrafen Leute, indem sie ihnen die kalte Schulter zeigen.
- Sie machen sich über das Auftreten, die Outfits und Körperformen von anderen Leuten lustig.
- Sie unterbrechen andere, um über sich selbst zu reden.
- Sie initiieren übertriebene, exzessive Kämpfe.
- Sie zeigen wenig oder gar kein Interesse an Sachen, die sie nicht betreffen.
- Sie melden sich mit dem größten Enthusiasmus, wenn sie einen Gefallen brauchen oder etwas wollen.
- Sie versuchen die Details, die Konversation und die Nuancen von sozialen Situationen zu kontrollieren.

- Sie sind eifersüchtig oder ablehnend, wenn Leute ohne sie abhängen.
- Sie tun so, als wären sie die Opfer in Situationen, während sie diejenigen sind, die Leid verursachen.
- Sie laden ihre Probleme bei anderen ab, ohne ihnen im Gegenzug zuzuhören.

Wir können gar nicht alle möglichen Aspekte von Toxizität aufzählen, weil toxische Menschen nicht einfach zu bemerken sind. Das Leben wäre einfacher, wenn Monster immer als Monster erkennbar wären, aber dem ist nicht so. Manchmal sehen sie aus wie unsere Freund:innen. Und dein:e Freund:in hat vermutlich neben der Toxizität auch andere ausgleichende Qualitäten – vielleicht [macht es Spaß, zusammen freitagabends in die Bar zu gehen/eventuell ist die Person deine hilfreiche Chemienachhilfe/deine engste Freundin in der Stadt/ein alter Freund der Familie/dein Kumpel mit dem du campen gehst/die Person, mit der du deine Ferien verbringst]. Toxische Personen treiben sich jeden Tag in unserem Umfeld herum und sie sind zwar nicht selten, aber manchmal doch schwer zu erkennen.

Wenn du je eine toxische Freundschaft von außen beobachtet hast, wolltest du wahrscheinlich die ganze Zeit schreien: »Wieso seid ihr immer noch befreundet? Schieß diesen Idioten auf den Mond.« Wenn das nur so einfach wäre. Sich von einer toxischen Person zu entfernen, fühlt sich an, wie einen Berg mit den bloßen Händen verschieben zu wollen – unmöglich. Das ist es, was die Situation so vergiftet macht. Du fühlst dich eingesperrt. Aber du *kannst* die Freundschaft beenden oder schützende Barrieren errichten. Selbst wenn du denkst, dass du eine Fußmatte bist. Selbst wenn du extrem harmoniebedürftig bist und es gerne immer allen Leuten recht machen möchtest. Vielleicht entschließt du dich dazu, dass es die Anstrengung nicht wert ist, dich rauszuziehen oder zu schützen, aber du kannst in deinen Freundschaften immer Entscheidungen treffen, egal, wie kraftlos du dich fühlst.

PRIVILEGIEN, TOXIZITÄT UND WIE MAN SEINE FREUND:INNEN ERZIEHT (ODER AUCH NICHT)

Hier sind ein paar verdammt gute Gründe, jemanden aus deinem Leben zu schmeißen: wenn sie rassistisch und sexistisch sind oder in anderer Form eine Person oder eine Gruppe von Menschen schlecht behandelt. Wenn dein Privileg und deine Beziehung mit dieser Person es dir erlaubt, überlege, ob du, bevor du gehst, sie darüber aufklären kannst, wieso ihre Aktionen schädlich und inakzeptabel sind. Schließlich profitieren wir als Gesellschaft davon, wenn Leuten bewusst wird, dass ihr beschissenes Verhalten Konsequenzen hat (zum Beispiel dich, deinen Respekt und dein Vertrauen zu verlieren). Wenn du allerdings die Person bist, die verletzt wurde, dann musst du diese Verantwortung nicht übernehmen. Du hast nur eine bestimmte Zeit auf diesem Planeten und du musst deine begrenzte Energie nicht darauf verwenden, Karen zum x-ten Mal zu sagen, dass es respektlos ist, dein Haar anzufassen, oder Max zu erklären, wieso seine »ironischen« sexistischen Witze nicht wirklich lustig sind, oder Nick wiederholt daran zu erinnern, wieso Pronomen wichtig sind. Wenn du nicht zu denen gehörst, die beleidigt wurden – du bist einfach jemand, der nicht mit einem Sexisten befreundet sein mag, oder eine weiße Person, die nichts mit einer Rassistin zu tun haben will –, überlege bitte, ob du nicht die Arbeit auf dich nehmen kannst, diese Person aufzuklären. Deine Worte als Zugehörige:r einer privilegierten Klasse haben Gewicht. Du hast eine Stimme und eine Verantwortung, sie zu nutzen.

DU KANNST DIE BEDINGUNGEN UND GRENZEN NEU SETZEN. Grenzen zu setzen ist weder unfreundlich noch unhöflich. Sie zu vermitteln ist ein liebenswürdiger Akt, denn es bedeutet, dass du eventuell eine Zukunft für diese Freundschaft siehst. Wenn du deine Grenzen beschlossen hast, teile sie mit. Wenn du sie bereits kundgetan hast und sie ignoriert wurden (Ugh), dann heißt das nicht, dass deine Grenzen falsch waren oder dass du lieber nichts hättest sagen sollen. Wenn du möchtest, wiederhole sie nochmals ganz deutlich: Du kannst dieser Person sagen, dass sie dich schlecht behandelt, ihr erklären, inwiefern sie dich schlecht behandelt und dass es Konsequenzen hat, wenn sie dich schlecht behandelt. Kommuniziere ein »wenn/dann«-Szenario, zum Beispiel so: »Du weißt, dass ich keinen Alkohol trinke, und ich will, dass du aufhörst, mich zu drängen, etwas mit dir zu trinken und die ganze Nacht abzuhängen. Ich *brauche* das. Wenn das nicht aufhört, kann ich nicht mehr mit dir in Bars/Restaurants/auf Partys gehen.« Oder: »Nach dem, was du am Samstag gesagt hast, habe ich beschlossen, dass wir nicht mehr zu zweit allein abhängen können. Wir können uns nur in der Gruppe treffen.« Oder: »Ich will, dass du aufhörst, mir ein schlechtes Gewissen zu machen, weil [ich mich auch noch mit anderen Leuten treffe/mir Spiritualität im Leben wichtig ist/ich meine Arbeit priorisiere, statt mit dir in ein Konzert zu gehen/ich mich entschieden habe, keine Kinder zu bekommen]. Dies ist nicht verhandelbar. Solange du mir das nicht versprechen kannst, leidet unsere Freundschaft.« Betrachte es als einen hohen, schützenden und notwendigen Zaun, den du um dich herum ziehst. Ohne diese Barriere kann die Person dir zu nahe kommen und dich verletzen. Aber von jetzt an erlaubst du ihr nicht mehr, einfach in deinen Vorgarten zu treten, solange es nicht sicher ist. Wenn es für dich wieder unbedenklich ist, wirst du selbst das Tor öffnen.

DU KANNST EINE FINALE NACHRICHT SENDEN. Liefere eine kurze schriftliche Erklärung, bevor du die Freundschaft beendest: »Ich möchte nicht länger mit dir befreundet sein. Ich beende diese Freundschaft.« Oder: »Ich habe beschlossen, diese Freundschaft zu beenden. Sie ist für uns beide nicht gesund. Bitte kontaktiere mich nicht mehr.« Oder: »Ich brauche eine lange, lange Pause von unserer Freundschaft. Ich melde mich, wenn ich so weit bin.« Die Person bekommt nicht die Gelegenheit, dir deine Entscheidung auszureden, dir ein schlechtes Gewissen zu machen oder dich um Erklärungen zu bitten. Du schuldest ihr keine Erklärungen. Du hast der Person bereits so viel deiner Lebenszeit gegeben und Zeit ist nichts, was du je zurückbekommst.

DU KANNST DICH FÖRMLICH TRENNEN. Dies ist ein Gespräch unter vier Augen, in dem du versuchst, die andere Person darüber aufzuklären, wie sie dich immer und immer wieder verletzt hat, und in dem du ihr sagst, dass du die Freundschaft deswegen nicht weiterführen kannst. Natürlich wird dies unangenehm und schmerzhaft sein, aber es liegt daran, dass sie dich in diese Situation gezwungen hat. Es ist nicht dein Job, die Unannehmlichkeiten zu glätten. Verstehe, dass die toxische Person hier die Möglichkeit hat, deine Behauptungen anzufechten, versuchen kann, dir Schuldgefühle zu machen oder dir zu sagen, dass du zu empfindlich bist. Vielleicht weint der- oder diejenige oder wird wütend, vielleicht entschuldigt er oder sie sich oder überschüttet dich mit Erklärungen, vielleicht kommt die Person auch in der Realität an und versteht, dass sie etwas ändern muss. Und vielleicht fällt sie in einem Monat in ihre alten Muster zurück. Das Ergebnis ist schwer vorherzusagen. Du musst einfach nur wissen, bevor du in dieses Gespräch gehst, dass du nicht endlos formvollendete Erklarungen und Rechtfertigungen brauchst. Die Tatsache, dass du schlecht behandelt wirst, ist Grund genug, dass du den Mund aufmachst und diese Freundschaft verlässt.

Wenn eine vernünftige Person mit den Konsequenzen ihres schlechten Verhaltens konfrontiert ist, dann ist sie vielleicht verwirrt oder verletzt, aber auch schuldbewusst und willens, sich zu ändern. Leider hat sich aber dieser Freund oder diese Freundin als nicht vernünftig herausgestellt – das ist schließlich der Grund, wieso du dich von der Person distanzierst. Bevor du dich also in ein sehr schwieriges Gespräch begibst, entscheide, was du genau dabei herausbekommen möchtest. Suchst du einen Abschluss? Wie sehen die Chancen aus, dass du den bekommst? Wenn du der Person eine Gelegenheit gibst, sich zu entschuldigen und zu ändern, und sie diese nicht ergreift, wirst du dich dann noch schlechter fühlen? Möchtest du, dass es der Person auch wehtut, so wie dir? Es ist verständlich, das zu wollen, aber bringt es dir auf lange Sicht Frieden?

WIE WEISS ICH, OB ICH DIE TOXISCHE PERSON BIN?

Wenn du dir diese Frage ernsthaft stellst, verdienst du schon mal großen Respekt. Toxische Menschen setzen sich selten damit auseinander, dass sie toxisch sind, und verbringen wenig Zeit mit Selbstreflexion. Ungesunde Muster zu erkennen, ist ein erster Schritt dazu, sie loszuwerden. Wir wissen, dass es schwierig ist, sich diesen Fragen zu stellen, aber vielleicht regen sie deine Gedanken an. (Wisse, wenn eine davon besonders schwierig anzugehen ist, dann ist sie es wahrscheinlich wert, dass du sie weiter erkundest.)

- Würdest du irgendeine deiner Freundschaften als »angespannt« bezeichnen? Wie ist es mit »kompliziert«? Wieso?
- Welche Freundschaften brauchen viel Arbeit und Pflege? Wieso?
- Wie oft textest oder mailst du deinen Freund:innen, wenn du verärgert bist? Schau durch deine Nachrichten und in deinen Gesendet-Ordner. Wie viele emotional aufgebrachte Nachrichten hast du im letzten Jahr verschickt?
- Wie oft streitest du mit Freund:innen? Streitest du dich mit einer Person im Besonderen? Oder vermeidest du Konflikte und behältst den Ärger bei dir?

- Würdest du dich selbst als zuverlässig beschreiben? Hältst du dich an deine Verpflichtungen? Wie oft kommst du zu spät? Wie oft sagst du Pläne ab, besonders einer bestimmten Person gegenüber?

- Wie fühlst du dich, wenn Freund:innen ohne dich ausgehen? Traurig? Gekränkt? Ausgeschlossen? Brüskiert?

- Wie oft benutzt du das Wort »sollen«? Gibst du Ratschläge? Wann und an wen?

- Traust du deinen Freund:innen zu, ihre eigenen Entscheidungen zu treffen?

- Bist du frustriert, wenn ein soziales Ereignis nicht deinen Erwartungen entspricht? Wie fühlst du dich in diesen Szenarien? Was sagst du?

DU DARFST GHOSTEN. Du musst so schnell wie möglich aus dieser Freundschaft raus? Hier ist unsere Erlaubnis, von jetzt auf gleich abzuhauen. Du kannst Einladungen und Nachrichten ignorieren, die Person auf Social Media blockieren, ihre Nummer blocken und einfach auf nichts reagieren. Wir wissen, dass das unhöflich klingt. Aber es ist nicht unhöflich, sich um sich selbst zu kümmern. Und wieso solltest du absolut freundlich bleiben, wenn diese Person dich schlecht behandelt und drangsaliert?

LIEBE JENN UND TRIN,

ich verliere in der Gesellschaft meiner Freundin jedwede Freude und merke, dass ich die Male fürchte, wenn wir uns treffen. Wir sind alte Freundinnen aus Kindheitstagen und ich habe endlich realisiert, dass unsere Dynamik toxisch ist. Wenn wir zusammen sind, beschwert sie sich nur und es ist meine Aufgabe, mich um sie zu kümmern. Ich weiß nicht, wie ich mich einfach zurückziehen kann. Selbst unsere Eltern kennen einander. Was kann man tun, wenn eine Freundschaft extrem stressig geworden ist?

Es ist so verständlich, dass du dich unter Druck fühlst, diese Freundschaft aufrechtzuerhalten, obwohl du es schrecklich findest, mit dieser Person zusammen zu sein. Aber du musst absolut nicht befreundet bleiben. Wenn eure Eltern einander kennen, kann es sein, dass du schon in der Vergangenheit in dieselbe Gesellschaft gepresst worden bist. Aber du bist jetzt erwachsen und deine Zeit gehört absolut und zweifelsfrei dir. Daher ist jetzt der Moment, Nein zu Sachen zu sagen. Mache keine Pläne mit ihr. Halte sie auf einer gesunden Distanz. Wenn sie dich fragt, ob ihr ausgehen wollt, brauchst du keine Ausreden zu suchen – du kannst es einfach ablehnen. Falls sie insistiert, gibt es viele kreative Wege, die Wahrheit zu sagen, ohne ihr direkt mitzuteilen, dass du sie nicht ausstehen kannst (was selten hilfreiches Feedback ist): »Weißt du, ich hab im Moment keine Lust, auszugehen«, »Ich kümmere mich gerade mehr um mich selbst«, »Mein Kalender ist total vollgepackt«.

Und, falls möglich, sorge für Unterstützung. Ist es realistisch, deinen Eltern zu sagen, dass du nicht mehr länger in der Gesellschaft dieser Person sein willst? Wir hoffen, dass sie deine Entscheidung respektieren. Falls nicht, ist das echt idiotisch! Aber du brauchst ihren Segen nicht.

Jetzt das Nachbeben. Sich von einer Freundschaft loszusagen, ist nicht so viel anders als die Trennung in einer romantischen Beziehung. Du erlebst wahrscheinlich eine Bandbreite von Emotionen. Du hast die Erlaubnis, traurig zu sein und ein Gefühl von Verlust zu erleben, denn du erlebst einen Verlust. Vielleicht fühlst du dich erleichtert und frei oder vielleicht hast du schreckliche Schuldgefühle und du machst dir Sorgen, dass du irgendwie unfreundlich oder unfair warst. All diese Gefühle sind normal und nicht ein Zeichen davon, dass du einen Fehler gemacht hättest. Du bist in Trauer – gib dir Zeit und Raum, zu heilen. Belohne dich mit

etwas, das dir guttut: ein schönes Essen, ein starkes Bier, eine Runde Schlaf, ein Film, ein Spaziergang. Sei unglaublich nett zu dir in den folgenden Wochen, weil du das verdienst. Die Zeit wird dir helfen, Sinn aus diesen verschiedenen Emotionen zu ziehen. **Weitere Ideen, die dir helfen könnten, dich an einen glücklicheren Ort zu bewegen:**

- In Therapie gehen.
- Deine Gedanken aufzuschreiben, besonders, wenn sie sich ändern und entwickeln.
- Dich total schlapp zu lachen, wenn du Comedy-Podcasts, Stand-Up-Comedians oder YouTube-Videos anschaust.
- Volle Pulle traurige, ärgerliche oder glückliche Trennungslieder hören (selbst wenn es um romantische Beziehungen geht, viele Texte treffen gleichermaßen zu).
- Mit geliebten Freund:innen, Geschwistern oder Eltern reden.
- Dich in neue Hobbys stürzen.
- Etwas updaten oder neu organisieren, das dir Freude bereitet (dein Bücherregal, die Möbel im Wohnzimmer, deine Make-up-Utensilien, das Regal mit den Brettspielen).
- All die freie Zeit genießen, die du jetzt nicht mehr einer toxischen Person geben musst.

Falls du und dein:e Ex-Freund:in dieselben Leute kennt, magst du sie vielleicht über euren neuen Status informieren (aber es ist nicht notwendig, deine Entscheidung zu erklären, außer du möchtest das). **Wenn du entscheidest, dass das für dich richtig ist, sind hier ein paar Vorlagen, mit denen du arbeiten kannst:**

- *Also, Celeste und ich machen eine Pause von unserer Freundschaft. Vielleicht ist es auch für immer. Ich wollte es euch nur wissen lassen. Ihr müsst euer Verhalten mir oder Celeste gegenüber nicht ändern.*

- *Ich habe meine Freundschaft mit Tom beendet, weil er mich schlecht behandelt hat. Folgendes ist passiert: ...*
- *Kannst du mir Bescheid geben, ob Isabelle zu deiner Party kommt? Ich frage, weil sie und ich nicht mehr befreundet sind. Nichts, was wir besprechen müssten – ich lebe mein Leben und es geht mir gut, aber ich würde die Party vielleicht ausfallen lassen, wenn Isabelle kommt. Das wäre für alle besser. Du und ich können uns ein anderes Mal treffen.*
- *Guten Abend, ihr Lieben. Chris und ich lassen uns aufgrund unüberbrückbarer Differenzen in unserer Freundschaftsehe scheiden. Das heißt, wir unternehmen nichts mehr zusammen. Zum jetzigen Zeitpunkt nehme ich keine Fragen dazu entgegen. Bitte wendet euch mit allen weiteren Anfragen an meinen Pressesprecher. Danke euch! Das ist alles.*

Von da an reden deine Freund:innen vielleicht untereinander, haben Fragen, zeigen Bedenken oder äußern Verwirrung und Überraschung. Es ist natürlich, dass sie Meinungen und Fragen haben. Aber du brauchst niemandes Genehmigung oder Zustimmung, eine toxische Freundschaft zu beenden, und du musst niemandem etwas erzählen, womit du dich nicht wohlfühlst. Du musst nicht Frage und Antwort stehen wie bei einer Pressekonferenz. Wir hoffen, dass du Freund:innen hast, die dich mit Respekt behandeln, die Information akzeptieren und weitermachen. Falls sie dich stattdessen beschuldigen, ein »Drama zu verursachen«, oder dich dafür beschämen, dass du Maßnahmen ergriffen hast, dich zu schützen, liegen sie falsch. Du beendest eine schädliche und destruktive Situation. Du machst die Tür zu und schließt sicher hinter dir ab. Gibt es jemanden in der Gruppe, dem du vertraust? Ein:e Freund:in, die dir nahesteht? Falls ja, halte dich an diese Person, um dir zu helfen, dich von hier an durch die Gruppendynamik zu navigieren. Ehrlich gesagt kann es gut sein, dass ein oder mehrere Freund:innen dich beglückwünschen. Es kann sogar sein, dass du eine Massenmigration weg von der Person, die große Änderungen vornehmen muss, gestartet hast. Und das ist vielleicht genau das, was es braucht, damit sich dieser Mensch ändert. *Erwarte* nicht, dass das passiert, aber man weiß nie.

Sei darauf vorbereitet, dass du im Weiteren widersprüchliche Gefühle empfindest. An einem Tag magst du die Person für deinen Erzfeind halten, am nächsten blickst du nostalgisch auf eure alten Witze und Routinen zurück. Manchmal wirst du vergessen, dass sie ein Monster war, und ihre Gesellschaft vermissen. Das ist kein Zeichen, dass du die Freundschaft wieder aufleben lassen solltest, aber es ist verständlich, dass du dich so fühlst. Die Person hatte einen signifikanten Einfluss auf dein Leben und du vermisst die guten Teile. Es ist in Ordnung, ein Monster zu vermissen, aber bitte – verfüttere dich nicht an das Monster.

Wenn Marie Kondo ein altes Kleidungsstück aus ihrem Schrank entfernt, dankt sie ihm für seine Dienste in ihrem Leben. Selbst wenn sie sich ein Shirt kauft und sofort den Kauf bedauert, dankt sie dem Kleidungsstück, dass es ihr klargemacht hat, was sie sich in der Zukunft nicht mehr anschaffen sollte. So wie die große Frau Kondo kennst du dich selbst danach noch besser und dein Schrank ist sauberer. So viel der Welt steht dir offen, wenn du eine toxische Freundschaft aus deinem Leben entfernst. Die Zeit, die du gestresst und besorgt verbracht hast, die Energie, die du aufgebracht hast, um dich selbst wieder aufzubauen, nachdem die Person dich fertiggemacht hat – all diese Zeit gehört jetzt wieder dir. Du bist ab sofort in einem neuen Universum an Möglichkeiten. Die schwierige und notwendige Hausreinigung liegt jetzt hinter dir und du bist frei, auf dem bestmöglichen Weg nach vorne zu gehen.

»MEIN VERMÖGEN SIND MEINE FREUNDE«

– TAYARI JONES, *In guten wie in schlechten Tagen*

LETZTE WORTE: ÜBER FREUNDLICHKEIT

Großartige Neuigkeiten: Du hast gerade ein Buch über Freundschaft zu Ende gelesen. Du bist die Art von Person, die ein Stück ihrer begrenzten Zeit und Energie nutzt, um besser mit Menschen umgehen zu können. Du hast mindestens ein paar Stunden damit zugebracht, über die Art zu kommunizieren nachzudenken, und was du tun kannst, um umsichtiger durch deine Beziehungen zu navigieren. (Oder du hast zum Ende des Buches vorgeblättert, um zu sehen, worum es uns geht. Auch ein gutes Zeichen.)

Also, wenn es eine einzige Lektion gibt, die wir durch unsere persönlichen Freundschaften und unseren gemeinsamen Podcast gelernt haben und die wir mehr als alles andere weitergeben können, dann ist es diese: Freundlich zu sein – zu uns selbst, unseren Freund:innen, den Leuten um uns herum – ist nicht immer einfach. Wenn es einfach wäre, würden wir sicherlich jeden Tag mehr davon erleben. Freundlich zu sein ist schwierig, weil das *Leben* schwierig ist. Wenn du dich dafür entscheidest, freundlich zu sein, kämpfst du gegen deine eigene Verletzlichkeit und deine eigenen Traumata an und all die schlechten Angewohnheiten und Urteile, die dir seit deiner Geburt beigebracht wurden. Es bedeutet, zu deinen Misserfolgen und Fehlern zu stehen und dich dafür zu entscheiden, von Menschen zu lernen, die anders sind als du. (Natürlich musst du nicht höflich und zuvorkommend gegenüber Leuten sein, die es nicht verdient haben. Manchmal kann es der größte Freundschaftsakt gegenüber dir selbst sein, dich von diesen Leuten zu distanzieren.)

Und wisse Folgendes: Du wirst nicht jeden Tag freundlich sein. Es ist etwas, nach dem du dich ausrichtest und was du zu erreichen versuchst, und manchmal greifen wir zu kurz. Aber du *musst* die Anstrengung unternehmen. So lange wie du lebst. Weil der einzige Weg, wie du garantieren kannst, dass du zur Summe des Guten auf diesem Planeten etwas beisteuerst, darin besteht, ein freundlicher Mensch zu sein. Immer und immer wieder waren wir absolut verblüfft über die Güte unserer Freund:innen.

Als Trin nicht in der Stadt war und ein paar intensive, traurige Tage verbrachte, schickte ihr Savannah Fotos von Trins Katzen und schrieb einen Brief aus Katzenperspektive, der besagte, wie sehr sie Trin lieben, wie viel sie schon miteinander erlebt hätten und sich auf die weitere gemeinsame Zukunft freuten.

Jenn machte zu Collegezeiten Geländeläufe. Sie war nicht besonders gut darin. Das hat ihre Freund:innen aber nicht davon abgehalten, am Tag des Wettbewerbs bei regnerischen Null Grad Celsius in selbst gemachten T-Shirts aufzutauchen und sie anzufeuern.

Als Trin sich eine Zeit lang mit besonders fieser Internethetze auseinandersetzen musste, stellten ihr ihre Freund:innen einen Kuchen mit der Aufschrift SORRY, DAS INTERNET IST SCHEISSE vor die Tür.

In den frühen Entstehungstagen dieses Buches beklagte sich Jenn ihrem Freund Kunal gegenüber bei einem Glas Whiskey um zwei Uhr morgens, dass Schreiben ganz schön schwer sei und sie sich wünschen würde, dass jemand einmal die Woche käme und sie ans Weitermachen erinnerte. Kunal zog sein Handy aus der Tasche, stellte sich eine Erinnerung und rief von da an Jenn jede Woche einmal an, um zu fragen: »Hey, schreibst du schon?« (Ihr lest dieses Buch gerade, also wisst ihr, wie die Sache ausgegangen ist.)

»Wenn du andere unterstützen willst, musst du selbst aufrecht bleiben.«

– PETER HØEG

Manchmal fühlt es sich an, als ob Freundlichkeit begrenzt und in einer dunklen Welt verloren gegangen wäre. Aber wir wissen, das Freundlichkeit überlebt, denn wir haben unsere Freund:innen, die uns das zeigen. Du kannst dieses Beispiel von Freundlichkeit für jemand anderen sein. Deine Freundschaft ist ein Geschenk. Jetzt geh nach draußen und schenke es jemandem, der es wie einen Schatz zu hüten weiß.

DANKE

VON JENN

Dieses Buch wäre wie so vieles nicht möglich geworden ohne Nadija, die mir seit der Grundschule unermüdlich zur Seite steht. Große Dankbarkeit empfinde ich auch gegenüber Lynn, die jeden Tag besser, witziger und heller macht, seit immer schon. An Terri und alle im Haus Slytherin, ihr macht das Leben so viel spaßiger.

Danke dir, Jane, für dein Mentoring und dir, Nick, für deine Parabeln und danke dir, Melissa, die mich immer nach Hause gefahren hat, wörtlich und im übertragenen Sinne. Mr. Hochstetler und Coach Begley: Die Welt braucht mehr Menschen, die so großzügig sind wie ihr beide.

Während meines Aufwachsens haben meine Eltern nie einen Lauf oder ein Konzert mit dem Orchester verpasst und mein älterer Bruder Chris hat mich immer ermutigt, mein wahrstes Ich zu sein, egal, wie merkwürdig diese Person war. Ich bin euch für immer dankbar für eure Unterstützung.

Jon, danke dir für deine Geduld, deine Stärke und dafür, dass du unser Leben mit Glück erfüllst. Dies ist für dich.

VON TRIN

Andy, deine göttliche und unzerstörbare Freundschaft spuckt der Wahrscheinlichkeit ins Gesicht. Conal, lass uns lachen und wachsen und für immer komische Kunst zusammen machen. Danke an Gus, Karlyn, den PodSquad und SteVen, der mir beigebracht hat, Freundschaft zu akzeptieren und Freund zu sein. Danke an Mr. Anstett, Mr. Bultman und Mrs. E. Carroll, die mir Schulzeugs beigebracht haben. Und danke an das Team von Therapeut:innen, Psychiater:innen und Pharmazeut:innen, das mich bis jetzt erfolgreich am Leben gehalten hat.

VON UNS BEIDEN

Wir sind Ian für alle Ewigkeit dankbar, dass er unseren Podcast redigiert und produziert; Monika, Rachael, Sun, Ashley, Becky, Barbara, Beth, Erica, Cindy, Emily und Jean für ihre nie ermüdenden Anstrengungen, Karlyn für ihre Weisheit und Molly, Pat, Lauren, Alex und LoadingReadyRun für all ihre Hilfe. Wenn ihr über unseren Podcast hierhergekommen seid: vielen Dank fürs Lesen. Schreibt uns gerne.

ÜBER DIE AUTOR:INNEN

Jenn Bane (she/her) ist Autorin, Redakteurin, Produzentin und Cohost des Podcasts *Friendshipping,* einer Wohlfühl-Ratgeber-Show über Freundschaft. Sie lebt in Chicago mit ihrem Mann und Hund und findet es schwierig, über sich selbst in der dritten Person zu schreiben.

Trin Garritano (she/they) ist Autor:in, Spieleentwickler:in und die andere Hälfte des *Friendshipping* Podcasts. Sie wurde in Chicagoland geboren, aber floh schnell ins echte Chicago, wo sie heute mit ihrer besseren Hälfte und Katzen lebt. Sie hat dieses Buch geschrieben, damit du vielleicht weniger (oder zumindest coolere) Fehler machst als sie.

Titel der Originalausgabe: Friendshipping
Erschienen bei Workman Publishing Co., Inc.

Deutsche Erstausgabe

Ein Unternehmen der Média-Participations

Illustrationen: © Alissa Levy

Projektleitung: Anja Sommerfeld, Knesebeck Verlag
Übersetzung: Kathrin Köller, Berlin
Lektorat: Pia Clemente und Anja Sommerfeld, Knesebeck Verlag
Umschlag, Layout und Satz: Bernadett Linseisen (schere.style.papier), München
Herstellung: Arnold & Domnick, Leipzig
Druck: DZS GRAFIK, d.o.o.
Printed in Slovenia

MIX
Papier aus verantwortungsvollen Quellen
FSC® C106600
FSC
www.fsc.org

ISBN 978-3-95728-719-9

www.knesebeck-verlag.de